キャリアカウンセラーのための ジョブクラブマニュアル

職業カウンセリングへの行動主義的アプローチ

ネイザン H. アズリン
ヴィクトリア A. ベサレル
著

津富 宏
訳

法律文化社

JOB CLUB COUNSELOR'S MANUAL
A Behavioral Approach to Vocational Counseling

JOB CLUB COUNSELOR'S MANUAL
A Behavioral Approach to Vocational Counseling
by Nathan H. Azrin and Victoria A. Besalel

Copyright ©1980 The Azrin-Basalel Trust

Japanese translation rights arranged with
The Azrin Besalel Trust c/o Georges Borchardt, Inc., New York
through Tuttle-Mori Agency, Inc., Tokyo

序　文

　本書は，職業カウンセリングと行動主義心理学という，お互いに多くを与えうる二つの分野の相互作用の始まりを形にしたものである。行動主義心理学とは，強化の原理と行動主義的な見方を，人間のほとんどすべての問題に適用する，急速に拡大している分野である。職業カウンセリングとは，人間が，社会に貢献する一員として，満足しうる雇用を入手できるよう支援することによって，個人および社会のニーズが満たされることに関心を持つ分野である。行動主義者は，これまで，行動・学習・動機付けの原理を，求職活動の問題に体系的に応用してこなかった。しかしながら，求職者が抱えている困難は，学習，動機付け，行動の維持など，行動主義的アプローチが最も有効に作用すると思われる問題にかかわっているように思われる。

　求職活動への行動主義的アプローチは，その原理の単なる拡張ではない。求職のプロセスは，行動主義者がかつて研究したことがない，複雑な経済的・社会的要因の結果であり，これらについて行動主義者は，職業カウンセラーから多くを学ばなければならない。職業カウンセラーの最終的な目的は，クライエントに仕事をみつけるという明確に定義された行動上のアウトカムであるため，行動主義者にとって，これを，給与，就職の達成スピード，仕事の継続といった，明確に定義された次元を持つ，正当な標的行動として受け入れることは何も難しくない。行動主義者にとって難しいのは，雇入れのプロセスを改善するために，行動主義的な概念や手続きが役に立つことを示すことである。

　肉体的な病気と同様，失業は，ほとんど普遍的に認識されている，数少ない問題の一つである。失業は，おそらく，それ自体から，あまりにも多くの心理的社会的問題が生じてくる，主要な社会的・経済的問題である。多少の失業はあることが望ましいと考えるごく少数の人は，他人の失業についてその判断を適用しているのであって，自分自身の失業についてではない。失業を解決する一つの方法は，中央政府がすべての仕事を統制し，企業に雇うべき人を強制できる国家経済である。個人の選択を強調するアメリカ経済では，雇用は，雇用主と求職者との間で行われる決定である。しかし，このような民主的な仕組みのおかげで，偏見，嗜好，差別が生じ，多くの人々が長期間失業する結果となっている。一つの解決は，雇用における決定の自由を残しつつ，官民が徹底的な求職支援プログラムを提供することである。

　求職支援プログラムにはいろいろなタイプがあるが，行政機関，ガイダンスカウンセラー，民間職業斡旋機関，ボランティアグループなどが，それぞれの好みのやり方を主張している。同様に，求職支援のマニュアルもいろいろあり，異なるアプローチを強調している。これらのプログラムとマニュアルが有効であるというエビデンスは，注意深く選ばれた求職者の証言や，奇跡的な成功の逸話，求職過程の不完全な統計によって示されてきた。統計的に適切なデザイン，コントロール群，母集団の特定化，綿密な追跡，手続きの標準化が，評価の基盤として一般的に用いられていないため，これらのプログラムの評価は直感的にすぎない。

序　文

　本マニュアルで紹介する求職プログラムは，厳密な科学的評価に基づいて開発されたものである。世間に受け入れられるべき求職プログラムは，就職に有効でなければならない。有効性は，統計的に比較可能なコントロール群を用いて評価されなければならないが，ほとんどすべての従来の求職プログラムはこのような評価を明らかに欠いている。本書で紹介するプログラムの評価は，母集団の特定化，すべてのクライエントの追跡，確立された概念枠組み（＝行動主義）への依拠，詳細な手続きの指定といった点において優れている。本書では，このような手続きが詳細に特定化されているので，カウンセラーは，図，表，手引き，備忘用紙，記録用紙，標準的なセリフなどを用いて，一般的なアドバイスではなく，定められたカウンセリング手続きを用いて支援をすることができる。同様に，重要なことに，求職者のほうも，ガイドラインに従って求職活動をすれば，この手法に関する実験研究で見出されたのと同等の成功を収められるということを知って，これらの標準的な様式を用いて高度に構造化された手順で求職活動を行うことができる。

　著者は，すべての求職者が仕事に就くことができることを保証する手法を開発したいという夢を持って求職に関する研究を始めた。その後の評価の結果，さまざまな研究において，ジョブクラブに参加した継続的な求職者の失業率は一貫して10％以下であるのに対し，コントロール群の失業率は40％から72％であり，この理想はほぼ達成された。私たちの結論は，すべての人々は仕事に就くことができ，ジョブクラブ方式の求職手法に継続的に参加すれば，仕事に就きたい人のほとんど全員が，より短い期間で，かつ，その他の方法で得られるのと同等かそれ以上の収入の仕事に就くことができるというものである。こうした結果は，集権化された国家統制に私たちの経済生活を従属させることなく，すべての人々が仕事に就くという目的に一歩近づいたことを意味している。

　ジョブクラブ方式に関する当初の研究結果は心理学の学術誌に発表された。この方式は具体的な手続きを特徴とするが，雑誌論文のページ数では書ききれないので，何百人ものカウンセラーから，具体的な手続きを記述したカウンセラーマニュアルを入手したいという依頼があった。また，評価研究が大きな有効性を示したため，多くのカウンセラーが，この方式の詳細な手続きを知らないまま，この標準的な手法を用いて支援を行おうとしている。そこで，『ジョブクラブ・カウンセラーのためのマニュアル』（訳注：原著名の直訳）は，この実証済みのプログラムを忠実に実施するために必要である，手法の詳細な説明と標準化された様式への需要に応えることを目的としている。意気阻喪した失業者が社会で機能的で自立した役割を回復できるという，私たちが感じ続けている喜びを，このマニュアルの読者が共有し続けてくれることを楽しみにしている。

　『ジョブクラブ・カウンセラーのためのマニュアル』には，三つのセクションがある。まず，（一番長い）Ⅰは，カウンセラーに，求職のためのグループ「ジョブクラブ」を立ち上げ運営していくのに必要な情報と手続きを提供する。Ⅱは，雇用プロセスに関する行動主義的な見方を提供して，求職に関するジョブクラブアプローチの概念枠組みを確立し，このアプローチの有効性を論じる。Ⅲは，ジョブクラブ・プログラムを実施するのに必要な，様式，図などの情報を含んでいる。

　専門家の参考書や手引きとして用いられるにせよ，講義の教科書として用いられるにせよ，このマニュアルは，行動主義心理学の原理がどのように，求職活動と職業カウンセリングの過程に生産的に応用されるかの例証である。

謝　辞

　多くの人が，ジョブクラブの開発，評価，実施に参加してくれた。時間の順番に言うと，Floyd O'Brien, Robert Jones, Jerry Ulman, Sheldon Kaplan, Theresa Flores, Robert Philip, Leslie Borck, Patricia Thienes-Hontos ほかの人々である。Anna 精神保健開発センターの最高責任者の Robert C. Steck と，イリノイ研究評価プログラムのプログラム・ディレクターの Peter Levison は，ジョブクラブの開発と評価を通じ，行政的なサポートを熱心に提供してくれた。このプログラムの追究に対する，これらすべての人の無欲の献身に，心から感謝したい。このマニュアルの一部は，カリフォルニアのスタンフォードにある行動科学高等研究のセンターで，1976年と1977年に著者が書いたものである。

目　次

序　文
謝　辞

I　ジョブクラブ

第1章　カウンセラーの役割 …………………………………………………… 007

概　観／ジョブクラブのカウンセリング・スタイル／「肯定的なアプローチ」のルール／集団の建設的な影響／「話は短く」のルール／「自動的ローテーション」ルール／指示的なカウンセリングの方法／要　約

第2章　ジョブクラブの予定をたてる ………………………………………… 012

どのくらいの頻度でジョブクラブのグループを始めるか／ジョブクラブの予定（週単位）の例／ジョブクラブの予定（日単位）の例

第3章　ジョブクラブ加入予定者との最初の接触 …………………………… 016

プログラム紹介状／求職者の経歴に関する情報／インテイク・セッション

第4章　日々のジョブクラブの活動の概要 …………………………………… 019

第5章　最初（1回目）のセッション ………………………………………… 023

セクションA▶プログラムの説明　　023

心地よいグループの雰囲気／プログラムが提供する利益とサービス／カウンセラーと求職者の同意書

セクションB▶求職者の自己紹介と情報交換　　025

求職者の自己紹介／交通手段の問題／目標となる仕事を決める／求職者情報用紙

セクションC▶家族による職探しの援助　　026

セクションD▶進行具合を図表にする　　027

面接の回数と仕事をみつける可能性／出席したセッションの回数と就職の成功／グループの進行表

目次

第6章　ジョブリードをみつける……………………………………029

セクションA ▶ ジョブリードを得るために連絡をとる友人や知人のリストを作成する　029

セクションB ▶ ジョブリードの他の源泉　030

ジョブクラブ備付けのジョブリード・リスト／電話帳／求人広告／以前の雇用主／一般的なジョブリスト／求職広告／カウンセラーの責任

セクションC ▶ ジョブリードを記録に残す　034

第7章　面接やその他の活動の手配……………………………………036

セクションA ▶ 支援の要請　036

話す内容を決める／電話用「度忘れ」防止リスト／友人や親戚に仕事に関する支援の要請をする電話をかけるリハーサル／連絡先にヒントを与えるテクニック／電話および電話用「度忘れ」防止リストを使うことの大切さ／直接会って連絡をとる／手紙で連絡をとる／以前の雇用主に連絡をとる

セクションB ▶ 雇用主に手紙を書く　043

どんな場合に手紙を書くか／何を書くか

セクションC ▶ 電話で面接の予約をとる　044

部署の長と話す／仕事の空きが生じる可能性について話すため面談を依頼する／面接をできるだけ早い日程で調整する／現時点で雇用主のもとに求人がない場合／リハーサル／面接依頼用チェックリスト／バディ用電話チェックリスト

セクションD ▶ 時間の管理と毎日のスケジュールの策定　049

ジョブクラブの外での活動を最小限にする／行くところ・やることスケジュール

第8章　求人に応募する……………………………………051

セクションA ▶ 履　歴　書　051

個人的な情報／生まれ育ちと特別な関心／家　族／趣味および特に関心があること／教育歴／以前の雇用者／自分の人柄や責任感についてコメントできる人

セクションB ▶ 仕事への応募書類　058

応募書類を完成させる／人事部について

セクションC ▶ 推　薦　状　062

セクションD ▶ 面　接　063

容姿と服装／面接について覚えておくこと／面接の一般的な質問の答えを準備する／面接のリハーサル／面接用フォルダー／面接後チェックリスト

第9章　カウンセラーのジョブクラブ卒業生に対するフォローアップ……068

第10章　カウンセラーへの注意書き／一般的な問題について……070
欠　席／積極的な出席者／バディ・システム／ジョブクラブへの再入会／さしあたりの仕事／仕事の目標を決める／雇用主の開拓／グループの均質性／職業紹介 対 カウンセリングと適職診断テスト／必要な供給品やサービス／ジョブクラブの費用

第11章　特別な状況……076
セクションA▶専門職　076
経験不足／専門職の履歴書／専門職求人用ニューズレター／以前の同級生や同僚／会　合／求職活動の期間

セクションB▶転職のための転居　078
なぜ転居するのか／転居には意味があるか／機会としての転居／仕事がみつかるまで転居はしない／希望する地域で仕事をみつけるための一般的な戦略

セクションC▶非　識　字　081

II　ジョブクラブ概念の理論的基礎と発展

第12章　ジョブカウンセリングに対する行動主義的アプローチの基礎……085
行動主義 対 心理主義／行動修正

第13章　雇用プロセスの行動主義的分析……089
多重決定因／強化子の交換としての雇用／雇用者に対する強化の保証／複数の供給源から入手可能なジョブリード／応募のタイミングの偶然／複数の職業スキルの供給源としての求職者／強化子の交換としてのジョブリードの提供／職探しの結果は求職に対する反応率により決定される／景気動向の変動／ジョブクラブ方式の雇用支援の適切さと今後の修正

第14章　ジョブクラブの有効性……094
芸術としての職探し／研究デザイン／コントロール群を用いた手法／通常のタイプの求職者に対して行われるジョブクラブの評価／生活保護（AFDC）受給者に対するジョブクラブの評価／ハンディキャップを持つ者に対するジョブクラブの評価／結　果

第15章　ジョブクラブ方式のさまざまな変更形……105

III 付　　録

1　プログラム紹介状　*109*
2　経歴情報用紙　*111*
3　毎日の活動概要――1日目の表　*113*
4　毎日の活動概要――2日目の表　*114*
5　毎日の活動概要――3日目の表　*115*
6　毎日の活動概要――4日目の表　*116*
7　毎日の活動概要――5日目の表　*117*
8　2週間目とそれ以降のすべての日のための毎日の活動概要　*118*
9　カウンセラーと求職者の同意書　*119*
10　求職者情報用紙　*121*
11　家族による支援の手紙　*122*
12　グループの進行表　*124*
13　家族・親戚を思い出すためのリスト　*125*
14　以前の同僚を思い出すためのリスト　*126*
15　同級生や学校の知人を思い出すためのリスト　*127*
16　友人や知人を思い出すためのリスト　*129*
17　引越してきたばかりの人が連絡先を思い出すためのリスト　*131*
18　ジョブクラブ備付けのジョブリードリスト　*132*
19　就職できたジョブクラブメンバーのリスト　*133*
20　求人広告への返答　*134*
21　求職広告の例　*135*
22　ジョブリード記録票　*136*
23　表現のサンプル――なぜ仕事を探しているのか　*137*
24　表現のサンプル――支援を要請するために連絡をとる相手の特別な点　*138*
25　表現のサンプル――求職者のスキル　*141*
26　表現のサンプル――支援を要請した相手からどんな支援を得たいのか　*143*
27　電話用「度忘れ」防止リスト（友人連絡用）　*146*
28　耳にしたことがあるジョブリード　*148*
29　サンプルレター――仕事探しの支援をお願いする　*149*
30　サンプルレター――求人広告に応募する　*150*
31　サンプルレター――履歴書に付ける手紙　*151*
32　サンプルレター――電話がつながらなかった雇用主に連絡をとる　*152*
33　面接依頼用チェックリスト　*153*

目　次

34　バディ用電話チェックリスト　154
35　行くところ・やることスケジュール　155
36　履歴書の完成版のサンプル　156
37　趣味や関心事　158
38　職業スキルの分類　159
39　応募書類のサンプル　160
40　推薦状をお願いする文章　162
41　宛て先を特定していない推薦状　163
42　面接での定番の質問に対する適切な回答　164
43　面接後チェックリスト　176
44　就職したメンバーへのサンプルレター　177
45　就職したジョブクラブメンバーへの2通目のフォローアップレター　179
46　転居の仕方のヒント　180

参考文献

特別寄稿　キャリアカウンセラーのためのジョブクラブ運用術──埼玉での実践例をもとに〔小島貴子〕

訳者あとがき──ジョブクラブへの招待

I

ジョブクラブ

『ジョブクラブ・カウンセラーのためのマニュアル』において，本セクションは，カウンセラーがジョブクラブを組織・実施するのに必要であり，求職者が職探しの際に使う，情報や資料，具体的な方法を提供する。

ジョブクラブ方式のカウンセリングの目的

ジョブクラブ方式のカウンセリングの目的は，参加しているすべての求職者が，できる限り質の高い仕事を，できる限り短い期間で手に入れることである。

ジョブクラブ方式の特徴

ジョブクラブ方式はたくさんの手順の集まりである。その手順の一つひとつは，定式化された方法ではないが，これまで，ほとんどのカウンセラーによって，一部の求職者に対し，その場限りだが，時には用いられてきたのはたしかである。ジョブクラブ方式の特徴は2点ある。個々の手順が用いられる方法が具体的であることと，すべての求職者に対しすべての手順を標準化し一貫した集中的な方法で用いていくことの2点である。カウンセラーは，求職者は全員，決められたとおり，個々の手順をもれなく進めるべきであることを肝に銘じることが大切である。具体的にそう定められていない限り，自由に選べる手順はない。省略したり順番を飛ばしたりしてよい手順は何一つない。

具体的な手順と活動

ジョブクラブ方式は，その名が示すとおり，単なる個人の活動を超えたものである。つまり，ジョブクラブとは，支援，情報，施設，物品を提供するリーダーの指示や励ましのもとでともに活動する，求職者の仲間からなるグループの一部としての個人の活動である。このグループという場において，以下に示す手順や活動が，一人ひとりのグループメンバーが追求していくべき主な戦略を構成する。

1　フルタイムの仕事としての職探し
　求職者は，職探しをフルタイムの仕事とみなす。約半日を，ジョブリード（訳注：求人の手がかりとなる情報）を得たり面接を探したりするために使い，残りの半日を，実際の面接のために使う。仕事がみつかるまで，このスケジュールを毎日続ける。

2　ジョブリードの供給源としての友人や親戚，知人
　求職者は，ジョブリードの主要な供給源である，友人や親戚，知人と連絡をとるために体系的な取組みをする。

3　定型的な台本や用紙
　求職者には，友人や雇用主と連絡をとるときや，手紙を書くとき，電話をかけるとき，記録を残すときに用いる，定型的な台本や用紙が与えられる。

4 設備と物品

職探し活動を助けるために，職探しに必要なすべての物品とサービスを用意する。たとえば，電話，タイプライター，コピー機，文房具，切手，新聞，作業場所などである。

5 他の求職者からのグループ・サポート

求職者がお互いに助け合えるように構造化されたグループ環境を提供する。参加者は，グループの他のメンバーのためにジョブリードを探すように方向付けられる。過去のクラブメンバーが得たジョブリードが，現在のメンバーに提供される。プログラムは，お互いに，励ましと支援をし合うように設計されている。就職できそうに思えなかった仲間の参加者が仕事をみつけるにつれて，動機付けが上昇する。

6 バディ・システム

ジョブクラブ・メンバーは 2 人一組となることで，電話での話し方を確認したり，手紙を書いたり，求人広告を綿密に調べたり，面接の準備をしたりするときに，アドバイスや手助けをしてくれるペアの相棒「バディ」を得る。

7 公募されていない仕事を得ること

公募されていない，あるいは，まだ存在すらしていない仕事のための面接の機会を得る方法を求職者に教える。この方法によって，求人を発掘し，開拓することができる。

8 リードを得るための主要な連絡手段としての電話の使用

ジョブリードを得て面接をとりつける手段として，手紙や直接訪問よりも，電話を徹底して使う。

9 業種別電話帳（イエローページ）

電話帳のイエローページのセクションを，雇用してくれる可能性のある雇用主の新しいリストを得るために，毎日用いる。

10 個人的・社会的スキル

職業スキルに加え，その人の特徴となる個人的・社会的スキルの強調の仕方を，求職者に教える。これらの個人的スキルは，求職者の履歴書，ジョブリードを得るための連絡，面接において重要となる。

11 一つのジョブリードが次のジョブリードにつながる

求職者に，不首尾に終わった問合わせを，どうしたらジョブリードに変えられるかを教える。これにより，ジョブリードや連絡先が絶えず新たに得られるようになる。

12 再度電話をする

求職者は，雇用主の決断を促すため，面接が終わったら，もう一度，雇用主と会う約束をするように教えられる。同様に，今後の求人の機会を早く知ることができるように，電話を再度入れるという約束を非常に魅力的な雇用主とする。

13　交通手段

　求職者に，交通の便が悪い場所にある職場への交通手段を，どのように確保するかを教える。それによって，仕事の可能性を幅広く考えることができるようになる。また，グループ・メンバーは，ジョブクラブや面接に行く際の交通手段の確保するためにお互いに助け合う。

14　以前の雇用主

　求人だけでなくジョブリードを得るために，以前の雇用主と連絡をとるように，求職者を訓練する。

15　宛て先を特定していない推薦状

　求職者は，面接官が即座に結論を出すために必要不可欠な情報を提供するために，宛て先を書き込める推薦状を用意する。

16　履歴書

　職種の正式な一覧ではなく，個人的なスキル，特性，有用な職業スキルを強調した履歴書を作成するのを手助けする。

17　求人への応募

　標準的な応募用紙で，自分の個人的な長所を強調する仕方を教える。

18　面接の練習

　面接中のふるまい方と，一般的な面接の質問への返答の仕方を求職者に教える。

19　面接チェックリスト

　求職者は，面接で行う行動のリストをもらう。求職者は，面接後すぐに，そのリストを見直し，以降，修正を必要とするかもしれない見落としや問題をはっきりさせる。

20　求職広告

　職探しが非常に難しい求職者について，ジョブ・クラブは，求職広告を新聞に掲載する。その広告の文言は，その求職者の個人的・社会的な長所を強調する。

21　過去の仕事に由来しない仕事のスキル

　求職者が，労働市場で評価されうる，どんな職業関連スキルをもっているかをみつける手伝いをする。そのスキルは，過去の有償の仕事で身に付けたものでなくても関係していなくてもよい。

22　構造化された職探しのスケジュール

　求職者は，面接や電話，訪問といった毎日のスケジュールを立てるために，決められた用紙を使う。

23　ジョブリード・リスト

　求職者は，見込みのある雇用主との接触や自分がかける電話を計画するために，ジョブリードの記録をとり続ける。

24　進行表
　求職者は，進行具合をすばやく評価し，職探しを困難にしている可能性がある理由を特定するために，職探し活動の正式な記録をとる。

25　現場責任者
　求職者は，人事課の課員よりも，むしろ，その企業の現場責任者と思われる人と，どのように連絡をとるかを学ぶ。なぜなら，通常は，人を雇うかどうかを決める際には，現場責任者が決定的な役割を持っており，現場責任者は，時には，その応募者のスキルや特性に合う仕事を作り出すことができるからである。

26　転　　居
　地元で適した仕事がなければ，求職者に，他の地域で就職する方法を教える。

27　不利な条件
　求職者に，たとえば，身体障害や受刑歴のような，明白に不利な条件を強調せずに話す方法と，いかに，こうした不利な条件を，プラスの特性という観点からみるかを教える。

28　ジョブリードを得るために書く手紙
　ジョブリードを得るための手紙を書く際に，求職者がモデルとして用いる手紙や用紙の見本を用意する。

29　家族による支援
　求職者は家族から支援を引き出す。家族が自分を手助けするための具体的な方法に関する指示を家族に渡す。

30　写真（任意）
　可能なら，求職者は写真を貼ることで，履歴書を自分だけのものにする。

31　仕事への応募
　求職者は，仕事への応募用紙によくある典型的な質問に対し，自分の長所を強調する仕方で，どのように答えるかを学ぶ。

32　多くの仕事に許容的になる
　求職者は，多くの仕事について考えてみる経験を通じて，一つの職種にこだわらないようになる。

33　継続支援
　いくら長期間になろうとも，就職するまで求職者を毎日支援する。支援した求職者が仕事を辞めたら，ジョブクラブにすぐに再加入することができる。

〈始め方〉

ステップ1

　カウンセラーは，ⅠとⅡを最初から最後まで読み，ジョブクラブにおける，カウンセラーの役割と責任とクライエントの活動の両方について，一通り理解する。最初からすべての手順を覚えようとせずに，カウンセラーは，アウトラインと備忘録に頼って，活動の内容と順序を思い出せばよい。

ステップ2

　カウンセラーは，ⅠとⅡを読んで内容を理解してから，ジョブクラブを組織すべきである。できれば，最初のグループには，2，3人の求職者のみを入れるようにし，より多くの人数を受け入れるのは，その後のグループへの編入の際にする。この最初の「試運転」は，たった一人でも十分である。最初のグループでパターンとリズムを実際に経験するほうが手順を覚えるのは簡単である。

ステップ3

　小集団の求職者で，活動の全体的な流れを一通りやりとげたら，カウンセラーは，この「マニュアル」を再読する。再読にあたっては，混乱や困難を引き起こしたセクションや，初回のジョブクラブで見落としてしまったかもしれないセクションに注意を払う。

　一度，手順を学んで実践し，実践経験を踏まえて「マニュアル」を再読したら，カウンセラーは，時間が許す限りフルタイムのスケジュールの，より大集団のジョブクラブを行う準備が整ったといえる。

〈用紙の利用法に関する覚書き〉

　「マニュアル」の至るところで用いることになる用紙には，いくつかの目的がある。第1に，カウンセラーは，用紙が提供する情報を用いて，特定の活動を，個々人の求職者向けに個別化することができる。

　第2に，用紙を記入する過程を通じて，求職者は，その用紙に関連する就職活動を進める際に，最も役立つ点に注意を向けることができる。

　第3に，完成した用紙，手引き，練習用台本は，求職者の活動の大切な記録であり，同時に，求職者にとって，素早く復習や参照できる情報源になる。ジョブクラブの参加者全員が用いなければならない，標準的な用紙，台本，見本は，カウンセラーと求職者に便利なように，この「マニュアル」の付録として一括した。

第1章

カウンセラーの役割

● 概　観

　ジョブクラブのカウンセラーは，すべてのメンバーが仕事を得られることを使命とする。カウンセラーは，例外を作ってはいけないし，言い訳も許されない。もし，メンバーの一人が，セッションに現れなかったら，次のセッションへの参加を促すため，カウンセラーはその欠席者に電話をかけるか，手紙を書く。欠席を，失敗の言い訳にするとみるのではなく，カウンセラーは，欠席者が再び参加したときには，ほめるようにする。

　カウンセラーは，求職者をすべて雇用可能な人としてみる。メンバーが高校中退者でも，身体障害者でも，仕事がなさそうな地域で職を探していても，カウンセラーは，就職は可能であり，克服すべき唯一の障害は，適切なジョブリードを探すことか，仕事の目標を少し変えることか，すべてが失敗しても違う場所でやりなおすのを手助けすることかであると考えている。カウンセラーは，すべての人が仕事を得られると考えており，求職者がその仕事をみつける手助けをすることが，カウンセラーの役目だと考えている。カウンセラーは各メンバーに対する，自分自身のかかわりを半永久的であるとみており，たとえ彼らが仕事をみつけた後でも，メンバーが望んだり必要としたりしたときには，援助や支援のためにジョブクラブに戻ってくるようにメンバーを説得する。

　その求職者を気にしている人が誰もいないように思われるときカウンセラーは，その求職者をしっかりと励ます。カウンセラーは，ダメな面をとりあげずに，求職者の肯定的な特性と正しい行動をいつも強調する。その求職者を雇用してくれる人などいないように思えるときであっても，カウンセラーは，求職者が特有の肯定的な特性を持っていることと，求職活動がやがては成功に結びつくことを，求職者に継続的に何度も請合うことが特に大切である。

　カウンセラーは，ジョブリードを提供し，どんなときであっても，求職者に，雇用の機会がないと思わせてはならない。カウンセラーは，ジョブリードを，ジョブクラブの以前のメンバーとの手紙のやりとりや現在のメンバーのジョブセッションを通じて集めてもよいし，大きな雇用主の一般向けの仕事の一覧表や事務所に毎日配達される新聞に載っている求人広告から集めてもよい。カウンセラーは，友人，親戚，昔の雇用者，そして電話帳のイエローページから，ジョブリードを得るように，メンバーを積極的に支援し，一見失敗に思えるような電話や面接を，ジョブリードにするための方法をメンバーに示す。求職者はセッションに参加し所定の手続きを実行するだけで，ジョブリードが大量に得られることに，すぐに気がつく。

カウンセラーは職探しのすべての側面を促進する責任を持っており，この役割は一般的なアドバイスを行うという域を超えている。カウンセラーは職探しのために活動する場所を提供し，文房具，コピー，タイピングサービス，電話，交通手段の支援，そして他のメンバーからの支援といったものがすべて容易に利用可能であるようにとりはからう。メンバーは，職探しにおいて乗り越えられない問題はないと感じるようになる。

● ジョブクラブのカウンセリング・スタイル

　ジョブクラブには，特有のカウンセリング・スタイルが必要である。そのスタイルは，ジョブクラブ以外のカウンセリングの考え方で提唱されているスタイルや，さまざまなカウンセラーが個人の判断で用いるであろうスタイルとはかなり異なる。ジョブクラブのカウンセリング・スタイルの特徴は，標準化された手順の遵守，指示的な接し方，肯定的な言い方と頻繁な励ましの重視，非常に構造化された訓練手順に従いスモールステップで学ぶアプローチ，最終的な結果の重視である。行動主義のカウンセリングの訓練を受けた人なら，ジョブクラブで用いる技法を，すでによく知っているだろう。しかしながら，ジョブクラブの進行を成功させるために考慮すべき大切な点は，カウンセラーの経歴ではなく，むしろ，カウンセラーが，ジョブクラブ・プログラムに必要なカウンセリング・スタイルをどれだけ効果的に用いることができるかである。では，そのスタイルの主たる特徴のいくつかを説明しよう。

● 「肯定的なアプローチ」のルール

　このプログラムで用いる，行動療法的カウンセリングの手法の最も大切な特徴は，カウンセラーが，肯定的な態度を保ち，求職者に対し「肯定的なアプローチ」を用いることである。カウンセラーは，一人ひとりの求職者に対し，肯定的に反応し続けなければならない。求職者の活動の正しい面や進歩を示している面をいつも探して，求職者に対する満足を明確かつ率直に絶えず表現しなくてはならない。

　カウンセラーは，求職者が正しく行ってきていることや求職者がとげている前向きの進歩を，求職者に伝えることに，最大限の時間を費やすべきである。情報を提供するための講義時間は最小限にすべきである。カウンセラーは，求職者が行っている間違いや不十分な点を探してはならない。むしろ，少しでも何かうまくなされてきたことを探すべきである。カウンセラーが求職者のしている行動で正しいことをまったくみつけることができない際には，ジョブクラブを始めたころの行動と比べて，現在，どれだけの進歩がなされたかを思い返してみて，なしとげた進歩を賞賛する。実質的な進歩をみつけることができない場合でも，なされた何らかの進歩がどんなに小さくても言及する。そして，カウンセラーが進歩を一切見出すことができないという極端な場合であっても，少なくとも，求職者が，今，している努力をほめる。

　カウンセラーが，「また，同じ間違いをしましたね」「なかなか，これがうまくできませんね」「そのようにしても，決して就職できません」などという言葉を口にするなら，肯定的なアプローチをしているとはいえない。このような言葉は，求職者の活動の欠点を指摘しているからだ。そう

ではなく，カウンセラーは，求職者がしている正しいことや進歩や努力のあらわれを，言葉で表現することにこだわり，この種の肯定的なコメントのみに徹底しなくてはならない。

　求職者を励ましたりほめたりするときには，カウンセラーは一般的にほめるのではなく，具体的にほめるべきである。「あなたは，電話のセリフをテキストどおり言いましたね。すばらしい」と求職者に言うのは，単に「すばらしい」と言うよりも，役に立つ。具体的にほめるというルールに従うことで，カウンセラーは，単に，励ましたりほめたりするだけでなく，同時に，求職者に対して，彼の行動の具体的な側面について，価値のある情報を提供している。この「肯定的なアプローチ」のルールの利用が持つ，全体としての効果は，求職者が，カウンセラーに対して，励ましや，賞賛，具体的な情報を与えてくれるという信頼感を持てることである。

● 集団の建設的な影響

　集団の建設的な社会的影響を利用すれば，求職者個々人の意欲や進歩を，さまざまな方法で伸ばすことができる。あたりまえだが，グループでは，カウンセラーは，一度に全員に対して話ができるので，より効率的に情報を伝えることができる。個別カウンセリングのように一人ひとりに同じ情報を繰り返して言わなくてはならないわけではない。また，求職者をほめる際には，カウンセラーは，グループの他のメンバーも十分に聞きとれるようにほめるべきである。一人のメンバーがある活動についてほめられたが，その活動について，そのグループの他のメンバーはうまくいっていない場合，グループは，ほめ言葉を聞くことで，ほめられたメンバーの活動の方法を検討することができ，カウンセラーによるその方法の説明を聞くことができる。ほめられたメンバー自身にとっても，グループのモデルとみられるという意味がある。ある人が，就職したり，内定が決まったり，非常に多くのジョブリードを手に入れたりしたときには，グループ全体に対して適宜お知らせをする。お知らせは，ジョブクラブの活動によってどれだけの成果が得られたかを示すので，貴重なモデリング効果をもたらす。

　グループの建設的な影響を利用する，もう一つの方法は，お互いを助け合うようにメンバー同士を仕向けることである。これは，このマニュアルで後述する「バディ・システム」という構造化された方法によって達成されるが，カウンセラーは，学習するのが早い人が，学習するのが遅い人を支援する方法も用意する。一般的な目的は，他のグループメンバーを，カウンセラーが提供する情報や励ましに加えて情報や励ましを与える源として用いることである。

● 「話は短く」のルール

　手順を教える通例の方法は，言葉で手順を述べ，その手順の長所と短所，可能であれば由来も説明し，そして，その手順がどのように役に立つかの例をあげることである。この方法（講義）は，整理された完璧な状態で情報を示すのには優れているが，聞いている人が言葉であらわされたことの効果や有効性を，能動的に理解するのには適していない。

　ジョブクラブの手順や活動を説明する際に守らなければならないのが「話は短く」のルールである。カウンセラーは，このルールに従って，導入として，手順の説明を行うので，説明は大変短く

1分足らずとなる。続いて，求職者は，この手順を実際にやってみる，あるいは，ロールプレイをすることになる。この手順についてのさまざまな説明・記述・正当化は，口頭で伝達するのではなく，この手順を実際に「行っている」際の，最も適切な時点で行う。カウンセラーは，雇ってくれる見込みのある雇用主に名前を言って自己紹介をすれば，より個人的な交流の基盤を作ることができると口頭で言うのではなく，むしろ，求職者が雇用主に自己紹介をするロールプレイを実際に行っている際に，この点を指摘する。カウンセラーは，まさに，このときというタイミングで，次のようなコメントができる。「あなたは，もし『私は仕事を探しています』と言っていたら，ただの『求職者』と思われていたでしょう。しかし，『私は，レジナルド・マホニーといいます』と言うことによって，あなたは，もはや求職者ではなく，人間となるのです」。

ジョブクラブの手順のうち，あるもの，たとえば，履歴書や応募用紙の記入，親戚についての情報の記入のようなものには，ただちにとりかかってもらう。ほかの手順，たとえば，電話の利用の手順や面接の準備の手順を学ぶ最初のステップは，ロールプレイングに参加することである。手順がどちらのタイプであっても，カウンセラーは，求職者の行動に沿って説明を行う。手順を紹介するために講義を延長しないのと同じ理由で，手順が実践されている際に行う説明的なコメントは，一般的には1分を超えない程度で簡潔に行う。

簡潔なコメントを，求職者が手順を実践している合間にはさみ込むことによって，カウンセラーは，二つの主要な目標を達成している。第1に，手順についてのコメントと手順を有意味に関連させ統合させることで，求職者は，手順のうち容易な部分を思い起こすことができる。第2に，求職者の成果とカウンセラーのコメントの双方向的なやりとりを続けることで，求職者の積極的な参加を得ることができる。求職者は，もはや，自分の理解度についてカウンセラーにフィードバックする機会がないまま長時間話を聞くだけの，受身の存在ではない。

● 「自動的ローテーション」ルール

カウンセラーは，求職者一人ひとりに充てる交流時間に上限を定めて，自動的にローテーションをしながらグループの求職者一人ひとりと交流する。カウンセラーは，求職者が何をしているかに関係なく近づいて交流し，次の求職者に移る。順番に全員の求職者と交流してから，2周目に入る。一人，1回あたり約2分間の交流が，通常，最大限の交流時間である。最小限の交流時間は定めない。求職者が，そのときにたまたま行っている特定の活動に対して，肯定的なフィードバックや励ましをしたりするのに必要な時間が最小限の時間である。

この自動的ローテーションというやり方は，二つの主要な効果を得ることを目的としている。第1の効果は，カウンセラーと求職者の個人的な交流の回数を確保することである。第2の主要な効果は，特定のセッションを，一人の求職者との交流だけで終わらせてしまい，他の求職者の関心を無視してしまうことがないようにすることである。この自動的ローテーションは，すべての求職者が，同時に，同じ活動をしているかどうかに関係なく用いる。この「自動ローテーション」ルールの派生ルールだが，ある求職者と話した問題が一般的な関心事であって，似たような活動をしている他のメンバーにも関係がある問題であれば，カウンセラーは関係がある人全員に対して，自分の

意見を伝える。

　理解の不足や，時には，意見の不一致があるため，一人の求職者とより長く交流する必要がある場合，カウンセラーは2分間の交流を終えるにあたり，求職者を安心させ，感情的にさせないようにする。カウンセラーは，交流を打ち切る理由として，問題を「解決できない」とか「大切ではない」といった理由や，「議論している点に関する意見の根本的な不一致は解決することができない」といった理由を挙げるべきではない。むしろ，カウンセラーは，他の求職者の様子をみなければならないというべきであって，同時に，その求職者に対し，他の求職者全員と話をし終わったら，その問題あるいはその他の話題について話をするために戻ってくると約束しなくてはならない。このようにして，他の求職者と持たなくてはならない交流に支障がない範囲で，特定の求職者が感じているニーズを満たすための最大限の努力がなされるべきである。他の求職者のところに行くために，現在進行中の議論を終えなければならないと求職者に伝える際，カウンセラーは，その求職者のところに戻ってくるまでの間，求職者ができる活動を挙げておくほうがよい。

● 指示的なカウンセリングの方法

　職業カウンセリングのグループには，「ラップ」セッション（訳注：いわゆる「しゃべり場」）として行われるものもある。このようなスタイルのセッションでは，求職者は，経済状況，失業統計，失業していることに関する気持ち，自由企業制度や国全体についての意見，さらには，生き方やその他の経験について議論を行う。議論のテーマは，その場で出された意見次第で，自由に展開する。

　一方，ジョブクラブは，カウンセリングについて，非常に指示的なアプローチを用いている。カウンセラーは，求職者が身につけるべき，一連の，具体的な活動や技能を有している。活動や技能には，面接の特定の質問への答え方，電話のかけ方，友人への電話のかけ方，交通手段の調整の仕方，ジョブリードのみつけ方などがある。一つひとつのセッションは，具体化された一連の目標に到達するために，ほぼ「教案」の形式で用意されている。カウンセラーは，議論の司会とみなされるのではなく，求職者を励ましたり，フィードバックを与えたりする，知識の源とみなされる。一つのセッションが扱う話題は，常に事前に具体化されている。同様に，身につけるべき技能も事前に詳細に明らかにされている。また，カウンセラーと求職者双方の目的と活動は，達成課題として明確に表現される。

● 要　約

　ジョブクラブ技法の一般的なカウンセリング・スタイルは，継続的な励ましと称賛であると同時に，非常に構造化され課題志向でもある。カウンセラーは，求職者一人ひとりに簡潔にしょっちゅう話しかけながら，絶えずほめ元気づける。グループ全体に向けて自分の意見を伝えるときもあれば，特定の個人と話をするときもある。カウンセラーは，グループのメンバーの相互支援を促す。カウンセラーにとって最も重要な目的は，求職者がよい仕事に就くのを手助けすることであり，カウンセラーは，ミーティングのすべての時間を，求職者がその目的を達成するのに役立つであろう具体的な活動を，メンバーに教えたり励ましたりすることに費やす。

第 2 章

ジョブクラブの予定をたてる

● どのくらいの頻度でジョブクラブのグループを始めるか

　一つひとつの新たなジョブクラブのグループは，一般的には12人以下の求職者で構成される。
　一般的なルールとして，求職者から構成される新しいグループは，2週間ごとに，新たなジョブクラブを始めるが，このルールは，それぞれの場所や機関の種々の状況次第で異なる。最も考慮すべきことは，前回のグループから引き継ぐ求職者が何人いるのかである。もし，引き継ぐ求職者が多すぎるのなら，もう1，2週間，次のグループの開始を延期するほうがよい。なぜなら，参加する求職者数が多すぎるときには，一人ひとりに必要な個人的な目配りをするのが難しいからである。
　必要に応じて，柔軟な対応が必要である。しかしながら，大ざっぱなルールとして，前回のグループから引き継ぐ求職者数と，新たな参加者数を加えて，合計で20人未満になると予測できるときに，新しいグループを始めることを勧める。この人数であれば，扱いうる大きさのグループである。新しいグループに加わる新しい求職者は10人から12人に限らなくてはならない。新たにジョブクラブがスタートし，求職者に新しい方法を教えるときに，より個別的で個人的な配慮をすることができる。しかし，1週目がすぎれば，求職者はより自主的に動けるので，一つのグループに，最大20人の求職者が属することができる。したがって，2週目になれば，それ以前のグループのメンバーを，新しいメンバーと一緒にすることが可能である。
　新しい求職者が非常に少人数しかいないため，新しいグループを始めるにあたり10人の求職者を集めるためには，2週間を超えて待たなくてはならない機関もあるだろう。しかし，10人の新しい求職者が集まるまで待つよりも，むしろ，2週間おきに新しいグループを始めることを推奨する。たとえ，2，3人といった数人の求職者しか参加しないときにも，支援提供の遅れを最小限にするためにである。
　要約すると，サービスを提供するうえでの不必要な遅れを防ぐためにできる限り頻繁に，新しい求職者からなるグループが開始されるべきだが，参加者数が多すぎて個人的な目配りをするのが不可能になるほど頻繁であってはならないということである。最初の1週間は，新しいグループは最大12人で構成し，そして，2週目に入ると，前回のグループから残っている人と一緒にして，合計で最大20人とすることを推奨する。

● ジョブクラブの予定（週単位）の例

　カウンセラーは，求職者がジョブクラブに参加し始めるとき，ジョブクラブそのものを新しい仕事だと思うようにさせることが大切である。仕事を探すこと自体を，フルタイムの仕事であるとみなしてもらわなければならない。徹底的に探すほうがよりよい結果が得られるし，毎日，時間どおりかつ定期的にジョブクラブのオフィスにいることが期待されることによって，求職者は，どんな仕事にも必要な一貫性と即応性を身につけることができる。

　ジョブクラブ・グループの最初の数セッションを計画する際，カウンセラーは，長い間仕事をしていない求職者は，遅く起きる習慣がついているかもしれないので，朝早くに予定されているセッションに参加しなければいけないのなら，おそらく意欲を失うであろうことを頭においておかなければならない。求職者が，ジョブクラブに休まず参加する習慣をつけられるよう，最初の5回のセッションは午後に行い，その後は午前のセッションに切り替えるという日程が望ましい。求職者は，午後のジョブクラブのセッションに参加する日々の午前中に，交通手段に関する問題や，以前に予定していた用事や友人との約束を片づけることができる。

　1週目を終えたら，新しいグループの求職者の大半は，午前のセッションに移る準備ができていなくてはならない。午前のセッションは，以前のグループからの求職者を全員含んでいる。つまり，最初の5日間が終わったら，それぞれの新しいグループの求職者は，朝やってきて，すでに進行している午前のグループに参加するように求められる。

　日程の例は，下記のとおりである。カウンセラーがどのように，新しいグループだけでなく，継続中のグループについても，予定を立てているかが示されている。

ジョブクラブの予定（週単位）の例

1週目	午前のセッション	
	月曜から金曜	以前のグループの求職者が，ミーティングを続ける
	午後のセッション	
	月曜から金曜	新しいグループが，ミーティングを始める
2週目	午前のセッション	
	月曜から金曜	新しいグループと継続中のグループの求職者が，一緒にミーティングをする
	午後のセッション	
	月曜から金曜	ミーティングなし
3週目	1週目と同じ	

　予定の例で示されているとおり，新しいグループは，1週目は毎日午後に集まり，2週目の月曜日に午前のセッションへと移動する。以前のグループからの求職者は，1週目は午前に集まり続け，2週目には新しいグループからの求職者が彼らに合流する。2週目には午後のセッションはない。

スケジュールがこのようになっているので，新しいグループのメンバーをジョブクラブの日課に徐々に方向付けていくことができるし，カウンセラーは，計画を立てたり，その他の責務を果たしたりするための空き時間が得られる。

　新しいグループが，2週間ごとではなく，3週間ごとに編成される場合にも，新しいグループは，1週目は午後のセッションから始め，2週目に午前のセッションに移動する。この場合は，セッションがもう1週間多くあるので，より多くの人が仕事をみつけることができ，午前のミーティングに出ている求職者のうち，次の新しいグループと一緒になるように，引き継がれる求職者の数は著しく減る。

　時間をきちんと守れるよう手助けするために，「グループ・セッションの時間割」を，出入りする求職者全員が見られるような場所に貼ることをお勧めする。時間割の表示はこんな感じである。

> 午前のセッション：午前9時から11時30分まで
> 午後のセッション：午後1時から3時30分まで

　カウンセラーはこの決められた時間より前や後に，求職者と会ってはならない。時間より早く来た求職者は，グループ・セッションの予定時間まで待合室で待たなくてはならない。セッションは予定された時間どおりに終わるべきである。もし求職者がセッションが終わった後に質問をしてきたら，カウンセラーは，「それはいい質問ですね。明日朝の最初の話題にしましょう」などと返事をして，議論を次回のグループ・ミーティングにまわすべきである。セッションが終わった後に求職者が聞く質問は，たいてい，他の求職者が抱く質問と関連しているので，カウンセラーの返答を聞くことにより，本人以外の求職者も大いに恩恵を受ける。求職者と本当に秘密の話し合いをする必要があることもまれにはあるが，ジョブクラブ・グループの人数は少ないので，ジョブクラブ・ミーティングのために予定された時間内で，臨時の秘密の情報交換をするための機会は十分にある。

● ジョブクラブの予定（日単位）の例

　午前や午後のジョブクラブ・セッションは，理想的には2時間から3時間続く。下記の予定の例は，カウンセラーが，ある一般的な日に，勤務時間をどのように過ごすかを示す（予定は，平日午前8時から午後5時まで働くことを前提として作られているが，カウンセラー個人の状況に従って，調整することができる）。日々の予定を立てるにあたって注意すべき重要なポイントは，ジョブクラブ・カウンセリングのための十分な時間と，カウンセリング以外の仕事をするための適切な「空き時間」を確保することである。

ジョブクラブの予定（日単位）の例

セッションの時間と自由時間の予定の例	
午前（毎週）	
午前8時～9時	カウンセラーの空き時間
午前9時～11時半	グループ・セッション
午前11時半～12時	カウンセラーの空き時間
昼　　食	
午後12時～午後1時	昼休み
午　　後	
新しいグループの1週目	
午後1時～1時半	カウンセラーの空き時間
午後1時半～4時	グループ・セッション
午後4時～5時	カウンセラーの空き時間
新しいグループの2週目	
午後1時～5時	カウンセラーの空き時間

　ジョブクラブ・セッションの間，カウンセラーが求職者一人ひとりに分け隔てなく注意を払うことは非常に重要である。カウンセラーは，求職者に対して，継続的に話しかけ，支援し，励ます。この目標を成し遂げるうえで邪魔になるのは，他の仕事が入ってくることである。したがって，カウンセラーは，十分な空き時間のうちに，他のすべての仕事ができるように，予定を立てなければならない。カウンセラーは，委員会の会議，報告書作成，他機関との連絡，電話対応などをすべて空き時間中に処理するように調整すべきである。かかってきた電話は，セッションが終わった後にかけなおすべきで，電話でセッションが中断されないようにすべきである。邪魔やグループに関係ない仕事が入ってきたら，求職者は十分に支援されないし動機付けられもしないので，カウンセラーが物理的にいても現実には役立たないだろう。他の仕事が非常に重要なら，もっと空き時間がとれるように，セッションの時間を3時間から2時間半，さらには2時間に減らしてみたりして，予定を立て直す必要がある。ただし，予定した時間帯は，ジョブクラブ・セッションを，中断することなく，支援にあてなければならない。

第 3 章

ジョブクラブ加入予定者との最初の接触

● プログラム紹介状

　求職者がジョブクラブのプログラムと持つ最初の接触は，1回目のセッションへと導入する手紙である。その手紙には，後述するような情報を，可能な限り明確に書いて，加入予定メンバーに提供すべきである。たとえ，求職者が，ジョブクラブを紹介した他機関や人，または，ジョブクラブの秘書やスタッフ・メンバーによって，プログラムについての情報を事前に与えられていたとしても，手紙に，下記に示すすべての点を書き，すべての情報が与えられたという正式な保証をするのが望ましい。多くの求職者が自信を失っているため，あいまいな情報しか得られないプログラムには参加しないだろう。よって，手紙の調子はやる気が出るようなものにして，提供されるすべての個別サービスを載せ，実際の就職率を書かなくてはならない。

　プログラム紹介状では，ジョブクラブが提供する，個別サービスと利点のすべてを簡単に列挙する。手紙に含める必要がある大切な部分は，1）協働することによる相互支援，2）就職口の情報に精通していて職探しのテクニックを提供できる熟練したカウンセラーの存在，3）ジョブリードが手に入れられる一方，何の邪魔も受けずに活動の根拠とできる場所，4）以前の求職者が提供するジョブリードのリスト，5）電話の使用，6）コピーサービス，7）面接練習，8）新聞への求職広告の掲載，9）求人広告の載った地域の新聞の購読，10）タイピングサービス，最後に，11）履歴書作成のお手伝いである。

　もし，交通費に充てることのできる資金やローンが利用可能なら，それもサービスの一つとして載せるべきである。交通費は，求職者が参加するかどうかに影響する決定的な要因であることが多いからである。手紙には，ジョブクラブの過去の就職斡旋の成果も，書いておくとよい。可能であれば，その機関におけるジョブクラブ・プログラムの実績を記述するとよい。そのプログラムが最近始まったばかりであるときは，よそで行われたジョブクラブの実績を書いてもよい。集中的な職探しプログラムに参加することを失業手当または公的な援助を受けとる前提条件だとする機関から，その求職者を紹介されたのであれば，その経緯も書くべきである。求職者が支払うサービスの費用も，もしあれば，書かなければならない。その手紙には，最初のミーティングの，日程，開始時刻，そして，所要時間も載せるべきである。

　プログラム紹介状の見本は，付録1 のとおりである。個々の求職者の状況に応じて，書出しのあいさつ文を変えるのは当然である。返信用住所が書かれたハガキを，手紙に同封する。もし，3，

4日たってもハガキが返ってこないようなら，ミーティングへの出席を確認するために電話をする。紹介状を送った求職者が参加できないとわかった場合に，別の求職者に接触することができるようにするためである。紹介状の見本は，単なる例であって，地域の状況や必要に応じて適切に修正しなくてはならない。修正した手紙のひな型を，参加予定者との接触を効率的に行うために準備しておかなくてはならない。

接触したすべての人が参加するとは期待できないので，10人を超える人数の参加を計画して，約10人は最初のミーティングに出席できるようにしておかなくてはならない。

◉ 求職者の経歴に関する情報

支援機関には，通常，クライエントの経歴に関する情報を記録するための，標準的な「インテイク用紙」がある。ジョブクラブには，標準的なインテイク用紙に含まれているとは限らない経歴情報が必要である。したがって，ジョブクラブでは，通常のインテイク用紙の追加として，特製の経歴情報用紙を用いるか，支援機関が普段使いしているインテイク用紙がないのなら，この特製の経歴情報用紙を，唯一の用紙として用いることになる。その特製の経歴情報用紙は，付録2にある。この用紙をプログラムの紹介状に同封して求職者に郵送する。求職者は家で記入してから，郵送で返送するか，最初のミーティングにもってくる。それができない場合，最初のミーティングの始まる前か終わった後に，求職者に待合室で記入するよう頼む。

現在の収入およびその関連項目に関する詳細情報は，求職者がどれだけ緊急に仕事を必要としているかを判断するために用いる。現在の雇用および学習に関する情報は，スケジュールに関する問題が生じうるかどうかを知るために用いる。就きたい仕事，過去の仕事，現在の仕事およびそれらの職務内容に関する情報は，最初のミーティングで，仕事上の目標に関する話し合いを促進するために用いる。家族や学校，仕事の場所に関する情報は，地元に知り合いがいないかどうかを知るために用いる。その後，仕事のスキル，使えそうな仕事関係の知り合い，必要な教育歴などについても情報を集めるが，この用紙で得られる情報によって，仕事上の目標がすぐに設定できれば，最初のセッションの間に職探しを始めることができる。

◉ インテイク・セッション

新しいクライエントに対し，一人ずつインテイクのためのミーティングを行うとすると，支援機関のカウンセラーは，そのための時間をみつけるのが困難になるかもしれない。多くの支援機関では，インテイクにおいてたくさんの用紙を記入してもらい，支援対象の要件にあてはまるかどうかの確認をし，支援機関の情報を新しいクライエント全員に伝達するよう求めている。ジョブクラブの加入予定メンバーに対し，一人ずつこのようなインテイクを行うとすると，必要な時間が膨大になるので，第2章で述べたスケジュールで，ジョブクラブを行う時間はなくなってしまう。この問題に対する一つの解決策は，1週間ごと，もしくは2週間ごとに，グループで，インテイク・セッションを行うことである。ジョブクラブに加入予定のすべてのクライエントは，同じ時間（たとえば，ある日の午後）に集まるように言われる。第2章で提案したスケジュールでは，1週間おきに，

I　ジョブクラブ

午後は「空き時間」となるので，カウンセラーが，このインテイク・セッションのような仕事をするのに適している。インテイク・セッション中に時間の余裕があれば，カウンセラーは，クライエントに対し，ジョブクラブ・プログラムのあらましについての情報提供も行えるので，ジョブクラブの最初のセッションで情報提供を行う時間を節約することができる。

第 4 章

日々のジョブクラブの活動の概要

　各セッションの開始時に，カウンセラーは，グループ全体に対して，その日に何を達成しなければならないかを確認すべきである。その日の活動の概要が書かれている予定表を 付録3 から 付録8 に示すが，それらは目立つように掲示され，復習されなくてはならない。予定表の一番上の欄には，その日の日付を記入する。カウンセラーは，その表を，グループの進行具合を記録したり，達成したことを強調したりするためや，一つひとつの段階や活動が終わるたびにその横にチェックを付けて未完了の活動を忘れないようにするためにも使う。表をこのように用いることで，カウンセラーは，自分自身とグループの達成感を高めることができる。求職者が自分が思っていた以上に達成できたと感じられれば，次の日に何が予定されていようとも，より短時間で達成しようという大きな動機付けになる。新しいグループの1週間は，毎日，異なる予定表が用意される。6日目用の予定表は，その後すべての午前中のセッションに用いる。

　予定表に示す，日々の活動の概要は非常に簡略化されており，手短に活動名が書かれている。このように手短なのは，この表は，求職者とカウンセラーが簡単に参照できる，確認のためのリストとして作られたものだからである。活動のより詳細な要約を，下記に示す。カウンセラーは，これを見れば，始まったばかりのグループが，最初の，午後の2回のセッションに行うべき活動の，一層詳細な説明を知ることができる。この活動のより詳細な説明は，求職者ではなく，カウンセラーが用いるためのものである。最初の2回のセッションで，以下のリストに掲げるすべての活動が完了するよう，最大限の努力をすべきである。しかしながら，2回のセッションで終わらない場合には，まだ終わってない活動は，3回目，4回目のセッションに引き継ぐことができる。下記のリスト中の活動の詳細な説明は，この「マニュアル」の，以降の章に示す。

○●○●○● **活動の概要** ○●○●○●

═ 1日目 ═

☐ 1　プログラムの説明
　　A　プログラムの有効性（就職率と，就職にいたるまでの時間）を強調する
☐ 2　同意事項
　　A　カウンセラーによる支援内容の列挙（すなわち，職探しの側面すべて）
　　　1　ジョブリード（求人の手がかりとなる情報）を探す手助け

2　連絡をとるにあたっての支援
　　　3　面接の準備
　　　4　履歴書の準備
　　　5　求人広告の提供
　　　6　電話や電話帳の提供
　　　7　タイピングやコピーの提供
　　　8　職探しに影響する，その他の問題に関する支援
　　B　クライエントの義務の発表
　　　1　出席すること。休む場合には，納得の行く理由を電話で伝えること
　　　2　カウンセラーの支援を得て，1日に10回は，求人先等と連絡をとること
　　　3　カウンセラーによって提案された方法に協力すること
　　C　カウンセラーと求職者の合意の発表
□　3　求職者の紹介
　　A　グループ・プロセスの利点の説明（相互支援）
　　B　メンバーは自己紹介をし，職業に対する興味について話す
□　4　ジョブクラブへの交通手段
　　A　リーダーは，参加者同士がジョブクラブへの通所を支援しあうように促す
　　　（＊訳注：参加者が，ほかの参加者を，自分の車に乗せて通所するように促す）
　　B　求職者情報用紙を配る。記入してもらいコピーし，グループメンバーに配布する。
□　5　リーダーは，職業に対する興味を広げ，明確にする。具体的な仕事の種類を三つあげるよう促す
□　6　家族への手紙
　　A　参加者に最も近しい家族の住所が書かれた封筒
　　B　手紙を郵送する
□　7　「私が知っている人用紙」にとりかかる／簡単に説明し，例を挙げる
□　8　グループの進行表と就職確率グラフを説明する
□　9　ジョブリードを得る手順を説明する（たとえば，求人は常にある等）
　　A　ジョブリードを，求人の可能性があることや求人を作り出すこととして定義する
　　B　ジョブリードを得る方法を増やす
　　　1　新　聞
　　　2　友人（多くの時間をともに過ごした人への手紙）
　　　3　電話帳
　　　4　支援機関の一般的なリスト
　　　5　他の参加者や，参加者の知人からのジョブリード
　　　6　過去の参加者の得たジョブリード（ジョブリード・リスト）
　　C　ジョブリード記録票を配布し，情報をこのようにまとめておくことの価値を説明する
　　　1　重要な情報を書いたメモをなくすといった失敗がなくなる。すべての資料がまとめられている
　　　2　再び，連絡をとる際に役立つ
　　　3　今後の求職者に役立つ
　　D　ジョブリードを得るための材料を配る
　　　1　メモ用紙
　　　2　電話帳
　　　3　鉛　筆
　　　4　以前のジョブリード・リストと現在のジョブリード・リスト
　　　5　いつも求人があることがわかっている，官公庁，製造業，社会福祉などの大規模な組織のリスト
□　10　求職者に，ジョブリードを10件みつけてもらう

A　綿密に監督して，求職者にジョブリードを集めてもらう（一人ひとり，自動的にローテーションするルール）
　　B　必要なら，ジョブリードを提供する
□ 11　求職者のうち2人が，ジョブリードを10件みつけたら，雇用主との連絡の仕方を用紙に従って説明し，ロールプレイをしてもらう
　　A　最初は，簡単な電話連絡のロールプレイをしてもらう
　　B　次に，難しい電話連絡のロールプレイをしてもらう
□ 12　電話の仕方のロールプレイが終わったら，求職者は2人一組になり，リーダーの援助と助言を得ながら，実際に連絡してみる
　　A　面接の機会を得るため，各求職者は最低5回は連絡する
　　B　うまくできる求職者はうまくできない求職者を助けることができるように，2人一組にする
□ 13　「行くところ・やることスケジュール」用紙を説明し，記入してもらう
□ 14　宿題として完成してもらう，仕事の応募書類を配布する
　　A　カウンセラーが，職歴に関する問題をどのように援助できるかを説明する
　　B　求職者が，今後，実際の応募において，応募書類の情報をどのように伝えることができるかを話す
　　C　いかなる問題に関する質問でも，以降のセッションで援助が得られると説明する
□ 15　面接のリハーサルを始める
　　A　「肯定的なアプローチ・ルール」を説明する
　　B　「面接後チェックリスト」について説明し，例を挙げる
□ 16　支援を友人や親戚にお願いするために連絡をとる仕方の用紙を配布し，記入してもらう
□ 17　求職者にグループの進行表を記入してもらう
　　A　用紙を説明する
　　B　就職確率を示すグラフを示して，進行表が，どのように成果と関連しているかを説明する
□ 18　必要な用紙を記入する，交通手段の調整をする等

― 2日目 ―

□ 1　面接と個人的な連絡の進度を示す進行表を記入する
□ 2　前回のミーティング以降達成したことを，求職者一人ひとりに，グループの前で尋ねる
　　A　前向きの一歩をほめる
　　B　生じた問題を修正しつつ，今後の努力を励ます
　　C　現在行っている努力の幅を広げる
　　D　グループからアドバイスを出してもらう
□ 3　求職者は，電話帳，求人広告，支援機関のジョブリード・リスト等から，ジョブリードを10件得る
□ 4　求職者は，カウンセラーから継続的に支援や励ましを受けながら，電話か手紙で連絡をする
□ 5　電話連絡から得られた情報をもとに，求職者は，「行くところ・やることスケジュール」を記入する
□ 6　「面接後チェックリスト」について説明し，1枚1枚のリストを，アポが入っている面接に割り振る
□ 7　問題点を探しながら，カウンセラーと一緒に応募について点検する
　　A　希望給与を書かない
　　B　健康面の問題の表現の仕方を確認する
　　C　精神病歴，前科，数々の失業については，応募書類では，言及しない（空白のままにしておく）。面接で，雇用主がその話題を持ち出したら，空白について説明する

D　これまで保証人がいなくても，保証人を確保することは可能と述べる
　　E　可能なら，「自営」といった表現を利用して，雇用が継続した記録になるように試みる
　　F　もう一度電話のロールプレイをする（一人のクラブメンバーは雇用主を演じ，もう一人のメンバーは秘書を演じ，3人目のメンバーは求職者を演じる）
☐ 8　求職者は，毎日面接2件を得るまで電話する
☐ 9　求職者は，「行くところ・やることスケジュール」を記入して，アポが入っている面接用の「面接後チェックリスト」を用意する
☐ 10　「私が知っている人用紙」を完成してもらう。配布し，説明し，次回のセッションまでの宿題にする。必要な情報を得るため，家にある資料を用いるよう，求職者に言う
☐ 11　推薦状を開く。説明し，宿題にする
☐ 12　履歴書にとりかかる
☐ 13　したいことがはっきりしない求職者や，いくつかの仕事の目的が必要な求職者のために，仕事に対する興味の幅を広げ続ける
☐ 14　記入した用紙を手引きにして，友人や親戚と連絡をとるリハーサルをする
☐ 15　かけた電話や書いた手紙を一覧にして，グループの進行表用紙に記入する

第 5 章

最初（1回目）のセッション

セクションA　プログラムの説明

● 心地よいグループの雰囲気

　ジョブクラブの雰囲気は，仕事探しにふさわしく，真剣で，かつ，心地よく楽しいものでなくてはならない。コーヒーや清涼飲料水のような飲み物は，自動販売機を設置するか，プログラムの負担で用意するかなどして，簡単に手に入れられるようにする。非喫煙者が反対しない限り喫煙は許されるべきであり，喫煙者用に特別な場所を用意しなくてはならない。求職者は，できるなら机を囲んで，輪になって座る。そうすれば，オリエンテーションのセッション中，求職者は，お互いやカウンセラーの顔を見ることができる。カウンセラーは，当然のことだが，最初のセッションの開始時に，自己紹介をして，ジョブクラブのカウンセラーとしての経験の長さと幅を簡潔に説明する。

● プログラムが提供する利益とサービス

　カウンセラーは，ジョブクラブ・プログラムの目的とサービスの概略を述べることから，セッションを始める。プログラムの目的やサービスは，すでに，プログラム紹介状においても簡単に触れられている。ここでは，カウンセラーは，求職者がプログラムを続けるかどうかを決定するにあたり，その決定に非常に重要な影響を与える，いくつかの特定の項目について，より詳細に話し合う時間をとるべきである。

1　費　　用

　最初に，求職者が負担する費用が，少しでもあれば，それについてていねいに話し合う。たとえば，長距離電話代を負担してもらう。負担できなければ，長距離電話の使用を制限することが必要かもしれない。また，コピー代を支払ってもらう必要があるかもしれない。もし，ジョブクラブ・プログラムないし機関がすべての費用を負担するなら，求職者はそのことを知らされなければいけない。

2 現時点で入手できるジョブリード

一般的には，求職者はすぐにでも面接に出かけたいと切望している。カウンセラーは，現時点で入手できるジョブリード・リストを，このセッションの後半で配ると伝えておくべきである。同時に，カウンセラーは，本人に適するリードが現時点のリストになくても，本人に適するであろうリードが他のメンバーから次々ともたらされることを強調すべきでる。

3 全員が仕事をみつけるまで支援するという，カウンセラーによる約束

ジョブクラブの目的は，一部の優れた人だけではなく，全員が確実に仕事を得ることであることを強調すべきである。カウンセラーは，仕事に就くまではずっと一人ひとりの参加者にかかわるという自らの約束を強調すべきである。

4 交通手段

ジョブクラブの行き帰りの交通費負担は，参加の妨げとなることがあるので，負担を軽減するための手立てをすべて説明するべきである。たとえば，ジョブクラブあるいは（職業リハビリテーション局のような）ジョブクラブに本人を委託したプログラムによる立替分の払い戻し，特別な返済ができるローンの手配，メンバー間での交通手段の共有などである。

5 求職者のすべき努力

カウンセラーは，求職者に何を期待しているかを詳細に伝えるべきである。求職者が果たすべき一連の責任は，付録9のカウンセラーと求職者の同意書に示されている。一番重要なのは，毎日ジョブクラブに参加することと，カウンセラーの指導に従ってまじめに職探しの手順を実行することである。

6 公的扶助や失業給付

メンバーが，公的扶助や失業給付を受けている場合には，ジョブクラブに参加するかどうかの決定は，就職するとその給付がどれだけ減ってしまうかによって左右される可能性がある。カウンセラーは，どれだけ給付が減るかを把握し，影響を受ける可能性がある求職者と話し合う必要がある。関係機関から担当者にきてもらうようアレンジして，仕事に就くことが給付に与える影響を正確に説明してもらうのもよい。この議論や説明をしないと，求職者はジョブクラブに参加する意欲をなくすかもしれないし，あるいは，手に入れることが不可能なほどの高い給与に固執するかもしれない。

● カウンセラーと求職者の同意書

ジョブクラブに参加することによって，自分が得られると期待してよいことと，自分に期待されていることを，求職者が確実に理解するように，利益と義務を記した書面を，カウンセラーと求職者の同意書として用意する（付録9）。カウンセラーは，同意書を口に出して読み，項目を一つひとつ説明し，いかなる質問にも答えるべきである。同意書に署名することで，求職者は，プログラムに参加するという意思を表明する。同意書に署名するまでは，仕事探しのさまざまな手法の詳細な説明や求職者の訓練は始めるべきではない。参加意思がない場合にはこれらの努力は無駄になり，参加意思のある人たちのために使える時間が減ってしまうからである。カウンセラーは，参加する

よう一人ひとりに促すべきだが，しかし，ジョブクラブに毎日参加し，求められる活動を実行するという真剣な意思がない限り，同意書に署名すべきではないことを強調すべきである。加入予定のメンバーが，自分に期待されていることを十分に理解していることを確認するため，カウンセラーは，グループのメンバー一人ひとりに対し，グループへの参加には何が伴うと思っているかを，自分の言葉で説明してもらわなければならない。同意書への署名を断った人は退出してもらい，残った人が職探しを開始する。

セクションB　求職者の自己紹介と情報交換

● 求職者の自己紹介

　カウンセラーとの同意書に署名したら，求職者は，お互いに自己紹介をする。カウンセラーと求職者はテーブルを囲んで輪になり，互いに顔を合わせて座る。一人ひとり，1）名前，2）住所，3）仕事の好み，4）支援機関に来たり面接に行ったりするための交通手段に関し特段の問題があるかを話すように求められる。自己紹介の所要時間は，一人につき1，2分がよい。カウンセラーは，求職者が興味を持っていると話した分野において仕事を得る肯定的な可能性について，簡潔にコメントすべきである。

● 交通手段の問題

　求職者に交通手段の問題があれば，カウンセラーは，グループメンバーのうち，誰がその人の一番近くに住んでいるかを明らかにして，交通手段を共有する可能性について探ってみるべきである。公共交通機関が利用可能だがその費用が問題である場合，カウンセラーは，必要な運賃を提供する，特別な基金からお金を貸す，提携機関からお金を得られるよう支援をするなど，ジョブクラブが求職者のためにできることを説明すべきである。公共交通機関のない場合には，ジョブクラブが自転車を貸し出すという手段もある。

● 目標となる仕事を決める

　求職者は，希望する仕事のタイプを述べるように言われる。求職者は，職探しをただちに始めることができるよう，現時点で，目標となる仕事を，最低1種類，決めることが大切である。求職者が関心の持てる仕事の数や内容がさまざまであればあるほど，満足のいく就職口をみつけられる確率が高くなるという根拠があるので，カウンセラーは，求職者に，2種類，可能ならば3種類，目標の仕事を決めるように促すべきである。求職者のほとんど全員が，促されることなく，最低一つは，好みのタイプの仕事を言うことができる。「私は何でもやります」と言う人のように，求職者が好みを表明することができないこともあるが，カウンセラーは，求職者に，楽しめそうな，ある

いは以前楽しかった，仕事のタイプや仕事の内容を答えてもらうとよい．カウンセラーと他の求職者はその答えを踏まえ，求職者の好みの内容を強調するような，求職者の答えになかったタイプの仕事を提案する．この時点では，一人の求職者について，1，2分しか時間をかけることができない．よって，2番目，3番目に好みであるタイプの仕事を言うことができない求職者が，これらの選択肢を決めるのは，次回以降のセッションに先延ばしすべきである．

次回以降のセッションでは，仕事のタイプを決めて増やしていくために，カウンセラーは求職者と協働しながら，求職者に，以前働いていた仕事の内容や自分の職業興味をもれなく振り返り検討してもらう．この振り返りは，履歴書の作成の手順の一部として必ず行うもので，その詳細は，第8章の**セクションA**に書いてある．もし，職探しの過程で，求職者が目標となる仕事のタイプを一つも確定できないのなら，目標となる仕事を明確にするために，関心と技能のリストの振り返りをしてもらうべきである．求職者がしたいことを決めるために，どのようにカウンセラーが援助するかについてのより詳しい説明は，第8章に示す．

● 求職者情報用紙

セッション外で，ジョブクラブのメンバー間でのコミュニケーションが簡単に図れるように，メンバー一人ひとりに，ジョブクラブメンバー全員の，名前，住所，電話番号，仕事の好み，交通手段に関する問題の一覧を配る．自己紹介が終わったらすぐに，出席している全員に，求職者情報用紙（付録10を参照）を回して記入してもらう．カウンセラーは，記入済みの用紙をコピーして一人ひとりに渡し，もらった求職者は，カウンセラーから支給されたフォルダにファイルして保管する．

セクションC　家族による職探しの援助

求職者は働いていないので，求職者の家族や，ルームメイト，同居人は，求職者には，家事や娯楽をする時間がたくさんあると考えがちである．しかし，このような家庭内での仕事や家庭外での活動は，仕事をフルタイムで探すことの妨げになる．こうした邪魔が入ることを防いで，求職者に近い家族から，励ましや協力，支援を得ることを目的に，家族に対して，特別な手紙を出す．この「家族による支援の手紙」（付録11）には，ジョブクラブに参加するとはどういうことかが説明してあり，家族が職探しを援助するためにできる，具体的な手立てが挙げてある．求職者情報用紙の記入と配布が終わったらすぐに，その日のうちに，家族宛てに，「家族による支援の手紙」を発送することができるように，求職者の近親者，もしくは，同居している人の名前を聞くべきである．

10代の若者や，精神発達遅滞の人，経済的に家族への依存度が高い人にとって，家族による支援の手紙はとりわけ大切である．依存の程度が大きい求職者の場合には，家族に直接，電話をかけるのが有用である．ジョブクラブでの作業を行うのに困難を抱える視覚障害者や知的障害者など，特別な場合には，両親や保護者に一緒に，セッションに参加してもらうよう依頼することもできる．

セクションD　進行具合を図表にする

　仕事をみつけるという目的に達する過程のあらゆる時点で，求職者に対し，三つの，グラフや表を用いて，本人の進行具合についてフィードバックを行う。仕事探しの最終結果は，要は，「0」か「1」，つまり，仕事に就けるか就けないかである。しかし，途中経過の達成状況は，最終的な結果と関係しているということが知られている。セッションの出席回数が多いほど，より多くの連絡をとることができる。さらに，電話や手紙，連絡した友人の数が多いほど，面接を得る可能性も高くなる。面接の回数が多いほど，仕事をみつける可能性も広がる。求職者は，途中経過の達成状況と，確率が関連していることを示した掲示物を見ることで，一つひとつの毎日の小さな行動が，成功の可能性を増大させていることをよりよく認識することができる。最初のセッションで，リーダーは，これらの三つのグラフと表を簡潔に説明すべきである。

◉ 面接の回数と仕事をみつける可能性

　図1は，面接を得る回数が増えるにつれて，仕事を得る可能性が着実に増加することを示している。このグラフは，一定のタイプの人々を対象にしたデータに基づいているので，異なるタイプの人々については，グラフの曲線は多少異なるだろう。したがって，それぞれの支援機関やカウンセラーが支援してきた人々のデータに基づくグラフのほうが，その現場の対象者には，よりあてはまる。十分なデータが蓄積されたら，支援機関やカウンセラーの経験に基づいて，グラフを再作成し，その時点で，このグラフと差し替えるとよい。グラフは，よく目につく場所に永久に貼っておくべきである。

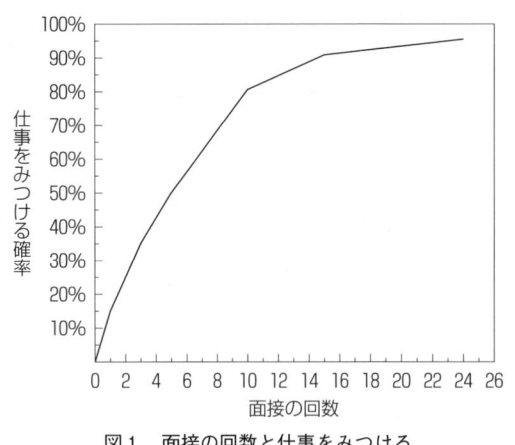

図1　面接の回数と仕事をみつける
　　　確率の関係を示す曲線

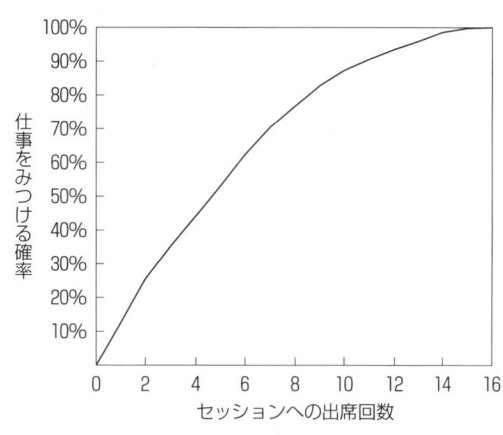

図2　セッションへの出席回数と仕事を
　　　みつける確率の関係を示す曲線

Ⅰ ジョブクラブ

● 出席したセッションの回数と就職の成功

　図2は，ジョブクラブ・セッションに出席し続けるほど，就職の可能性が着実に増加することを示している。図2は，図1の隣に貼るとよい。そして，その支援機関やカウンセラーが担当している求職者に関する実際の状況を反映するよう，データが蓄積されたら，グラフを書きなおすべきである。

● グループの進行表

　この表は，ジョブクラブのメンバー一人ひとりが積み上げた，電話，手紙，応募，接触，推薦状の数を，目に見える形で表示するために使う（付録12を参照のこと）。黒のサインペンで四角いマスを埋めると，マスを一つひとつ数える必要もなく，離れたところからひと目で進行状況がわかる。求職者は，各セッションの最後に，セッションの間にあげた成果を示すために，マスを埋める。カウンセラーは，1回目，2回目のセッションで，表の正しい記入の仕方を，求職者に教えるべきである。グループごとに，別々の進行表を使う。求職者は，ジョブ・リード日誌から，表を埋めるための情報を手に入れる（第6章セクションC参照のこと）。

　求職者は，最初のセッションで，グラフや進行表を，じっくり検討しなくてはならない。そうすることで，求職者は，ジョブクラブでは，電話や諸連絡を細かく把握することがわかる。その後の各セッションの最後には，求職者が各自のデータを記入したら，リーダーは，各自の進行具合を振り返り，表に示された，面接を得た回数，求職者が出席したセッションの回数，増加しつつある電話や連絡の回数を踏まえて，現時点では，仕事をみつける可能性がどれだけあるかを指摘する。電話や手紙，連絡の数が多くても，面接がほとんど得られていない場合には，連絡をとる方法に問題がある。同じく，面接が多くても，就職に結びついていない場合には，面接のより集中的な練習が必要であることを示している。これらの表やグラフは相互に関係しており，各セッションの最後に，現在の達成状況を書くためばかりでなく，今後の努力の方向を決めるためにも用いる。

第 6 章

ジョブリードをみつける

> セクションA
> ジョブリードを得るために連絡をとる友人や知人のリストを作成する

　求職者の友人や親戚，知人は，大切で特別な，ジョブリードの入手先である。求職者は，思いつく限り多くの，友人や知人から支援を得るように促されるべきである。友人や知人からの支援を得るための，多くの特別なテクニックは，第7章の**セクションA**に記載してある。求職者が最初にするのは，連絡をとろうとする，親戚や，同級生，前職の同僚，（ジョブクラブ以外の）グループの仲間，その他の友人や知人などの，網羅的なリストを作成することである。カウンセラーは，メンバーが，このリストを完全に記入するようにしなければならない。ジョブクラブのメンバーは，2回目ないし3回目のセッション中に，これらのリストの作成を始める。電話番号をはじめ，リストを完成させるのに役立つ情報を入手するため，希望があれば，家にリストを持って帰ってもよい。その後のセッションを通じて，これらのリストに追加をしていく。

　リストに用いる用紙の見本は，付録に入っている。

- 付録13　家族・親戚を思い出すためのリスト
- 付録14　以前の同僚を思い出すためのリスト
- 付録15　同級生や学校の知人を思い出すためのリスト
- 付録16　友人や知人を思い出すためのリスト
- 付録17　引越してきたばかりの人が連絡先を思い出すためのリスト

　リストには，求職者が働きたいと思っている場所に住んでいる人か働いている人の名前だけを載せるべきである。というのは，求職者が希望する勤務地以外の場所に住んでいる人や働いている人は，役立つ情報や連絡先を持っている可能性が低いからである。

　用紙の見本はそのまま使うことができる。空欄がもっと必要なら，用紙を追加してリストを増やす必要がある。求職者がスムーズにリスト作成にとりかかれるよう，カウンセラーは，各リストの冒頭にある導入を「簡潔に」説明すべきである。これらのリストが完成したら，各求職者は，少なくとも，数十人の名前を挙げているだろう。

セクションB　ジョブリードの他の源泉

　ジョブリードは，さまざまなところから得ることができる。ジョブクラブのジョブリードのリストや，職業別電話帳，新聞の求人広告，以前の雇用主，カウンセラーが手に入れた一般的なリスト，求職広告などである。さらに，電話をかけたときや，雇い主や友人を訪れたとき，面接を受けたときに，求職者自身がジョブリードを生み出すこともある。ジョブリードを入手する方法が何であれ，この章の**セクションC**で説明するジョブリード用紙に記入しなければならない。
　以下，簡潔に，これらの，ジョブリードの入手先から，どのようにジョブリードを得るかを説明する。

● ジョブクラブ備付けのジョブリード・リスト

　ジョブクラブ備付けのジョブリード・リストの作成を開始し更新していくのは，カウンセラーの役目である。このリストには，現在は働いている，以前のジョブクラブ・メンバーから得られたジョブリードも載っている（以前のメンバーからジョブリードを集めるための実際の方法については，第9章で詳しく検討する）。加えて，現在のジョブクラブのメンバーは全員，自分自身のために面接を受けたときや問い合わせをしたときであっても，他のジョブクラブメンバーの求人の可能性について関心を持ち尋ねてみるように促される。カウンセラーは，ジョブクラブのメンバーがジョブクラブから電話をかける際に他の人の求人についても質問をするようにさせることや他人のためにどんなリードをみつけたかをグループに毎日質問すること，そして，一つひとつの相互支援を心をこめてほめることによって，この相互利益を促進する。このように見出されたジョブリードは，ジョブクラブのリストに追加される。
　さらに，カウンセラーは，自分が個人的に知っているジョブリードの入手先からも，ジョブリードを手に入れることがある。カウンセラーは，このように入手したすべてのリードを，ジョブクラブのリストにとりまとめる。新たなジョブクラブの1回目のセッションのときから，ジョブクラブのリストを利用できることがとりわけ大切である。そうであれば，メンバーは，グループを開始した時点から，面接のために電話をただちにかけられる。その後は，メンバーは，自分たちがみつけたジョブリードに主として頼ることになる。
　ジョブクラブ備付けのジョブリード・リスト用紙の見本は，付録18にある。新しいジョブリードを継続的にリストに付け加えるとともに，現時点では面接を受けることができないジョブリードには取消し線を引く。ジョブクラブから電話をかける際には，どうして求人があると知ったのかとか，あるいは，どうして電話をかけてきたのかとか，聞かれることもあるが，その際は，求人があるかもしれないと聞いたとだけ言えばよい。ジョブクラブのリードリストやジョブクラブについて話してはならない。というのは，こうした話をしてしまうと，通常，応募者のその職への適性では

なく，ジョブリードの入手先に関する，長たらしい一般的な会話になってしまうからである。カウンセラーは，就職に成功した，ジョブクラブのメンバーのリストも，ジョブリードのリストの一部として維持し保管する（付録19 参照）。

◉ 電話帳

　職業別電話帳は，ジョブクラブを通じて，実際に就くことができた仕事の，ジョブリードの最大の入手先である。ほぼ全員のメンバーが，同時に，電話帳を使うことができるように，カウンセラーは，電話会社から十分な冊数の電話帳をもらっておく。同様に，求職者が関心を持っている，近隣の市町村の電話帳も備えておく。

　カウンセラーは，好みの職種と関連する企業の一覧を具体的に挙げることから，グループの取組みを始める。たとえば，自動車整備工に関心があれば，「修理工場」と「自動車販売店」という項目に掲げられている企業だけを調べるのではなく，「トラック運送業」や「トラックレンタル」，「引越し」などに出てくる企業も調べてみる。ウェイターや，コック，給仕の助手なら，レストランやホテル，モーテルや仕出し業などを調べてみる。求職者が，好みの職種を含んでいる可能性がある区分を探し出せるように手助けするには，職業別電話帳の大抵最後に載っている，索引を見てもらったり，関係しそうな業種を探しながら電話帳の最初のページから1頁ずつめくってもらったりするとよい。

◉ 求人広告

　新聞の求人広告も，ジョブクラブメンバーの就職につながった，ジョブリードの多くの割合を占めている。求職者が求人広告をできる限り上手く使うことができるように，カウンセラーは，以下のような手引きをグループに示して，求職者に手引きを守るように絶えず促し続けなければならない。

☐ 1　遅れを避ける

　毎日，新聞が出たらすぐに見る（ジョブクラブは，主要な地元紙と，[地元で発行されていたら]週刊の日曜紙を購読すべきである。求人広告のリストを毎日，メンバー全員がすばやく見られるように，2部以上購読するとよい。もし必要なら，コピーをする）。

☐ 2　すべての広告を読む

　その日，新しく掲載される求人広告は，以前から掲載されている求人広告の中に混ざっているので，一つひとつの広告を毎日ていねいに見て，新しい広告がはじめて出たときに確実にみつけられるようにする。

☐ 3　記載されている資格要件について慎重になりすぎない

　雇用主が，資格要件を細かく挙げることはあるが，この資格要件は，その求人を満たす理想の人物の記述であるといってもよい。実際には，仕事に就いてからの訓練や経験を通して，足りないスキルを学んだり向上させたりできることが多い。よさそうだと思う仕事なら，興味があったり，そ

の仕事と少しでも関係のある経験をしたことがあれば，求職者は応募すべきである。「私は，その仕事に応募する資格を完全に満たしているだろうか」という質問の代わりに，「数週間の経験さえあれば，その仕事をできるのではないか」と自問するとよい。記載されているとおりの資格要件を満たしていない場合でも，雇用主は，求職者を雇うことに関心を持つことがあることを，求職者に気づかせる必要がある。なぜなら，雇用主は，求職者が持っているかもしれない他のスキルや，経歴，学ぼうとする強い意欲に魅かれることがあるからだ。

☐ 4 　情報の不足している求人広告を無視しない

　求職者は，職種と連絡方法くらいしか書かれていなくても，最善の条件を想定して，その求人についてさらに追求してみるべきである。給与や勤務時間，勤務内容が決まっておらず，適切な応募者に合うように調整したいと考えている雇い主は，意図的に，それらについての細かい情報を省略することがよくある。

☐ 5 　すべての求人広告に印を付ける

　一人ひとりの求職者が，その日の求人広告の自分用のコピーを持っている（そうあることが望ましい）場合には，明らかに興味深く，必要な資格要件を満たしている広告には「〇」を付け，興味が持てない広告や，特別な資格や免許，証明書が必要な広告には「×」を付ける。そして，縁がありそうな広告には，「？」か「たぶん」と書く。すべての広告に印を付けることによって，求職者は，いくつかの理想的な求人だけではなく，縁がありそうなすべての求人に注意を向けることができる。

☐ 6 　他の求人について尋ねる

　広告を見て電話をするときには，その企業に，募集している仕事とは別の空きがないかどうかを尋ねるべきである。求職者が，募集している仕事に興味がなかったとしても，その企業には，その求職者や他のジョブクラブメンバーが興味を持つような仕事が他にもあるかもしれない。

☐ 7 　手紙で返答する

　求人広告が文書での返事を求めている場合，求職者は，（写真付きの）履歴書のコピーと推薦状を同封すべきである。広告に載っている仕事に特に役に立ちそうなスキルを強調した，簡潔な表書きも，絶対に同封すべきである。 付録20 は，そのような手紙のサンプルである。電話番号，住所，広告を見た媒体，職種，面接の申込み，現時点の求人だけでなく将来の求人についてもお話ししたいという希望を，必ず手紙に含めるようにする。

　要約すると，追求する価値があるすべての広告を，ジョブクラブのメンバーが確実にみつけられるように，カウンセラーが注意深く目を配ることが重要である。求職者が記載されている資格要件の一部を満たさなくても，記載されている給与が少しばかり不十分であっても，求職者にとって大切な情報が載っていなくても，カウンセラーは，求職者が，求人を追求するように促さなくてはならない。そして，カウンセラーは，どの求職者も，求人情報を最大限に利用できるよう，上記の指針すべてを確実に守らせるべきである。

● 以前の雇用主

　以前の雇用主は，以前と同じ仕事や新しい仕事で再雇用してくれたり，同じ企業の支店や似た別の企業を紹介してくれたり，推薦状を提供してくれたりなど，求職者を助けてくれることがある。カウンセラーは，ジョブクラブのメンバーに，過去の上司や雇い主を全員，可能な連絡先とみなすよう促すべきである。以前の雇用主に接触する方法，特に，人間関係の不調で辞めた場合の方法については，第7章セクションAに書かれている。

● 一般的なジョブリスト

　カウンセラーは，市や州，国など行政関係の求人リストや，大企業の求人リスト，組合員や見習いになるために労働組合が行う試験日のリスト等，いくつかの入手先からの求人リストを，ジョブクラブで利用可能なように用意しておくべきである。そのため，公的機関や企業，団体などに手紙を書いて，普段から，求人の告知を送ってもらう。ジョブクラブのメンバーも，地元の職業安定所に定期的に行って，新しい求人について情報を得るべきである。

● 求職広告

　求職欄に広告を出すのは高価なので，求職広告以外の，ジョブリードを探し出す方法の効果がすぐには出ないことが確定するまで，数週間は，この方法は使わない。カウンセラーは，メンバーが求職広告を書くのを手助けし，メンバーの職務経験だけでなく個人的な長所を強調するようにする。ジョブクラブのメンバーは，まず，付録21 にある求職広告の例を勉強し，それから，希望職種や，職務経験，いくつかの魅力的な個人的な長所，連絡先の電話番号などを載せた，自分自身の広告を下書きする。求職広告では，求職者が求めていることではなく，むしろ，求職者が提供できることを強調することが大切である。

● カウンセラーの責任

　ジョブクラブは，フルタイムの仕事として，職探しに取組むように要求するので，求職者が追求できる，大量のジョブリードを継続的に必要とする。カウンセラーの仕事は，ジョブリードのリストが初回のジョブクラブセッションの開始時点から手元にあるようにしておくことと，求職者に日々ジョブリードを補充してもらうことである。カウンセラーは，雇用主と面接の予約のために連絡をとるという，次のステップに進めるよう，まず，求職者にジョブリードを毎日最低10件入手して記録してもらわなければならない。

セクションC　ジョブリードを記録に残す

　本章の**セクションA**と**セクションB**には，ジョブリードを得るための，数多くの入手先が示されている。職探しにおける，大きな問題の一つは，手に入れたジョブリードに関する，断片的な情報すべてをどのように記録に残すかである。求職者が，手に入れたすべてのジョブリードに関し，一定の基礎的な背景情報と，その後コンタクトした結果を，ていねいに記録しておかない限り，貴重な時間や可能な雇用機会が失われてしまう。ジョブリード記録票（付録22）は，求職者が，常に最新の情報を記入して手元においておくべき，絶対に必要なものである（メンバーは，記録票を，ポケットか財布に入れて持ち歩くべきで，ファイルに綴じこんではならない）。

　カウンセラーは，ジョブクラブの初回セッションで，各メンバーに，ジョブリード記録票を何枚も渡し，記録票をどのように使うべきかを簡単に説明する。各メンバーは，初回セッション中に，ジョブクラブ備付けのジョブリードのリスト（本章**セクションB**）や以前のジョブクラブのメンバーが残したリストを調べたり，その他関連するジョブリードを付け加えたりすることによって，自分のジョブリードのリストの作成を始める。カウンセラーは，ジョブクラブメンバーに対して，公式に手に入れたものであろうと非公式に手に入れたものであろうと，仕事に結びつく可能性のあるリードはすべて記録票に載せるべきであることを強調する。同様に，各リードについて記載すべき情報はすべて，それを知ったらただちに記入すべきで，絶対に記憶任せにしてはならない。

　求職者は，ジョブリードについて，いつ耳にするかを前もって知ることはできないので，財布かハンドバッグやポケットに入れて，自分のジョブリードの記録票をいつも持ち歩くべきである。机に向かって，電話をかけたり求人広告を見たり，雇用主に手紙を書いたりしているときには，自分の目の前に広げておくべきである。面接終了後，求職者は，就けるかもしれない仕事についての詳細な情報や，いつ電話をかけなおすか，ほかに電話をかけたらよいところについてのアドバイスなど，その後必要となる情報を記録することができる。

　毎日，電話をかけたり手紙を書いたりし始める前に，求職者は，記録票に目を通して，その日のうちに連絡したい場所を決める。記録票には，電話番号や，担当者の名前，企業名など，ジョブリードに関する大切な情報が記録してあるので，はじめて連絡するところに連絡をするにも，これまで連絡したことがあるところに連絡をするにも，必要な情報はすべて手元にある。

　ジョブリード記録票（付録22）に記入する際，求職者は，1列目には電話をしたあるいは連絡をした日付を書く。2列目には企業名を書く。電話番号しか載っていない求人広告に返答する場合には，相手が電話に出たときに言った企業名を書く。3列目（担当者の名前）には，求職者が連絡をとる人の名前を書く。電話番号しか知らない場合には，求職者が話すべき人が判明した時点ですぐにその人の名前を書く。4列目（電話番号）には，求人広告や職業別電話帳，友人のアドバイスなどから得た電話番号を，電話をする前に書く。5列目（住所）には，住所がわかったらすぐに書

く。6列目（電話の結果）には，給与や面接の日程，いつ電話をかけなおすか，その他の有用なジョブリードのような，その連絡先について，求職者が今後必要とするであろう内容を何でも書く。7列目と9列目には，ジョブリードが就職に結び付く見込みがありそうなら，電話をかけなおすべき日付を書き，8列目と10列目には，再度電話をしたときに得られた情報を書く。

　ジョブクラブのメンバーは，ジョブリードを一つ記入するたびに，雇い主に電話をかけるべきではない。というのは，ジョブリードを探し，電話し，他のジョブリードを探し，また電話をかけるというパターンだと，スケジュールが支離滅裂になったり，ばらばらになったりするからだ。そうではなく，一般的なルールは，毎日，最初の電話をかける前に，ジョブリードを最低10件，記入することである。ジョブリードを10件集めてから，メンバーは，面接の約束を最低2回得るまで電話をかけ続ける。

第 7 章

面接やその他の活動の手配

セクションA　支援の要請

　ジョブリードにつながりそうな連絡先のリストを作成するのは，最初のステップにすぎない。次に，ジョブクラブのメンバーは連絡先として挙げた親戚や友人，知人，以前の雇用主に実際に電話をしたり，手紙を書いたりしなければならない。他人に支援を求めたがらない求職者もいるため，実際に，連絡をちゃんとしてもらうのは，カウンセラーの重要な役割である。求職者が支援を求めたがらないのは，「求職していることを他の人に知られたくない」「どのような支援をお願いしたらいいかわからない」「支援を求めた相手と自分を厄介な立場に追い込んでしまわないかが心配である」などが理由であると思われる。理由が何であれ，カウンセラーは，求職者が，支援を得るために，安心し自信を持って連絡先にアプローチできるよう，以下の手順に取り組まなければならない。

● 話す内容を決める

　人に支援を求める際，求職者は，以下の4点を伝えなければならない。

- ☐ 求職中であること，および，その理由
- ☐ 相手が支援を与えられる特別な立場にあること，および，その理由
- ☐ 求職者本人の技能
- ☐ 相手がどのような支援を提供できるか

　これらの情報は重要で，どれか一つでも欠けると，相手は，支援を与えるのが困難になったり，きまりが悪くなったりする。大切なのは，これらの情報がすべて含まれることであって，順序はあまり重要ではない。これら4点の情報をすべて含んだ言い方の例を挙げると，「私は学校を卒業して，現在，仕事を探しています。病院や医院において医療技術者としての豊富な経験があります。あなたの仕事柄，こうした医療関係の仕事場をたくさんご存知だと思います。私が応募できそうなところをご存じありませんか」である。このようにして，相手に，求職者が仕事を探している理由，相手がどんな求人があるか知っていること，相手が頼りにされている理由，相手ができそうな支援の種類を伝える。

　付録23 から 付録26 には，求職者が目を通すべき，それぞれのタイプの情報を得るために利用で

きる表現のサンプルが載っている。求職者は，自分の言葉で支援の要請をお願いする文章を組み立て，各付録の空欄に書く。1回目のセッションでは，これらの付録のページのコピーを，ジョブクラブメンバーに配布する。メンバーは，これを読んで，（なるべく家で）記入し，今後の参考のために用紙を保存しておく。2回目および3回目のセッションでは，カウンセラーは，求職者が作成してきた，四つの付録の文章をそれぞれ点検し，次いで，求職者に，友人や親戚などの連絡先のリスト（付録13から付録17）から名前をいくつかを選んでもらい，以上の4点の情報を含んだ，選んだ連絡先に伝える文章を書いてもらう。文章ができたら，求職者一人ひとりに簡単にロールプレイングをしてもらい，実際に安心して話せるようになってもらう。

● 電話用「度忘れ」防止リスト──支援要請のためのセリフのメモ

　電話用「度忘れ」防止リスト（付録27）は，ジョブクラブのメンバーが電話をかけて，他の人からジョブリードをもらう際に，相手に何を話すべきかをまとめたものである。ジョブクラブのメンバーは，この用紙をもらい，電話をかけるごとに，手引きとして活用する。1枚の用紙には電話を7回分できるだけの空欄がある。

　電話をかける前に，ジョブクラブのメンバーは，「就きたい仕事と理由」および「経験と技能」欄に，事前に用意した文章を記入しなければならない。特定の人に電話をかける前には，見出しにその人の名前を書き，求職者は「友人が支援できること」欄の，その友人ができそうな支援の種類に印を付ける。メンバーはまた，友人に対して，なぜ彼に連絡をしたのかを説明する理由をあらかじめ決めておかなければならない。ジョブクラブのメンバーは，こうした準備を終えてから，電話をする。求職者は，見出しに記載されている友人との会話をしながら，会話で伝えた情報に一つひとつ印を付けていく。こうすれば，求職者は電話を切る前に見直して，言い落としている項目がないことを確認することができる。

● 友人や親戚に仕事に関する支援の要請をする電話をかけるリハーサル

　ジョブクラブのメンバーは，実際に友人や親戚に就職支援の要請のための電話をする前に，次の方法で練習をしなければならない。まず，カウンセラーが，架空の友人や親戚に対して電話をかける実演をする。次いで，各メンバーが，順々に電話をかける練習をする。メンバー全員が架空の電話を練習し終わったら，カウンセラーは，実際に電話をかける人を募る。名乗り出た志願者は，友人，親戚，知人のリストの中から，その時間帯に電話連絡ができそうな人を一人選ぶ。志願者は，電話用「度忘れ」防止リストを利用して電話をする。一人ひとりのメンバーが同様の手順で繰り返す。実際の電話を，最低3回は，カウンセラーにみてもらいながら行う。そうすることで，メンバーは，電話用「度忘れ」防止リストの各項目を網羅できるようになり，電話をすることのためらいや恥ずかしさを克服できるようになる。

　求職者は，友人や親戚に支援を求めることをためらう場合がとても多いため，上記に説明した手順を，実際に電話をかける前に，念入りにリハーサルしなけれければならない。ジョブクラブ以外の求職カウンセリングプログラムでは，普通，次の二つのリハーサルの方法が用いられている。

第1の方法は，一人の求職者が全内容を演じて他のメンバーは観察者となり，その後，観察者同士で模範演技について話し合ってもらうというものである。この方法の最大のデメリットは，実際にリハーサルを行うのはたった一人のメンバーで，他のメンバーは受身の観客になってしまうことである。第2の方法は，求職者全員が一人ずつ内容を演じることにより，全員のメンバーが望ましい行動を実際に練習する機会を確保するというものである。この方法の主なデメリットも，見ている側のメンバーは，自分のリハーサルを除き，他の人のリハーサルの際には，受身の観客になってしまうことである。また，最後にリハーサルする求職者は，長々とした他人のリハーサルが終わるまで，実際に練習する機会が遅れてしまう。

　ジョブクラブのリハーサルの方法は，各メンバーが連続してすべての内容を演じることができるように組まれているが，全員の求職者が，他の人のリハーサルが終わり次第，自分でも簡単にやってみるように求められる。友人や親戚に支援を要請する電話のリハーサルなら，まず，カウンセラーは，メンバー全員が表現サンプル（付録23から付録26）のコピーを持っていることと，用紙の空欄に各求職者が自分で文章を記入してあることを確認する。カウンセラーは，電話での支援要請のリハーサルの志願者を2人募り，もし誰も手を挙げなかったら，誰か2人をすぐに指名する。次に，カウンセラーはリハーサルすべき状況——20マイル離れたところに住み，2週間ほど会っていない義兄に電話をかける——を説明する。求職者のリハーサルが終わったら，カウンセラーはジョブクラブのメンバー一人ひとりに，電話の内容について，適切だった部分はどこか，自分ならどのように話すかを言ってもらう。最後に，リハーサルをした人は，他の人から得た意見に応じて自分の表現を言い換え，もう一度リハーサルをする。

　リハーサルが行われている間，カウンセラーは演じている人およびその他の人のよかった表現をほめる。次に，カウンセラーは，さらに別の2人を指名して電話のリハーサルをしてもらう。今度は，友人・親戚・その他の連絡先（付録13から付録17）から，実在する人を選んでもらう。リハーサルの手順は最初のときと同様で，演じている人の電話が終わったら，他のメンバーは自分ならどう話すかを言う。

　この方法だと，リハーサルのたびに，全員が支援の要請をしてみることになるから，たとえ，1回のロールプレイをしただけでも，メンバーは多少とも，電話を実際にかけられる用意が整ってくる。このため，ジョブクラブの2回目のセッションのうちに，リハーサルを終える必要はない。その後の2，3回分のセッションにおいて，短時間ずつ行って，メンバー全員が終わればよい。2回目のセッションが終わったら，クラブメンバーは，友人や親戚などの連絡先からジョブリードを得るために，電話用「度忘れ」防止リストを利用して，実際に電話をかけ始められるようになる。カウンセラーおよびバディは，子機で会話を聞いて，電話が終わったら助言する。

　友人や親戚に電話をかけるのをためらう人は，ジョブクラブからかけるのを避けたがり，家からかけたいと言うことも多い。たしかに，仕事中は連絡がとれない親戚や友人には，夕方に，家から電話をかける必要がある。しかし，カウンセラーの指導を受けて何本か電話をかける練習をしておらず，まだ，電話をかけるための能力や落ち着き，と自信をカウンセラーに示していないメンバーは，先延ばしにした電話をかけられないことが少なくない。だから，カウンセラーは，このような

メンバーには，ジョブクラブから電話をかけるように促さなければならない。

ジョブクラブのメンバーは，連絡相手から得たジョブリードを記録できるように，電話をする際には，ジョブリード記録票をいつもそばに置いておかなければならない。

● 連絡先にヒントを与えるテクニック

仕事の募集があるかどうか突然聞かれてもすぐには思い浮かばないのが普通である。だが，1，2分もすると，いくつか思い出すことができる。考える時間が長いほど，よりたくさんの募集が思い浮かぶ。何らかのヒントが与えられている場合は特にそうである。ジョブリードについてはじめて尋ねられると，「何も思い浮かばない」という返事をしてしまうことはよくある。しかし，求職者の経験や，やってきた仕事，すでに連絡をとったところなどを話しているうちに，「思い出した！　私の友人が……」と話し始める。だから，求職者は，これまでやってきた仕事や，得意な分野，働きたい場所，探している仕事の募集ばかりでなく，全体的な雇用の状況や共通の友人，過去の共通の経験すら話すように促されなければならない。この「世間話」は，友人との会話（特に最初の挨拶）の，大切で自然な一部である。加えて，この世間話は，友人に，求人の可能性を思いつく時間を与えてくれる。

求職者は，会話に，仕事の紹介を促す具体的なヒントを組み入れる練習をしなければならない。

「まちで，事業を拡大していて新たに事業を始めるような企業や，何でもいいので，新しい企業をご存じないですか」

「あなたの職場で辞めそうな人……学校に戻ったり，昇格したり，引越したり，転勤したり，まもなく退職しそうな人はいませんか」

「求人を出している企業をご存じないですか。新しく人を雇うということは，事業がうまくいっているということなので，もしかしたらほかにも仕事があるかもしれません」

「教員の仕事がありそうな場所，想像ですけど，たくさんの人がいるような大きな大学では，まもなく辞める人が常にいると思います。東海岸で，そのような大学をご存じないですか。あるいは，それほど大きくなく，コミュニティカレッジや州立大学くらいの大きさの大学で，読む力をつける大規模な補習プログラムを行っている大学をご存じないですか。マサチューセッツ州，コネチカット州，メーン州の州立大学はすでにあたりました。それ以外の州，たとえばニューヨーク州やペンシルバニア州，ニュージャージー州などに知り合いがいればいいのですが。私が連絡をとることができそうな方をご存じないですか。どの州にあたればよいと思いますか」

連絡先がジョブリードを思いつく可能性を最大限にするためのもう一つの効果的な方法は，求職者から，後日，再び連絡すると言っておくことである。こうすることで，連絡先は，紹介できる仕事先が他にもないかを考える時間ができる。「後から思い浮かぶことや，この電話を切った後に思いつくこともあると思うので，2週間以内に電話をかけなおしても構わないですか。ほかにもジョブリードを思いついておられるかもしれないので，1週間位したら，こちらから電話をしてよいでしょうか」と聞いてみる。このように，こちらから電話をかけなおすことを約束しておけば，相手は，ジョブリードを思い出す時間ができるし，電話をかけなおす必要もないし，求職者が後日連絡をしてくることがわかっているのでジョブリードはないかと意識しておくこともできる。求職者は，もちろん必ず電話をかけなおさなければならない。忘れないように，その旨をジョブリード記

録票に書いておく。

● 電話および電話用「度忘れ」防止リストを使うことの大切さ

　求職者は，家族やほとんど毎日会うような人は別として，友人に仕事について聞く際には，電話を用いるべきである。訪問は時間がかかりすぎ一度に何時間もかかる。同じ時間があれば，電話なら，もっとたくさんの人と連絡をとることができる。また，電話と比べて，手紙は親しみを持ちにくいし，返事を得られるまでに数日待たされ，たいてい電話より時間がかかるので，電話代が高すぎる場合以外はやめたほうがよい。数日後に連絡先と会うことになっているとしても，電話をしておくほうがよい。偶然な出会いや直接の会話にはいろんな邪魔が入りがちだが，電話だと，相手の全面的な注意を得ることができる。電話をするとき，求職者は，なぜ自分が電話で連絡をしているかを以下のように説明できる。

　　「明日クラブであなたにお会いするのはわかっているのですが，その際には，お話できる時間があるとは限りませんので，念のため電話をかけさせていただきました」
　　「しばらくお会いしていませんし，いつ再会できるかわからないので，お会いするまで待たずにお電話することにしました」
　　「昨日お会いしたばかりですが，昨日はあまりお話できなかったので」
　　「もう何年もお会いしておらず，すぐにはお会いできるかどうかわかりませんので，お電話いたしました」

　求職者が，電話用「度忘れ」防止リストは必要ないと言って使うのをためらう場合には，その求職者の会話にどの項目が含まれていたかを，他のメンバーに（たとえば，テープレコーダーで）記録してもらう。求職者は，おそらく，会話にすべての項目を含めたと思っているだろうが，記録をすればそうではないことに気づくだろう。会話というものは，電話の本来の目的から脱線しがちなので，1回の電話に，電話用「度忘れ」防止リストにあるすべての項目を忘れずに含めるのは難しい。求職者は，自分の電話の記録を見ることで，忘れていることや見落としていることはないかを確認できるし，大事なジョブリードを思い出してもらうために必要なすべての情報を相手に与えることができる。

● 直接会って連絡をとる

　電話で連絡をとるほうが好ましいが，求職者が毎日会う人や，電話番号を知らない人や親戚，知人と連絡をとるには電話という連絡手段は適切ではない。こうした相手には直接会ってお願いするわけだが，電話連絡と同様にリハーサルをしなければならない。まず，カウンセラーが，兄弟や父親，あるいは店員にお願いをするロールプレイを行う。次いで，カウンセラーが相手役になって，メンバーがロールプレイを行う。直接会う場合も，電話連絡に含むべき情報の項目と同じ項目を含まなければならない。

● 手紙で連絡をとる

　電話代がすごくかかる場合，電話ではコンタクトできない場合，なかなか会えない相手の場合に

は，手紙で，仕事を探す支援をお願いする。電話用「度忘れ」防止リストにある情報のすべての項目は，手紙にも書かれるべきであるが，自分が直接会わずになぜ電話で連絡をとったかという項目は，もちろん不要である。手紙には切手を貼った返信用封筒を同封して，相手が返信しやすいようにする。また，相手が回答しやすいように，付録28にある「耳にしたことがあるジョブリード」用紙を，情報を求める手紙に同封する。誰から返信されたものかわかるようにするために，未記入の用紙の上のところに，相手の名前を書いておく。

付録29は，仕事をみつけるための支援を依頼する手紙の文例である。

● 以前の雇用主に連絡をとる

第6章のセクションBでは，以前の雇用主や上司に尋ねることも，ジョブリードを得るためのよい方法であると述べた。求職者は，以前の雇用主にどのように伝えるかを事前に書き出しておかなければならない。以前の雇用主一人ひとりに応じた表現を準備しておく必要があり，以下の内容を含まなければならない。(1)その雇用主のもとでいかに充実して働くことができたか，(2)その雇用主は求職者にどのように満足していたか，(3)うまくいかずに辞めるに至った原因となりうる問題についての説明である。求職者が以前の雇用主に話すべき内容について，助言できることは多い。

カウンセラーは，求職者に，以前の雇用主一人ひとり向けの表現を各自で書いてもらい，適切な表現となっているかを確認しなければならない。

以前の雇用主とは，他の人と同様に電話で連絡をとる。求職者は電話用「度忘れ」防止リストを使って，必要な情報をすべて聞けるようにする。なぜ，相手の支援が必要かという項目については，求職者はいかにその仕事が充実していたか，その雇用主のもとでの仕事はいかに生産的だったかを，用意した表現を使って話をする。相手にどのような助力をお願いしたいかという項目については，ジョブリードや推薦状，さらに必要ならば，面談の約束や電話をかけなおす約束を得るための，通常の依頼に加え，求職者は，希望するなら，以前の雇用主に対し，以前働いていたのと異なる部署や支店に，あるいは以前と同種の仕事に，空きがないかを聞いてもよい。

以前と同種の仕事

求職者が，以前の雇用主のもとでしていたのと同種の仕事に関心があるなら，自分がいかに有能な働き手であったかを，その雇用主に思い出してもらう必要がある。たとえば，「以前，あなたのもとで働いていた時は非常によく働いていたと思います。あなたもそう評価して下さっていました」「一生懸命働いて，あなたのもとで楽しく仕事させていただきました」と話すのもよいだろう。また，求職者は，離職してから経験を積んだおかげで，以前よりも一層よい働き手であることを示すこともできる。たとえば，「あのときは若かったですが，以前より年をとり経験も積んだので，もっといい仕事ができます」「あなたのところを辞めてから，いろんな仕事の経験を積んだので，今はもっと戦力になります」と話してもよい。

以前と異なる仕事

求職者が，以前と同種の仕事に興味がない場合には，以前働いていた企業ではよく働いたことや

楽しく働いたことを話したうえで，現在は，別の仕事ができることを示してもよい。たとえば，「御社で楽しく仕事をさせていただいたことを今でも忘れていません。レジ係の仕事をきちんとこなしていたと思います。その後，ビジネス・スクールとマネジメントの教育を受けましたので，御社の，レジ係以外の業務でお役に立てると思います」「私が勤勉な事務員だったことはご存知と思いますが，また，そちらで働ければ嬉しく思います。退職してから，営業や商品販売に関しいろいろ経験を積みました。御社の販売ないしマーケティング部でお役に立てると思います」などと話すのもよいだろう。

別の支店での仕事

以前働いていた支店に空きがない場合，その企業が同じ市内や別の市に他の支店をもっていれば，他の支店に空きがないかを尋ねることもできる。求職者は，以前の雇用主に，他の支店をあたってもらったり，あるいは連絡をとる相手を紹介してもらったりできる。また，他の支店への紹介状を出してもらうこともできる。

別の企業の仕事

以前働いていた企業や支店に仕事の空きがない場合，求職者は，その時点で求人をしていない雇用主に聞くのと同様に，以前の雇用主に，他の企業におけるジョブリードがないかを聞いてもよい。

推薦状

雇う側が，応募者の職務経験について推し量るには，彼の前職での仕事ぶりを知るのが一番の方法である。以前の雇用主からの推薦状を必要書類の一つとする企業さえもある。だから，求職者は，以前の雇用主から，宛て先を限定しない推薦状を書いてもらえるように努めなければならない。

うまくいかずに仕事を辞めた場合

求職者が，うまくいかずに，以前の仕事を辞めた場合であっても，以前の雇用主と連絡をとることは，得るものが大きく，失うものはない。欠勤が多すぎた，協調性が足らなかった，上司と個人的にもめていた，十分な能力がなかった，何度か失敗をした，まじめに仕事をしなかった，辞める直前に口論をしたなどのせいで，問題があったこともあるだろう。しかし，求職者が1ヶ月以上その雇用主のもとで働いていたのなら，雇用主は，おおよそは求職者の仕事ぶりに満足していたに違いない。そうでなければ，それだけ長い期間雇うことはないからである。求職者が，このような関係にある，以前の雇用主に連絡をとる場合には，雇用主が気に入ってくれていた，自分の仕事ぶりを思い出してもらわなければならない。加えて，状況や態度が変化したので，以前の問題はなくなったことも伝えなければならない。

求職者が，以前の経験の長所を強調し，短所について雇用主に説明し安心させるための表現例としては以下のようなものがある。

「以前は，楽しく仕事をさせていただきました。仕事を休むことが多かった点を除けば，よく働くという

評価もいただきました。現在は落ち着き，以降の仕事では，まったく問題はありません。今は安定しています」
「私はあなたの最も優秀な社員の一人だったと思いますが，どういうわけか，ボブとはうまくやれませんでした。それ以前も，また，それ以降も，どの上司ともうまくやってきたので，もし他の部署で働いていたら，そのような問題は起きていなかったと思います」
「ご存知でしょうが，私は全力で仕事をしていましたし，困難な問題については頼りにもされていました。ただ，同じ作業の繰り返しであるように感じて，最終的にはやる気を失ってしまいました。家族の問題は解決しましたし，営業はルーティンワークではないので，非常にやる気があります。もう，子どもではありません」

セクションB　雇用主に手紙を書く

　雇用主には可能な限り，手紙ではなく電話で連絡をとるべきである。なぜなら，電話ならすぐに面接の予約ができるが，手紙だと返事をもらうまでに数日はかかるからだ。電話は，手紙より時間，労力，経費が少なくて済む。電話は，心のこもった関係を大切にするジョブクラブのやり方に合っていて，手紙では伝えるのが難しい，直接性と親しみをつくり出すことができる。しかしながら，手紙を用いなければならない特別な状況もある。

● どんな場合に手紙を書くか

　電話連絡のほうが望ましい方法だが，以下の状況では手紙を書く必要がある。

- ☐ 私書箱の番号や住所のみが記載された求人広告をみて連絡をとる場合
- ☐ 電話で雇用主から履歴書を送るように言われた場合
- ☐ 遠方の雇用主と連絡をとりたいが，遠すぎるため電話代が高くついてしまう場合
- ☐ 再三電話で連絡をとってもつながらない雇用主と連絡をとる場合

● 何を書くか

　求職者の時間を節約するために，付録30，付録31，付録32に，標準的な手紙のサンプルを載せた。手紙に，求職者の履歴書と，推薦状を同封すれば，雇用主が知りたいであろう情報の大半が提供できる。
　ジョブクラブのメンバーは，サンプルを参考にして，必要なときにすぐに使えるように手紙の下書きを書いておく。カウンセラーは，求職者が送る手紙に，下記の内容が含まれているかを確認する。

- ☐ 求職者の電話番号と住所
- ☐ 求職者の履歴書と，推薦状，その趣旨を説明する送付状
- ☐ 面接の依頼
- ☐ 求職者を雇うことが，その企業，業務，組織にプラスになることを示した文章

セクションC　電話で面接の予約をとる

　この段階になると，ジョブクラブのメンバーは，さまざまな情報源や連絡先から，最低でも10件以上のジョブリードを集めて，ジョブリード記録票に書き込んでいるはずである。このセクションでは，これらのジョブリードを手がかりに，どのようにして，面接の予約をとるかを説明していく。ジョブリードには，求人広告に応募するとか，ジョブクラブの仲間から空きがあると教えてもらうなど，仕事の空きが明確にある場合もある。一方で，イエローページに載っている企業に電話をするとか，友人のアイディアに従って可能性を追求してみるといった，仕事の空きがあるとは限らない場合もある。どちらにせよ，求職者はまず，面接の予約をするために電話をかける。手紙を書いたり直接訪問したりしないのは，そうした方法は時間がかかりすぎるし，直接，電話するのと比べ，効率も効果もはるかに劣ることが多いからだ。

　求職者の目の前には，自分の能力や献身を生かすことができる，企業名，住所，電話番号を記載したジョブリードのリストがある。彼はまず，最初の企業に，電話をかける。電話をとった人になんて言えばよいのだろうか。普通なら，仕事に空きがあるかどうかを聞くが，そうすると，ほとんどの場合「ありません」あるいは「人事に取り次ぎます」という答えが返ってくる。埋めなければならない仕事の空きがある場合には，すでに求人広告に載せているか，人事に伝えてあるからだ。どちらの場合も，多くの応募者がいるので，仕事の空きはすぐに埋まってしまう。また，ほとんどの雇用主は，仕事の空きを埋めるかどうかをまだ決定していない場合や，仕事の空きを，知る人や推薦された人，社内の人で埋めたいと考えている場合，また，その仕事の空きを埋めてよいという上司の了承が得られていない場合には，見ず知らずの人に，電話で仕事の空きに関する情報を言うことはない。また，電話に出る人（おそらく秘書）は，通常，求人については知らないので，単純に，電話を人事にまわすことになる。人事部は，会社に来て，応募書類に記入するように言うが，面接をしてくれるとは限らない。そこで，下記の九つのステップに従って電話をかければ，面接の予約がとれる，いや，最低でも，新たなジョブリードがもらえる。

- ☐ 自己紹介をする
- ☐ 部署の長の名前を尋ねる
- ☐ 部署の長につないでもらい，自己紹介をする
- ☐ 自分の資格や技能を伝える
- ☐ 面接を申し入れる
- ☐ 「面接しない」と言われた場合でも，後で仕事の空きができた場合に備えて面接を受けたい旨を話す
- ☐ それも断られた場合，他のジョブリードを尋ねる
- ☐ ジョブリードに連絡する際，彼からの紹介であることを告げてよいかを尋ねる
- ☐ 仕事の空きが出たかどうかを知るために，電話をこちらからかけなおす時間を尋ねる

　これらのステップは，面接依頼用チェックリスト（付録33）に概説してある。求職者は面接の予

約をとるためのチェックリストを手引きとして用いる。

◉ 部署の長と話す

　最初のステップは，電話で働きたいと考えている部署の代表と話すことである。最初に電話に出る秘書には，仕事の空きがあるかどうかは質問しない。秘書には，求人について外部に話す権限がおそらくないので，電話を人事に回してしまうからだ。また，小さな企業でない限り，オーナーとも話さない。オーナーは，各部署のニーズや求人の見込みについて知らないことが多いからだ。そのため，求職者は，部署の長に電話をつないでもらうように頼む。部署の長は，辞めそうな人や応募者の能力に対する企業のニーズについて知っている。誰を雇うかは，彼の推薦によって左右される場合が多い。

◉ 仕事の空きが生じる可能性について話すため面談を依頼する

　部署の長に電話がつながっても，求職者は仕事の空きがあるかどうかは尋ねない。その代わり，部署の長に，仕事の空きが生じる可能性について話をするために会えないかと依頼する。このように依頼されれば，部署の長は，一時的な求人や，「適切な人材」がみつかるまで埋めないでおこうと考えている求人など，外部に話したくない求人について話さないで済む。部署の長が仕事の空きがある可能性はないと考えている場合には，無駄な時間を費やしたくないので「可能性はありません」と言うだろう。しかし，部署の長が会ってもいいと言った場合は，何らかの求人が現にあるか，ありそうであることを意味する。部署の長は，「今のところ間に合っています」と言うことが多いと思うが，それでも，部署の長は求職者に会ってくれる。というのは，部署の長は，過去の経験から仕事の空きはいつでも生じうることを知っており，空きが生じたら自分が知っている人で空きを埋めたいと考えているからだ。

◉ 面接をできるだけ早い日程で調整する

　雇用主が求職者と会うと言ってくれた場合，求職者は，面接の日時を具体的に決めてしまわなければならない。できればその日，できなければ翌日以降，可能な限り早い日程で設定するとよい。求職者は，ジョブクラブのミーティングがない日に面接を入れるため，自分のほうから，雇用主に日時の提案をする。「今日の1時と2時の間に御社に伺えますが，ご都合はいかがですか。もう少し後のほうがよろしいですか」「今日の午後にお時間はありますか」というふうにである。あまりにも先の日時を設定すると，雇用の機会を失うことがある。

◉ 現時点で雇用主のもとに求人がない場合

　雇用主に現時点では求人がないと言われた場合でも，求職者は，将来，生じるかもしれない求人のためにお会いしたいと繰り返し伝え，現時点の求人について面接をしてもらおうと考えているわけではないことを示す。雇用主が，現在も将来も求人がないと言って会うのを断る場合でも，雇用主は求職者を支援できる。通常，雇用主は，同業者の状況に詳しい。そこで，求職者は，他社で求

人をしているところについてアドバイスを求めるとよい。雇用主が、企業名を挙げてくれたら、求職者は、電話番号、おおよその住所、誰に連絡をとったらいいかを尋ねる。また、求職者は、連絡相手に、その雇用主のアドバイスで電話をしたと伝えてよいかを尋ねる。この情報を得れば、たとえその雇用主のもとに求人がなくても、求職者は、新たなジョブリードを知り、個人的な紹介まで得ることができる。求職者は、電話の最後に、今後生じる求人について知るために電話をかけ直すのは、いつがよいかを尋ね、その日時をジョブリード用紙に記入する。

　上記ガイドラインに沿った、電話での会話は、次のようなものになるだろう。

①
「ハーバーホールセールです」
「こんにちは。スティーヴ・ゴールドシュタインと申します。営業部長とお話したいのですが、お名前を教えていただけますか」
「シュローダーです。おつなぎいたします」
「こんにちは。シュローダー部長でいらっしゃいますか。スティーヴ・ゴールドシュタインと申します。数年間の販売の経験があります。よろしければ、営業部で、現在あるいは今後、生じる可能性がある求人について、一度お会いしてお話させていただきたいのですが」
「どなただとおっしゃいましたか」
「スティーヴ・ゴールドシュタインです。今後、出される可能性がある求人についてお話したいのでお会いしたいのですが、今日の午後、たとえば昼食のすぐ後に少しお時間いただけませんか」
「販売の経験があると言ったね」
「はい。3年の経験があります。午後1時か2時ごろはいかがですか」
「2時がいい。ほぼとれそうな大きな契約があって、それが無事とれれば、来週には、求人を出すかもしれない。来てもらって、君に何ができるか検討してみよう。場所はわかるかい」
「はい、住所はわかっています。2時に伺います。どうもありがとうございました」

②
「ジョージ・ガソリンスタンド店です」
「こんにちは。ティム・ライアンと申します。店長とお話したいのですが、店長のお名前を教えていただけませんか」
「店長は私です。ジョージ・スティーブンといいますが、どのようなご用件でしょうか」
「スティーブンさん、私は外国車の修理の経験があります。よろしければ、そちらに伺って、現在欠員がある、あるいは将来必要が生じるかもしれない、修理の仕事についてお話をさせていただきたいのですが」
「どんな車を修理したことがありますか」
「国産車と外車、特にフォルクスワーゲンやトヨタです。ほとんど全車種です。今日伺ってお話をさせていただいてよろしいでしょうか。ご都合がよろしければ2時過ぎはどうでしょうか」
「今は、新しい人は要らないんですよ」
「それでもお会いしてお話しできませんか。今は要らなくても、今後要るかもしれませんし」
「わかりました。4時以降は忙しいのでそれまでに来てください。もしかしたら仕事をお願いするかもしれません。トヨタ車の修理経験が豊富なんですね」
「そのとおりです。3時に伺ってお話しいたします。スティーブンさんありがとうございます。では3時に」

③
「フォトショップです」
「こんにちは。サラ・グリンウォードと申します。マネージャーの方とお話したいのですが，お名前を教えていただけますか」
「ラルフ，ラルフ・ウィリアムズです。どのようなご用件でしょうか」
「いえ，あのマネージャーご本人と直接話したいのですが，お願いできますか」
「はい，マネージャーは私です。どのようなご用件でしょうか」
「サラ・グリンウォードといいます。ウィリアムズさん，私には写真と販売の経験があります。そちらにお伺いして，現在あるいは今後出る可能性がある求人についてお話したいのですが，今日の午後はご都合いかがですか」
「すみません。求人を出せるほど仕事がうまく行っていればいいのですが。こちらに来て応募書類を書いてもらうことはできますが，求人はありません」
「ありがとうございます，ウィリアムズさん。お会いできればと思うのですが，今日の午後お時間を少しいただけますか」
「はっきり言うと，小さな会社ですし，ここにいる従業員は長年一緒に働いてきた人たちです。だから，求人の可能性はないと思います」
「わかりました。余計な時間を使わなくて済むようにしてくださってありがとうございます。他の写真店で求人を出している所や，写真部がある企業をご存知ありませんか」
「そうですね……思いつかないな。あ，そうだ，新しくできたショッピング・モールがある。たくさん従業員が働いている大きな写真店で，ウェストサイド・フォトグラファーという名前です」
「ウィリアムズさん，どうもありがとうございます。そのお店の電話番号をご存知ですか。それから，どなたに連絡をとればいいのでしょうか」
「知っています。ウェストサイド・フォトグラファー，ウェストオーク通り212番地。新しいショッピング・モールの中にあります。電話番号は583-6267で，ジョー・ロジャースさんが責任者です。彼はいい人ですよ。私と彼は同級生です」
「ありがとうございます，ウィリアムズさん。本当に助かります。ロジャースさんにあなたからの紹介だと話しても差し支えないですか」
「かまいませんよ。よろしく伝えてください」
「ウィリアムズさん，最後に，万が一仕事の空きができた場合を考えて，1，2週間後にご連絡したいのですが，いつがよろしいですか。1週間後ですか」
「連絡はかまわないですが，2週間後にしてください。もしかしたらですが，従業員の一人が他の仕事を見てまわっているようなので。その頃には状況がわかると思います」
「本当にどうもありがとうございました。2週間後の月曜にまたお電話いたします。失礼いたします」

● リハーサル

　メンバーが面接を依頼する電話をかける前に，カウンセラーは，電話が正しくかけられるよう，メンバーに会話の手順をリハーサルしてもらう。ロールプレイングの一般的な方法は，友人に支援をお願いする電話のかけ方のリハーサルと同じである。カウンセラーはメンバー3人を選び，求職者，雇用主，観察係のそれぞれに指名する。最初は，雇用主が面接に応じるという設定でロールプレイを行い，次は，雇用主が面接に消極的であるという設定，あるいは，求人はないと言って面接に応じないという設定で行う。それぞれの設定について，役を交代してロールプレイを行い，全員が求職者の役をする。カウンセラーは，メンバーのロールプレイを肯定的な姿勢で聞き，正し

くできていた項目をすべて挙げて，演技をほめる。忘れてしまった項目や不正確な項目は，そのメンバーがもう一度ロールプレイングをするときに注意しなければならない点としてのみとりあげる。それぞれのロールプレイが終わるたびに，一人ひとりのメンバーが自分ならどう言うかを話し，全員が話したら，求職者役のメンバーがもう一度自分の表現を言いなおす。

　面接を依頼するための電話リハーサルは，1回目のセッションで行われなければならない。そうすれば，メンバーは，初日に実際に電話をして面接の予約をとることができる。求職者は，できれば職業別電話帳，あるいはジョブクラブにあるジョブリードのリストをみてジョブリードを選び，雇用主に実際に電話する。カウンセラーや指名されたバディは，子機で，この会話の内容を聞く。求職者は，電話をする際は，部署の長や雇用主の名前，仕事に関するその他の情報，電話をかけなおす日時などを記録するために，ジョブリード記録票を手元に用意しておく。

● **面接依頼用チェックリスト**

　ジョブクラブのメンバーは，電話をかけるリハーサルを行うとき，付録33 にある面接依頼用チェックリストを使う。実際に電話をする際も，求職者が落ちついて会話ができるようになり，面接の予約をお願いするときの九つのポイントすべてを会話の中に盛り込むことができるようになるまで，このチェックリストを何度も使う。セッションを数回重ねれば，通常，このチェックリストは必要がなくなり，メンバーは，チェックリストを見て一つひとつ印を付けていかなくても，話さなくてはならない項目をすべて思い出すことができるようになる。

● **バディ用電話チェックリスト**

　カウンセラーは，各メンバーとリハーサルをして，実際の電話を数回聞いたら，グループを2人ずつのペアに分ける。このとき，なるべく同じような職種を希望する人同士をペアにする。ペアとなった2人は，子機を使ってペアの相手（バディ）の電話を聞き，バディ用電話チェックリスト（付録34）を使って面接の予約が正しくできたかを評価する。バディ同士による会話の評価は，メンバーが正しい会話を数回できるようになるまで行う。その後，バディ同士で電話のリハーサルをすることはない。ただし，カウンセラーは，自動的ローテーションルール（第1章参照）に従い，次々と各メンバーと手短に交流しながら，時折，電話を聞き続ける。バディ同士で電話を聞くシステムを継続してしまうと，バディの面接予約の電話を聞く時間が長くなりすぎ，自分自身の面接の予約を行う時間がなくなってしまう。しかしながら，最初の数セッションの間は，他人の電話のかけ方を聞いてチェックすることは，適切でない不完全な電話が，他の人にどのように聞こえるかを学ぶための貴重な補助教材となる。

　バディ用電話チェックリストおよび面接依頼チェックリストはどちらも，主として最初の数セッションにおいて電話をする際に使うものである。進行状況チャートによって，たくさん電話をかけているのに少ししか面接の予約がとれていないメンバーをみつけた場合には，カウンセラーは，バディ用電話チェックリストをもう一度用いて，自分の耳で，彼の会話を繰り返し聞き，ガイドラインのとおりに行われているかどうかを確認しなければならない。

セクションD　時間の管理と毎日のスケジュールの策定

● ジョブクラブの外での活動を最小限にする

　一般的なルールとして，求職活動は可能な限り，ジョブクラブのセッションの外ではなく，セッション中になされるべきである。セッション外で行われるべき唯一の求職活動は，実際の面接だけである。履歴書を書いたり，手紙を書いたり，ジョブリードを得るために友人や昔の雇用主に連絡をしたりといったその他の活動は，必要なときには電話も使って，ジョブクラブ中に行えるようにしなければならない。ジョブクラブ中に活動が行われれば，カウンセラーは，その場で，援助やアドバイスができる。セッション外で行う活動が多くなりすぎると，ジョブクラブ内で行うよりも，失敗や間違いを犯しやすくなってくる。カウンセラーは，定期的に，各メンバーの「行くところ・やることスケジュール」（後述）をチェックして，ジョブクラブ外の活動が，面接や日中連絡がとれない相手への電話など，最小限に留まっていることを確認する。

● 行くところ・やることスケジュール

　求職者は，面接やその他の活動を無計画に予定して，多くの時間を無駄にしてしまう。たとえば，面接の予約を一つだけ入れて，その日の残りの時間に何をするか計画をしないことがある。ジョブクラブでは，求職者がいち早く仕事をみつけられるように，有効に時間を使うよう促す。

　付録35（行くところ・やることスケジュール）は，メンバーが，面接を依頼する電話をかけ始めるときには配っておかなければならない。面接の予約がとれたら，その日程を行くところ・やることスケジュールに書く。その日の面接の予約が確定したら，求職者は，その日，空いている時間がどれくらいあるかを計算して，空き時間のうちに達成できる最も有意義な活動は何かを考えなければならない。1日の活動の計画を立てるうえで，求職者が自問自答しなければならないのは，以下のような問いである。

　　□ 午前中に連絡がとれない人など，誰か電話をかけられる相手はいるか
　　□ 面接場所に近いところに，訪問できる企業はあるか
　　　→そういった企業があるなら，電話して面接の予約をとるか，応募用紙を記入するための約束をする
　　□ 面接場所の近くに住んでいる友人はいるか。友人が知っているかもしれない仕事について話をするために訪ねることができる
　　　→そういった友人がいるなら，電話して訪ねてよいかどうかを聞く
　　□ 以前面接を受けたところで，今日の面接場所に近いところはあるか
　　　→あれば電話をするか，寄ることができる
　　□ ジョブリードを提供してくれそうな人に出さなければならない手紙はあるか
　　□ いつ，ジョブリード記録票に，さらに10件の新しいジョブリードを追加するか

□　今日電話をかけ直さなければならないところはないか

　行くところ・やることスケジュールは，求職者が，その日1日の活動のスケジュールを書いていくためのものである。用紙には，企業名や住所，予約済みの面接の担当者の名前などを書く欄があり，その他の活動を記入する欄もある。「行くところ」欄には，求職者が訪ねる場所を順番に書いていく。「やること」欄には，電話をかける，友人の家に寄る，応募書類に記入する，以前面接してくれた人に会いに行くなど，面接の前後・合間の時間を活用して行うさまざまな活動を書いていく。

　自分が求職中であることを友人や親戚に知らせるために連絡をすることも，求職者の活動の一つである。多くの人は，日中は働いているので，連絡は夕方以降か週末になる。スケジュールには，夕方以降や週末の訪問予定も書かなければならない。

　求職者は，訪問や活動を一つ終えるたびに，自分自身やカウンセラーがその日達成したことがわかるように，スケジュールのチェック欄に印を付けていく。

第8章

求人に応募する

> セクションA　履 歴 書

　履歴書は，本人の職務経験や，仕事に必要な能力や資格などを要約したものである。履歴書と，仕事の応募書類は似ているが，書く際の視点が異なるのが大きな違いである。雇用主は，応募者同士を比較しやすくするために，標準化された応募書類を用いる。それに対して，求職者は，自身の特別なスキルや望ましい経験を強調するために履歴書を書く。特に，専門職や管理職に応募する場合には，応募者は，自分なりの履歴書を用意しておかなければならない。

　ジョブクラブの履歴書の内容や形式は，一般的なものとは異なっている。ジョブクラブの履歴書は，前職，学歴，技能，健康状態，扶養者数などの情報を単に並べるのではなく，求職者が，特有の関心と経験の組合せを有した，特別な人物であると印象付けることを目的としている。可能であれば，履歴書の表紙に写真を貼ると，履歴書を見る人に求職者のイメージを植え付けることができる。趣味や，読書習慣，家族の出身，旅行経験など，個人的な情報も載せることで，求職者を一人の個人として目立たせることができる。

　このような個人的な情報を提供することでしばしば得られる重要な効果の一つは，応募者と未来の雇用主との間に生まれる共通のつながりである。雇用主は，応募者と共通点があると感じれば感じるほど，応募者のことをよく知っていて信用できると思うようになる。そのため，ジョブクラブの履歴書は，潜在的な共通の関心事，生まれ育ち，友人，価値観など，できる限り多くの事項を載せるように作られている。それにより，雇用主の心の中で，求職者がすぐに認識されて，求職者との共通のつながりができる。

　付録36は，ジョブクラブの履歴書の完成版のサンプルである。カウンセラーは，見本として活用するために各メンバーに付録36のコピーを配って，各自が自分の履歴書を用意するのを積極的に支援しなければならない。カウンセラーから下書きにOKをもらったら，求職者は新しい紙に履歴書をタイプして完成させなければならない。完成した履歴書は，行間1行で，2ページを超えないようにする。2ページを超える場合は，各項目を短くして2ページ以内でまとめるようにする。

◉ 個人的な情報

履歴書の最初の部分には，すべての雇用主が尋ねるような基本的な個人情報を載せる。下記が一例である。

氏　　　名：ロバート・シモンズ	年　　　齢：22歳
住　　　所：〒31806　ミネソタ州ディケーター市	婚姻状況：独身
イリノイ通り205番地	電話番号：456-2281/456-3153

電話番号が二つ記載されていることに注目してほしい。一つは，たいてい在宅しており，電話に出られる，求職者の義理の姉の電話番号である。婚姻状況欄は，本当は離婚しているのかもしれないが，独身と書く（以下，重要な部分には，目立つように下線を引く）。

◉ 生まれ育ちと特別な関心

履歴書のこの部分は，応募書類には，通常は記載しない項目である。しかし，この部分はとても大事である。なぜなら，求職者は，主としてこの項目に，彼を個人として特徴付け，雇用主の興味を惹くかもしれない，特別な関心や経験について書くからだ。

最初の段落では，求職者がどこで生まれ，どこで育ち，どこを旅したことがあるかを書く。以下の二つはその文章例である。

> 私はマサチューセッツ州ボストンで生まれ，人生の大半はイリノイ州シカゴで過ごしました。短期間ですが，ロサンゼルスとダラスにも住んだことがあります。ユタやメキシコ，コロラド，インディアナ，メーンを旅行したことがあります。

> 私はオハイオ州の小さな田舎町パタスバーグの農家に生まれ，そこで育ちました。サンフランシスコ，パリ，ロンドン，東京にそれぞれ2年間住んだことがあります。アメリカでは，コネチカット，ケープコッド，ニューオーリンズ，ニューヨークを旅したことがあり，メキシコにも行ったことがあります。

二つ目の例文を見ると，求職者はたくさん旅行をしていたことがわかる。これを読んだ雇用主が，これらの場所のどこかに住んだり訪ねたりしたことがある場合や興味がある場合には，求職者との共通点が生じ，進展があるかもしれない。

◉ 家　　族

履歴書の次の段落では，求職者は，家族に関し，約4行の文章を書かなければならない。また，自分の仕事に関連して関心を持ってもらえそうな情報や好印象を与えそうな情報を加える。以下の例では，求職者は，自分の家族の価値観を述べ，その結果として，どうして自分がよい従業員となりうるのかを書いている。

> 父はUSスチールで働いています。とても勤勉で40年間一度も欠勤したことがありません。母は，私の兄弟を大学に行かせるためシアーズで働いています。私には兄弟が7人いて大家族で育ったので早くか

> ら協調性を身につけました。
>
> 　父は仕立屋で自分の店を持っていました。私は店を手伝いながら商売の基本を学びました。父は少年野球チームのコーチを楽しんでやっていました。母は正看護師で仕事に真剣に取り組むとはどういうことかを教えてくれました。母はボーイスカウトのデン・マザー（訳注：カブスカウトの分隊のお母さん役）をやっていました。キャンプは両親のお気に入りのレジャーで，私は田舎で暮らすことが好きになりました。私の妻は小学校3年生を教えている教員で女性投票者連盟に入っています。

● 趣味および特に関心があること

　この部分では，求職者の趣味やするのが好きなことについて簡単に述べる。求職者がお金のためではなく好きでやっていることであっても，雇用主が用いることができるスキルである場合には，雇用主は，求職者により一層関心を持つ。求職者が特に関心を持っていることに，雇用主も特に関心を持っている場合には，共通の関心事があるわけだから，雇用主は，求職者をより好意的に見る。応募者の趣味が写真の場合，その企業で時々写真を撮る必要があれば，雇用主は，その求職者を望ましいと考えるかもしれない。応募者の趣味が電気製品や車の修理の場合，雇用主は，これらのスキルが必要な仕事や，設備や車の修理がパートタイムで含まれている仕事をしてもらおうと考えるかもしれない。同じように，求職者が趣味として，合唱団で歌うことや，切手収集，スキューバダイビングを挙げていて，雇用主も，合唱隊で歌っていたり，切手を集めていたり，スキューバダイビングをしている場合には，雇用主は求職者個人に関心を持ちやすく，その結果，同等の評価を得た，他の応募者と比べて，採用される可能性がより高くなる。誰にでも特別な関心事や趣味がある。ジョブクラブのメンバーがいろいろ思い出せるよう，一般的な趣味や関心事のリストを付録37に載せた。求職者は，自分にあてはまる趣味や関心事をチェックして，履歴書のこの部分を書くのに使うとよい。

　以下は「趣味および特に関心があること」に記載されるべき文章の例である。

> 　私はスポーツが好きです。私は高校の陸上部で1マイル走を走っていましたし，フットボールのクォーターバックも務めていました。野球とサッカーも熱心にやっており，キャンプでカヌーに乗るのも好きです。
>
> 　ミステリー，特にアガサ・クリスティーは私の愛読書です。私は手先が器用で，家の増築を手伝ったことがあります。車や家回りの修理は自分でします。私は米国在郷軍人会に所属していて，募金委員会の委員長を務めたこともあります。私は組織運営がうまく協調性もあるので，副会長と社会担当部長にも選ばれたことがあります。
>
> 　私は人が好きで，人のために活動を企画するのが好きです。高校のときは，プロムパーティーや，私が連載コラムを書いていた校内新聞，クラスの遠足を企画しました。私は結婚してから，ボーイスカウトのデン・マザー（訳注：カブスカウトの分隊のお母さん役）を務めています。友人たちとトランプゲームをするのが好きで，友人の家のインテリアデザインの相談にものっています。『ウーマンズデイ』を毎号読んで最新の流行のデザインをつかんでいます。人を巻き込むのがうまいので以前はPTAの会員担当理事を務めていました。物の目利きに長けているので，近所の人がガレージセールを開催するたびに，手伝って欲しいと頼まれます。

> テニスと水泳は高校のとき好きだったスポーツで，テニスは今も好きです。州のテニス大会の準決勝まで残ったことがあります。テレビやCBラジオ，自分で組み立てたステレオなどの電子機器をいじるのが好きです。定期的に『ポピュラーメカニックス』と『ポピュラーエレクトロニクス』を購読しています。エルクス慈善保護会に所属していますが，帳簿を付けたり書類をまとめたりするのが得意だったので，会計責任者を務めていました。自分が尊敬する人の選挙キャンペーンを組織し，彼が当選したときは，私の人生で最も自分が誇らしく思えた瞬間でした。

　以上の例にあるように，求職者は，さまざまなスキルや関心を持つ，いきいきとした個人である。これらのスキルや関心の一部は，多くの雇用主にとって確かに有用であり，これらを示すことで，求職者は，もはや，名前に職歴が付いただけの存在ではなくなる。求職者には5行から7行で，自分に関する文章を書いてもらう。付録37 の「趣味や関心事」のリストに目を通してもらい，チェックを付けた項目で，特に，自分自身を本当に表していると思う項目や雇用主にとって有用なスキルや関心がありそうな項目を，できるだけたくさん文章に含めてもらう。

● 教育歴

　履歴書のこの部分には，教育歴を書く。求職者が高卒の場合は，簡単にするため，高校だけを書き，小学校や中学校は書かない。求職者が大卒の場合は，高校と大学を書く。求職者が2校以上の大学に通っていた場合は，高校を書かず，大学を二つ書く。3校以上の大学に通っていた場合は，その中から最も重要と思われる大学を2校を選ぶ。

> イリノイ州ウェスレアン大学—文学士（首席，1977年6月）
> イリノイ州ブルーミントン市
> 心理学専攻
>
> ローガン短期大学—準学士（1975年6月）
> イリノイ州カータービル市
> 専攻：一般教養と科学
>
> カーボンデイル公立高校—1973年～1976年
> イリノイ州カーボンデイル市

　求職者が学校を卒業していなかったら，3番目の例のように通っていた年を書く。卒業していれば，その旨を書き，あれば学位も書く。

● 以前の雇用者

　履歴書のこの部分には，求職者の職歴を書く。わずかなスペースで収めるために，勤務先は3ヶ所だけにし，できれば，直近の3ヶ所を書く。直近の職歴よりも前の雇用主のほうが，求職者の現在の仕事の興味と関連しているのなら，その雇用主を書く。

企業名

　職歴に書く役職一つひとつについて，企業名，その所在地の州と都市を書く。スペースを節約す

るために，住所は省略する。企業名から，やっている事業がわからないときには，たとえば，「Acme Co.（殺虫剤製造会社），カリフォルニア州サクラメント」のように，事業がわかるような説明を括弧書きで少し付け足す。

> 職務：ウェイトレス。私はテーブルの給仕を担当し，レストラン運営の補佐もしていました。お客様をお迎えしたり，代金を計算したり，レジを打つこともありました。新人に教えたり，必要なときはシェフを手伝ったり，在庫管理をし，マネージャーがいないときは代わりに指揮をとっていました。私はお客様のすべてのクレームを処理し，事務員が病気で休みのときや手伝いが必要なときは事務の仕事もしました。
>
> 職務：ガソリンスタンド店員および自動車修理アシスタント。私はガソリン・オイル・自動車修理部品の販売と，自動車整備を担当していました。簡単な修理は自分で行い，エンジンの分解修理など複雑な修理の手伝いもしました。また，請求書の作成を手伝ったり，レッカー車を運転したりしました。夜はほとんどの場合，私が責任者で，従業員の監督をしました。リピーターになっていただけるようにすべてのお客さまに暖かく接してきました。
>
> 職務：職長。私は金属製品の組立ラインの効率的な生産作業の責任者でした。30人の従業員を監督し，彼らの研修を行い，彼らの関心と意欲が持続するように心がけました。必要なときは，機械の修理も行いました。経営者に提出する正規の報告書を書き，また，労使関係や広報の向上にも一役買いました。私の提案で生産手法が変わることがよくありました。発送部門の運営を手伝ったり，新商品について営業部長を手伝ったりしたほか，一時期は研修プログラムを担当したりしました。

在職期間

「1974年1月〜1975年7月」のように日付を書くよりも，「1年半」と働いていた期間の長さを書くほうがよい。雇用主は，求職者が1ヶ所の職場でどのぐらい長く働いていたかに関心があるからだ。在職期間がとても短い場合，たとえば1年未満の場合には，その仕事を書かずに，もっと期間が長い別の仕事を書くほうがよい。もちろん，これまであまりたくさん働いたことがない場合には，どの仕事も1年未満だから，それらを書く。また，期間の長さと，職務の重要さのバランスもとる。求職者が，次に就こうとしている仕事で使うのと類似した多くのスキルを要する仕事をしたことがあったら，その仕事の在職期間が1年未満であってもそれを優先してリストに挙げる。

職　　務

過去の職務を書く場合は，単なる給与表上の職務名や，具体的な情報がない職務名ではなく，仕事内容がわかる，印象のよい職務名を書く。つまり，履歴書には，「事務員」や「会社員」などと書かずに，「私設秘書」「役員秘書」「オフィス管理者」「簿記係」「秘書」などと書く。

仕事内容

その職務で行っていた仕事内容を書く。正式の職務内容には含まれない業務外の仕事や，時折する仕事や余分な仕事も書く。特に，監督責任，研修，営業，広報，特殊な機械の操作，特別なスキルなど，求職者が，現在就きたいタイプの仕事の採用選考の要素となりそうな，業務外の仕事内容をすべて含める。以下は，仕事内容の書き方のサンプルである。

仕事に関するスキル

　履歴書のこの部分には，求職者の有している仕事のスキルを書く。補足として，それぞれのスキルについて，どのぐらいの期間，どこで経験したかを書く。そのスキルで収入を得ていたかどうかは，重要ではない。求職者が，そのスキルを複数の仕事や勤め先で使ったことがある場合には，それらをすべて書く。この部分の目的は，求職者がどんなスキルを有していて，それをどこでどのくらい使ったことがあるかを雇用主に示すことにある。雇用主は，この情報をもとに，求職者が企業にとって必要な人材かどうかを判断することができる。だから，この部分は，説明がいくら簡単でも気にせず，仕事のスキルをすべて書くことが大切である。もっとも，15種類を超えるスキルがある場合は，いくつかのカテゴリーにまとめたほうがよい。

　求職者が思い出せるよう，付録38に，一般的な職業スキルのカテゴリーの簡単な一覧を載せた。ジョブクラブメンバーは経験したことがあるスキルをチェックして，履歴書に書かなければならない。

　以下は，履歴書の，仕事に関するスキルを書く部分の見本である。

---

①

スキルとその経験期間	どこで経験を積んだか
現金取扱　　　　　　　　　　2年	シェルガソリンスタンド，アダムスレストラン
自動車修理　　　　　　　　　1年	シェルガソリンスタンド
小売販売　　　　　　　　　　3年	マクドナルド，シェルガソリンスタンド
棚卸，記帳　　　　　　　　　1年	シェルガソリンスタンド，スターンズスーパー，アダムスレストラン
管理職　　　　　　　　　　　6ヶ月	シェルガソリンスタンド，アダムスレストラン
トラック運転　　　　　　　　2年	シェルガソリンスタンド，アダムスレストラン
レストラン勤務　　　　　　　4年	アダムスレストラン，マクドナルド
請求書作成，現金取扱　　　　5年	アダムスレストラン，マクドナルド，スターンズスーパー

②

スキルとその経験期間	どこで経験を積んだか
プログラムの企画調整　　　　　　　　9ヶ月	子どもと家族サービス局
教育　　　　　　　　　　　　　　　　6ヶ月	イリノイ州知的障害者作業所
謄写版，コピー機，IBMソーターの操作―1年	オーバイル製造会社，プレンティス出版
管理職　　　　　　　　　　　　　　　1年	オーバイル製造会社，イリノイ州知的障害者ワークショップ
インテイクと面接　　　　　　　　　　2年	子どもと家族サービス局
小売販売　　　　　　　　　　　　　　3年	高校，大学，ウールワース
簿記，記帳　　　　　　　　　　　　　6ヶ月	子どもと家族サービス局，オーバイル製造会社
子どもや障害者対象の業務　　　　　　3年	子どもと家族サービス局，イリノイ州知的障害者作業所
連邦助成金申請　　　　　　　　　　　3ヶ月	イリノイ州知的障害者作業所
障害者のための特別プログラムの考案　6ヶ月	イリノイ州知的障害者作業所
訓練を受けた障害者ケアアシスタント―6ヶ月	イリノイ州知的障害者作業所

③

スキルとその経験期間		どこで経験を積んだか
小売販売	1年	ウールワース
棚卸	2ヶ月	ウールワース
タイピング（60単語／分）	20年	高校，自宅での請求書の支払，手紙
手紙での問合せに返答	1年	PTA 会長
服の仕立て直し，デザイン	10年	自宅で自分や子どもたちに
スタッフの監督	4ヶ月	選挙活動の運営
納税・行政書類の作成	8年	夫の仕事の手伝い，H＆R ブロック
ショーウィンドー展示のデザイン	6ヶ月	ウールワース
お客さまのクレームの管理	6ヶ月	ウールワース
レジの操作	3ヶ月	ウールワース
アシスタントマネージャー	1ヶ月	ウールワース

● 自分の人柄や責任感についてコメントできる人

　履歴書の最後の部分には，自分の人柄についての照会先を書く。ここでは，求職者は自分を知っていて，自分に対し好意的で，雇用主が求職者についてさらに詳しい情報を手に入れたいときに連絡をとることができる人物を2人挙げる。親戚，特に同姓の人物を含めてはならない。なぜなら，親戚は，求職者について好意的な推薦をすると思われているからである。また，以前の雇用主も，求職者をよく知っている場合を除き，含めてはならない。求職者は，なるべく，肩書き（「医師」など）を持っている人や重要な役職に就いている人を選ぶ。その人が肩書きを持っていなければ，役職を書く。雇用主が連絡をとることができるように，住所や電話番号も書いておく。以下は見本である。

ラルフ・ジョンソン医師（かかりつけの医師）
ネバダ州レノ市タイラー通り312
電話番号：328-3153

ローダ・ジョンソン（高校教員で教科主任）
ネブラスカ州オマハ市ワシントン通り516
電話番号：248-7324

ウォルター・ラソップ師（教会の牧師）
ニューヨーク州ニューヨーク市55番街617E
電話番号：791-8267

スーザン・ウィリアムズ（ファッション・フォー・ティーンズ店のオーナー）
イリノイ州シカゴ市ウォーバーン大通り301

　求職者は，自分の人柄についてコメントできる，このような人物を3人挙げる。求職者を高く評価していることを求職者自身が確信できる人で，社会的に重要な立場の人であることが重要である。それを強調するために肩書きや職業に下線を引いた。

求職者は，求職活動を始める際，完成した履歴書を，最低でも12枚はコピーしなければならない。そうすれば，雇用主に送る手紙に同封したり，求人広告に応募したりするのに必要な枚数を手元においておける（第7章参照）。3，4枚の写しはいつもフォルダーに入れておいて，面接を受けるときにもっていく。求職者を促して，友人や先生，親戚，面接官など，求人があれば連絡してくれるようにお願いした人をはじめ，仕事を探す手助けをしてくれそうな人すべてに，履歴書を名刺代わりに配らせる。

セクションB　仕事への応募書類

　ほとんどの仕事では，応募書類の記入が求められる。ジョブクラブのメンバーが，自分のことをもっとも好ましく見せ，最も肯定的な観点から提示できるよう，応募書類の記入の仕方について十分な指導を受けることが重要である。

● 応募書類を完成させる

　ジョブクラブメンバーには，最初のセッションで，付録39にあるような応募書類のサンプルを配り，日付，住所，社会保障番号などの情報を確認して家で記入しておいてもらうように説明をする（応募書類の様式は企業によって異なるが，付録39の様式は，通常必要とされる項目を入れた典型的なものである）。2回目のセッションでは，カウンセラーは，それぞれの項目がきちんと記入されていることを，一人ひとりの求職者について確認する。修正した応募書類はコピーをとってフォルダーに入れ，メンバーが面接に持っていけるようにする。この応募書類の見本があれば，求職者は実際の応募書類に記入するたびに，（過去のできごとの）年月，（照会先の）氏名や電話番号などをすばやく確認することができるので，時間や労力の節約になる。

〈心がけるべき点〉

☐　1　読みやすく書く

　　読みにくい項目があると，雇用主は読む気さえ起きないので，読みやすい筆記体で書くよう心がける。できなければ活字体で書く。

☐　2　空欄のままにしておいてよい場合

　　質問によっては，回答の欄が狭く，適切な説明をするには十分なスペースがないため，回答が単純になりすぎて，マイナスの印象を与え，誤解を生んでしまうことがある。たとえば，求職者が，足をひきずっていたり片眼が見えなかったりしても，それらの身体障害によって，仕事に必要なすべての作業ができないわけではない。しかし，障害に関する質問の欄には，そのことを十分に説明するスペースがない。同じように，求職者が，精神障害の治療歴や，アルコール依存，服役，逮捕，解雇，不名誉な除隊といった質問に「はい」と答えたり，仕事を何日も休んだこと

があると答えたりすると，このあまりにも短い回答のせいで面接を受けることができなくなって，状況をありのままに説明できる機会を得られない可能性もある。一般的な解決策の一つは，空欄のままにしておくことである。そうすれば，求職者は面接を受けられるチャンスが高まるので，面接の際に，状況についてきちんと説明し，なぜこの経歴が仕事には支障を与えないと思うかを伝えることができる。これらの質問については，本章の後半の，面接の部分でもっと詳しく説明する。

〈何を書くか〉

応募書類の質問の多くは，眼の色，身長，住所など，率直に答えればよいものである。しかし，問題を引き起こしそうな質問もある。下記は，これらの「やっかいな」質問に対する，最もふさわしい答えをみつける手助けとなるだろう。

☐ 1　社会保障番号

　社会保障番号を持っていなかったら，今すぐ申請するべきである。しかし，申請中だからといって，職探しを遅らせてはならない。申請中も求職活動を行い，社会保障番号をもらえるまでは，応募書類に「申請中」と書く。

☐ 2　婚姻状況

　この質問の答えは「既婚」か「独身」でなければならない。離婚していたら「離婚」ではなく「独身」と書く。なぜなら，離婚しているのなら，実際のところ独身であるし，また，離婚と答えると不利な反応を引き起こしうる不必要な情報を与えるからである。同様に，結婚しているが別居している場合も，同様の理由で単に「既婚」と書く。離婚や別居をした人に対して偏見を持っている雇用主もいる。

☐ 3　被扶養者

　質問に応じて，被扶養者の年齢を書く。ジョブクラブのメンバーが女性で，被扶養者が幼い子どもである場合は，保育の手配がしてあることを簡単に付け加える。子どもが病気になったりベビーシッターがみつからなかったりして，母親が仕事をしょっちゅう休むことを懸念して，こうした質問項目を設ける雇用主がいる。問題がないことを，そうした雇用主に示すには，「保育の手配済」「ベビーシッター手配済」などと付け加えればよい。もちろん，仕事に就けたら，働いている間，子どもの面倒をみてくれる人の手配をしなければならない。

☐ 4　米国市民

　求職者が米国市民ではなくても市民権を申請中であれば，その旨を書く。単に「いいえ」と書くと不利な反応をされるかもしれない。

☐ 5　電話番号

　求職者は自宅の電話番号を書く。しかし，可能ならば，他の人が電話に出られるもう一つの電話番号も書いておく。

☐ 6　希望職種

　通常，メンバーには自分の就きたい職種がある。しかし，その企業にある，いくつかの職種に

ついては，どれでもよいということもある。そういった場合は，一つの職種のみを書くのではなく，それらの職種をすべて（たとえば「営業，管理，販売促進」と）書く。企業にどのような職種があるかを求職者が知らないときには，秘書や雇用主に，その企業には，一般的にはどのような職種があるか，そしてどの職種に空きがあるかを聞く。そうやって，求職者は，たとえば「ドライバー」「機械操作」「整備」といった具合に，関心のある職種をいくつか挙げることができる。よりたくさんの職種を挙げることで，より多くの職種について，採用を検討してもらえる。

☐ 7　希望給与

　求職者が希望している職種の，その企業での標準的な給与水準を知っているなら，それを書く。知らないなら，空欄のままにするか，「未定」とか「標準的給与」と書いて，絶対的な最低額にこだわらないことを示す。高い額を書いてしまうことのリスクは，雇用主があまりに高額だと感じて面接をしてくれないことである。実際，面接をして求職者と話せば，雇用主は，もっと高い給与を支払ってもいいと思う可能性すらある。この点については**セクションD**で詳しく書く。

☐ 8　保証可能

　この質問は，財務責任を負う役職に就く従業員に対して，一種の保険をかけるという慣行に関するものである。服役歴がなければ，おそらく保証可能である。

☐ 9　失業手当給付金

　この質問を，求職者が解雇された経験があるか否かを間接的に知るための手段として設ける雇用主がいる。

☐ 10　車

　車を持っていなくても，仕事に必要なら手に入れるつもりなら，「必要次第」などと書くことで，手に入れるつもりであることを示さなければならない。

☐ 11　健　　康

　求職者は「きわめて良い」ないし「良い」と書く。健康という項目は，何と比較するかで答えの変わる，非常に相対的な項目である。車椅子を使用していたり，目が見えなかったり，軽い病気で服薬中であったりしても，おそらく健康である。実際，寝たきり（そうしたときには，仕事に応募しないだろう）でなければ，大半の種類の仕事をできる程度には健康である。

☐ 12　障　　害

　求職者は，通常の仕事をするのに支障をきたすような極端な障害がない限りは，「なし」と答えるべきである。前述したように，意欲があれば，ほとんどすべての仕事はちゃんとこなせる。

☐ 13　逮捕や服役の経験

　交通違反切符をもらったことや駐車違反をしたことがあっても，逮捕ではない。

☐ 14　病欠の日数

　ジョブクラブのメンバーの記憶があいまいなら，日数を推測する。「5日程度」「2週間程度」と答える。

☐ 15　精神障害，アルコール依存，薬物依存の治療歴

　これはかなりプライベートな質問で，雇用主が尋ねる質問としてはいささか不適切である。治

療記録や事実は，専門家によって秘密とされることになっているから，メンバーがこの質問に「なし」と答えたとしても，雇用主が治療歴を正式に確認することは難しい。

☐ 16　前職と，退職の理由

　　求職者が短期間で辞めた仕事があるならばその仕事については書かずに，限られたスペースにより長く勤めた仕事だけを書く。退職の理由は通常は一つではない。たとえば，給与が十分に高くなかった，上司に嫌われた（あるいは，上司が嫌いだった），復学しようと考えた，会社まで片道1時間半かかったといった具合である。このような複合的な理由で，求職者は仕事への意欲を失い，上司もまた新しい仕事を探す（実は，本人は既に探し始めている）ように勧める。なぜ仕事を辞めたかという質問に対して，「上司が嫌いだった」「給与が少なすぎた」「解雇された」などと答えることもできるが，「復学したいと考えた」「家から遠すぎた。片道1時間半かかった」「より高い役職に就きたいと考えた」と答えるのも，同様に，真実である。

☐ 17　照　会　先

　　照会先として誰を挙げるかを決める際に，メンバーが頭に置かなければいけない最も大事な要素は，その人が，自分について好意的な意見を持っていることである。次に大事な要素は，責任ある地位を示す肩書きをもっていることである。たとえば，ジョーンズ牧師，アリン医師，ティンプソン教授，ゴールドマン議員，セーフウェイの店長のR.スミス氏などである。求職者は，姓や住所が同じ親戚を，照会先にしてはならない。求職者は，照会先として挙げた人から，できるだけ早いうちに許可を得る。

　　照会先は，雇用主から連絡を受けた場合に，喜んで推薦状を書いてくれるような人がよい。しかし，照会先の人が何を書いたらいいかわからなかったり，返事が遅くなりすぎたりするといった問題が生じることもある。照会先と推薦状については，本章の次のセクションでもっと詳しく述べる。

● 人事部について

　大きな企業や，事務所，組織の多くでは，応募はすべて人事部を通すようになっている。人事部は，求職者に応募書類を渡し，注意深く応募者をふるいにかけてから，面接や採用選考のために，部門の長や管理職にまわす。人事部の段階で求職活動が行き詰まってしまうことがあまりにも多いので，人事部を通す過程はできるだけ避けるのがよい。そこで，ジョブクラブのメンバーは，電話で直接，管理職や部門の長に連絡をするよう教えられる。ジョブクラブの用いる，このアプローチは，管理職自身に，求職者の持つスキルや関心，個人的な背景のユニークな組合せを評価してもらうことで，自分が管理する部門の職務を十分にこなせるか，特定の仕事ができるかを判断してもらうものである。

　求職者の申込みを好意的に評価する場合，管理職は，求職者に人事部に行って応募書類など事務手続きを済ませるように言うだろう。原則として，新たに誰を採用するかを最終的に決定するのは，部門の長や管理職である。なぜなら，新人の仕事ぶりに責任を負い，その仕事に最も適している人材をよく知っているのは，部門の長や管理職だからである。通常，人事部は，応募書類を処理

して，部門の長や管理職が推薦した人を雇う。よって，決定がされてから事後的に動く側（人事部）ではなく，誰を雇うかを実際に判断する側に最初にあたるほうが合理的である。

セクションC　推薦状

　応募書類に照会先の欄が設けられていても，実際には，雇用主が，照会先に必ず連絡をとるわけではない。通常は，雇用主が応募者を1，2名に絞り込んだ後，最後のステップとして，照会先と連絡をとる。照会先と簡単に連絡がとれない場合，雇用主は，採用を先送りするか，あるいは，単純に別の応募者の照会先に連絡をとる。その結果，求人がすぐには埋まらない，あるいは，推薦内容のすばらしさが伝わらないということになる。照会先が連絡をもらっても推薦状を出す暇がなかったり，出したとしても雇用主が知りたい種類の情報を含めなかったりするとさらに事態が複雑になる。専門職や管理職などの上位職に応募しているときには，推薦状が届かないと応募書類が揃っていないと判断され候補者から外される可能性もある。雇用主自体が照会先と連絡をとらなければならないという段取りは，雇用主にとっては「面倒」，応募者にとっては「不運」，たくさんの推薦状を書かなければならない推薦者にとっては「迷惑」であり，その結果，求人を出してもすぐに埋まらない要因となっている。

　ジョブクラブは，こうした問題の解決策として，事前に，照会先から推薦状をもらうようにしている。雇用主が照会先に連絡をするのを待つのではなく，ジョブクラブのメンバーが照会先に連絡をとり，推薦状を書いてもらい，それを雇用主に直接渡す。

　推薦状は，その判断が信頼できるような，肩書きを持っている人や仕事に就いている人に書いてもらわなければならない。推薦者は，手紙に自分の肩書きを書いたり，ロゴの入った社用箋を使ったりすることで，自分の肩書きや，自分が就いている責任と信頼ある役職を，雇用主に気づいてもらう。求職者が，肩書きを持っていて推薦状を書いてくれそうな人を思いつかないときには，求職者のことを知っていて好意的に思っている人に頼む。誰の推薦状であっても，好意的な推薦状は，何も推薦状がないよりずっとましである。たとえば，家主，トランプクラブやボーリングチームのメンバー，友人，遠い親戚，求職者を知っているいつも買い物をする商店主などに頼むことができる。

　照会先が，推薦状を簡単に書けるように，求職者は，以下の情報を書いてもらうように伝えなければならない。

　　　□　1　宛て先は「担当者の方」へとする
　　　□　2　社用箋を使い，自分の肩書きを書く
　　　□　3　推薦者が，求職者を，どれだけの長い間，知っているのかを書く
　　　□　4　求職者の仕事ぶりについて周りの人が言っていることと，推薦者自身が求職者の仕事ぶりについて知っていることを書く
　　　□　5　以下についてコメントする

(1)　人とどれだけうまくやれるか
　(2)　誠実さ
　(3)　正直さ
　(4)　信頼感
　(5)　責任感
　(6)　その他，求職者について特別なこと何でも

　電話で推薦状をお願いする場合は，求職者は，推薦者が何を書けばよいかを理解していることを確認する。確実に確認するために，上記のポイントについて書いた手紙を照会先に送ってもよいだろう。付録40 はそのような手紙の見本である。

　推薦者は，求職者自身に推薦状を書くように頼み，それを自分のところに送らせて，修正，加筆して，サインすることがよくある。そのような場合には，求職者は上記のポイントを用いて手紙を書き，遠慮せずに，自分の良さを存分にアピールすべきである。なぜなら，必要と感じれば，推薦者が書き直すからである。そのような手紙のサンプルは，付録41 にある。求職者は，推薦者に履歴書のコピーを渡し，参考にしてもらったり，他の人に渡してもらったりする。

　こうして得た推薦状の写しを，求職者が記入するすべての応募書類に同封する。履歴書には推薦状を添付しなければならず，推薦状は履歴書の一部と考えなければならない。また，求職者は，推薦状の写しを3，4枚はいつもフォルダーにはさんで面接に持って行く。

セクションD　面　　接

　一連の求職活動の中で，面接は唯一，カウンセラーが直接観察し指導することができない部分である。とはいえ，面接でうまくやることは，その他のどんな活動と同様に，採用を左右する。そのため，カウンセラーは十分な時間をとって求職者とともに準備し，求職者が自信を持ち用意が整った状態で本番に臨めるようにすることが何よりも大切である。

● 容姿と服装

　ジョブクラブでは，適切な服装をすることが，面接官が，応募者について形成する，よい第一印象を与えるために役立つと考える。その仕事をしている人が仕事中に着ているのと同じくらいはきちんとした服装を着るのが常識である。ネクタイをして仕事をしているのなら，面接ではネクタイをするべきである。どんな格好をしたらよくわからなかったら，少しフォーマルすぎるくらいがちょうどよい。きちんとした格好で来ることで，応募者が真剣に面接に取り組んでいることを示すことができる。

　面接にふさわしくない格好をしているメンバーには，カウンセラーは服装を改めるようアドバイスをしなければならない。しかし，若い求職者は，そのようなアドバイスを聞かないことがよくあ

る。そういうときには，カウンセラーは，グループや，その求職者と組んでいるバディに，その求職者の服装や髪型，格好の適切さについて，コメントしてもらうようにする。グループの反応，特に仲間からの言葉は，カウンセラーの意見よりも，影響が大きいことが多い。

● 面接について覚えておくこと

　面接は，超えなければならない壁であり，通常，仕事を得るための最後の難関であると思われている。しかし，ジョブクラブの考え方は，このような考え方とはいくつかの点で明確に異なっている。ジョブクラブは，面接を，批判的な評価として恐れるのではなく，機会として利用する。

☐　1　面接は新たなジョブリードの入手先である

　ジョブクラブでは，面接を，求人をみつけて応募した最終段階ではなく，新たな仕事の空きを見出す手段だと考える。雇用主が「よい人物にたまたま出会った」ときに，たくさんの求人が創り出される。実は，求人は，雇用主が，企業に貢献してくれそうな人材に出会うまで存在しない。同様に，企業が新たに人を雇う必要性は，徐々にあるいは予期せずに生じるが，雇用主が働いてくれそうな人をすでに知っていたら，求人を出す前にその人に連絡をとるだろう。雇用主と面接ができれば，面接の時点で求人がなくても，仕事がその場，あるいは，短期間で創り出されることがある。

☐　2　面接は自分をもっと知ってもらう機会である

　ジョブクラブでは，面接を，応募者が身構えて質問に答えるだけのただの試験ではなく，応募者に関する有用な情報を面接官に提供するための機会であると考える。ジョブクラブのメンバーには，応募書類では満足できるほど詳細に書ききれない，役立つスキルや経験や求められる勤務態度，多様な個人的経験がたくさんある。面接は，これらの素晴らしい長所に触れてアピールする機会である。面接は試験ではなく，求職者が自分を最大限アピールする機会である。

☐　3　面接は予測可能で，ストレスがかからない話し合いの場である

　十分に事前準備をしているので，ジョブクラブのメンバーにとって，面接は予測可能なものである。面接官が知りたいのは，求職者が会社にとってどのくらい有用であるかということと，彼の人柄である。こうした情報を得るための質問は，相当に標準的で予測可能なので，求職者は予行演習をして，事前に答えを考えておける。予想外の質問があるのではないかと怖がる必要はない。

☐　4　面接は面接官との個人的なつながりを作る機会である

　ジョブクラブでは，面接中に個人的な話をするのを，避けるどころか，歓迎すべきものと考える。面接官は，求職者が社交的かどうか，自分と共通の友人や共通の経験がないか，信頼できる人かどうか，柔軟か，誠実か，一緒に働きたいと思える人かなどを知りたがっている。面接は，面接官にとって，応募者のこうした特徴を知るための絶好の機会である（仕事の経験やスキルは，応募書類でかなり判断できる）。応募者は，自分のことを，単に仕事のスキルの集合体や職歴としてではなく，一人の人間としてより理解してもらうために，個人的・社会的な習慣の話題を避けないで，むしろ，個人的な特徴を強調したほうがよい。

☐　5　面接を待っているときのマナー

　ジョブクラブでは，面接は最初に面接官に会ったときではなく，面接官を待っているときにも，

退室した後にも，始まっていると考えている。秘書や受付などの従業員の印象が，面接官の判断を大きく左右する。従業員による，「本当に感じのよい人だった」などの好意的な一言が，面接官の判断に影響を与える決定的な要因となることがよくある。秘書に感じよく接し，状況が許すなら雑談をすることも重要である。秘書に挨拶し，「お元気ですか」と尋ねるのもいいだろう。関心を示し，気持ちのよい会話を始めるために，写真や植物，家具の種類など，事務所にあるものなら何でも，特に興味を持ったものについて，何か話すのもよい。「すてきなピンを付けていますね。気に入りました。どこで買ったのですか」といった，洋服についての率直なほめ言葉や，「アシスタントが必要じゃないですか。ここの人は誰もが，あなたを頼りにしているように見えます」といった，忙しい働きぶりについての真摯な一言もよい。ほかにも従業員がその場にいるなら，その人たちにも同様の態度で接する。求職者は，誰か自分を知っている人がいるかどうかに，特に注意しておかなければならない。なぜなら，求職者を知っている人がいたら，その人が，非公式の照会先として，面接官のところに直接行って，求職者について口添えしてくれる可能性もあるからである。こういう意味で，ジョブクラブでは，面接は，面接官と会ったときに始まるのではなく，本質的には，企業の門をくぐったところから始まっていると考える。

☐ 6　個人的態度

　ジョブクラブでは，面接を，求職者を感じがよく誠実な人として印象付ける機会だと考えている。どんな人かというと，入室する際にはドアをノックし，面接官に挨拶をし，自己紹介を行い，しっかりと心をこめて握手をし，面接官に座ってよいと言われるまで腰掛けず，いつも笑顔で，面接官のユーモアの努力に応えようとするような人である。雇用主と面接に対して，すべての注意を払っていることを示すために，求職者は，話すときはきちんとアイコンタクトをし，しっかりと聞き取りやすい声で話し，背筋を伸ばして座るべきである。面接官が忙しかったり，別のことに気をとられていたりする場合には，求職者は，その様子に共感してひとこと言い，多忙にもかかわらず面接の時間をとってくれたことについて感謝の気持ちを述べなければならない。

☐ 7　面接を終えるとき

　ジョブクラブでは，面接を終える際に，面接官に，貴重な時間を面接に費やしてくれたことについて感謝して握手し，仕事に強い関心を持ったことと，面接官から早くお返事をいただきたいという気持ちを伝えることが肝心であると考える。可能なら，求職者のほうから，確認の電話をかける日を決めてしまう。

● 面接の一般的な質問の答えを準備する

　カウンセラーは，一般的に面接で聞かれる，定番の質問への答えをまとめた，付録42 のコピーをジョブクラブメンバーに配り，面接に対する，ジョブクラブの，前向きな考え方について簡単に言及する。付録42 にある質問のリストは完全なものではなく，これには載っていない質問を好む面接官もいる。カウンセラーは，自分のジョブクラブに属するクライエントが 付録42 に載っていない一般的な質問をされたら，それらのリストを作っておかなければならない。これらの質問に関する情報は，面接後チェックリストの「17番」から得ることができる。それを見て，カウンセラー

はジョブクラブメンバーの属する地域で聞かれることが多い，特有の質問のリストを作成し，これらの質問に対する，適切な答えを用意しておかなければならない。

● 面接のリハーサル

面接のリハーサルを行う直前に，カウンセラーは，上述した面接のポイントを簡単に振り返らなければならない。要約すると，面接とは，以下の8点である。

① 新たなジョブリードを入手する機会
② 自分に関する情報をさらに伝える機会
③ ストレスのない経験
④ 個人的なつながりを作る機会
⑤ 接しやすい人物であることをアピールする機会
⑥ 適切な服装をすることで，好ましい第一印象を与える機会
⑦ 企業の建物に入ったときに始まり企業を出るときに終わるもの
⑧ 前向きな感じで終え，電話をかける日程を決めるもの

カウンセラーは，実際の面接のリハーサルを行う志願者を募る。やりたいという人がすぐに出てこなかったら，カウンセラーはすばやく，雇用主役一人と応募者役一人（できれば，よく話す人）を指名する。次に，カウンセラーは，ロールプレイをしてもらう状況を簡単に説明する。たとえば，探している仕事，面接官の名前，希望する仕事の場所と種類などである。メンバー全員に，面接の質問と答えの例を配布して目を通してもらう。カウンセラーは，面接官役の人に，実際の上司になりきってもらい，ロールプレイ用のリストの最初の質問をしてもらう。求職者役の人は，部屋に入り，面接官と握手をして，座らずに待つところからロールプレイをしてもらう。面接官役の人は，求職者役の人に座ってもらい，最初の質問をする。他のメンバーは，手元のテキストを見て，そこに書いてあるポイントを，求職者役の人が実際にロールプレイで行っているかをチェックする。ジョブクラブのメンバーは，最初の質問に対する返事でよいと思った点を挙げていく。次に，一人ひとり，自分ならその最初の質問にどう答えるかを，順番にロールプレイしていく。カウンセラーとメンバーは，適切な回答を全部ほめる。応募者役の人は，最初の質問に対する答えをもう一度言い，必要なら，言い方を変える。カウンセラーは，応募者役の人が，完璧で前向きな答えを演じ，他の人に対する効果的なモデルとなったと確信できたら，この質問のロールプレイを終える。よくすべきポイントがまだ残っている場合には，別の人に，求職者役になってもらい，テキストにあるポイントを全部読んでもらってから，よいモデルを演じてもらう。

この最初の質問以降も，同じ進め方で，一問一問進めていく。カウンセラーは，全員が質問に対する答えを手短にリハーサルし，全員が前向きに答えられたと感じるまでは次の質問には進まない。最初の求職者役の人は，とてもよく話す人であることが望ましい。この進め方なら，ジョブクラブの全員が，終始，気を抜かずに積極的に面接リハーサルに参加することになり，ただの傍観者に終わることはない。

そのセッションで，すべての質問を終える時間がなかったら，次の日にリハーサルの続きを行ってもよい。通常，最初の日には，1，2問のリハーサルを行うことができ，残りの質問は，2回目

のセッションで終えることができる。このようにすることで，メンバーは全員，ジョブクラブに参加した初回から，面接に十分に慣れていくことが期待できる。

● 面接用フォルダー

ジョブクラブメンバーが面接に行くときは，以下の資料をフォルダーに入れて持っていかなければならない。

- ☐ 1　完成した応募書類のサンプル
  手本として，また，実際に記入する応募書類に必要な情報のメモとして使う
- ☐ 2　宛て先を特定していない推薦状
  面接の開始時点で面接官に渡す
- ☐ 3　履　歴　書
  同様に，面接の開始時点で面接官に渡す
- ☐ 4　行くところ・やることスケジュール
  その日に求職者が行う，面接などの活動スケジュールを書いてある
- ☐ 5　面接後チェックリスト
  面接後ただちに，記入する

カウンセラーは，ジョブクラブの各回のセッションのおわりに，メンバーに，フォルダーにこれらの書類を揃えてもらい，セッションを出るときには各自フォルダーを持っていくように伝える。

● 面接後チェックリスト

求職者は，付録43 にある用紙（面接後チェックリスト）を，面接が終わったらただちに記入しなければならない。面接の一部始終を覚えているうちに書けるように，カウンセラーはいくら遅くても1時間半以内には面接後チェックリストを完成することの大切さを，ジョブクラブのメンバーに徹底して印象付ける。

面接後チェックリストは，ジョブクラブのメンバーが，自分の振舞いを次の面接で改善できるよう，自己評価をする形式になっている。面接後すぐに記入しなければならないが，記入には，1～2分以上はかからない。

面接の次の回のセッションで，カウンセラーは，ジョブクラブメンバーの面接後チェックリストを点検しなければならない。メンバーは，「×」印を付けた項目について，次の面接ではどうやって出来栄えを改善するかを話さなくてはならない。面接官の質問に対する答えのいくつかを練習したり修正したりする必要があるかもしれないし，以前に練習をしていない質問に対する答えを用意しておく必要があるかもしれない（カウンセラーは，そのような質問を 付録42 に追加して，他のジョブクラブメンバーと検討したり練習したりできるようにする）。カウンセラーは，求職者が申し分なくできた活動については，求職者を力づけほめる。求職者は，「×」印を付けた活動については考え込まずに，むしろ，これらの項目は，出来栄えの改善につながるような，前向きで建設的な行動を，求職者がとれるようになる機会を与えていると捉えなければならない。

第9章 カウンセラーのジョブクラブ卒業生に対するフォローアップ

　求職者が仕事を得たことを知ったら，カウンセラーはすぐに，お祝いの気持ちを伝えるとともに，新しい仕事に満足できなかったらいつでもジョブクラブに戻ってきてよいということを知らせるフォローアップの手紙を求職者に出す。この手紙は，求職者に，ジョブクラブとは，一種の継続する「保険」であり支援であるということを改めて約束する。また，仕事をみつけるまでどのくらいかかったか，採用されたらどのくらいの収入が得られるか，どのような職種をみつけたのかなど，ジョブクラブの成果を示すために，カウンセラーが必要とする可能性がある事実を記録しておけるよう，メンバーの就いた仕事に関する情報も尋ねる。この情報は，ジョブクラブ備付けのジョブリードリスト（第6章）の一部である，就職に成功したジョブクラブメンバーのリスト（付録19）にも用いる。

　この手紙では，以前のメンバーが，現役のメンバーにジョブリードを提供できることを強調する。新しいメンバーがジョブクラブに入る際には，就職後も，ジョブリードの提供に協力することに同意している（第5章セクションAで述べた「カウンセラーと求職者の約束」を参照）。だから，卒業したメンバーは，先輩から得たジョブリードに自分自身が助けてもらっているので，就職したら，ジョブリードを求める連絡を受け，ジョブリードの提供に協力することが期待されている。

　最後に，新たに職を得た卒業生は，現役のメンバーが使えるように，「耳にしたことがあるジョブリード」用紙（付録28）を提出するほか，自分自身のジョブリード記録票も返却する。

　付録44 は，最初のフォローアップで送る手紙の見本である。就職に成功した卒業生には，3ヶ月後，6ヶ月後，1年後にも再び連絡をとり，新たなジョブリードをもらい，必要ならまたジョブクラブに参加するように誘う。このときに送る手紙のサンプルは，付録45 である。

　カウンセラーは，メンバーが就職できたことを知ったら，そのメンバーの成功を，まだ仕事を探しているメンバーのモデルとして用いる。成功した求職者には，次のセッションに来てもらい，仲間のメンバーに直接，仕事の話を詳しくしてもらう。先輩による訪問は，求職者が就職できたことを知った，現役のメンバー，ジョブクラブのカウンセラー全員，事務職員，ゲストがお祝いを述べる楽しい場として計画する。セッション・電話連絡・面接の回数，送った手紙の数を記した，卒業生の進捗チャートを，現役のメンバーは，就職をするために費やされた努力のモデルとして振り返る。カウンセラーは，卒業生に，たとえば，仕事の目標の変化，面接官と同じ学校だったために話がはずんだ面接など，卒業生の成功の注目すべき側面について話すよう促す。卒業生は，フルタイムの仕事が始まると普通は，ジョブクラブを訪れることができなくなるので，仕事が始まる前に，

すぐに来てもらう必要がある。卒業生はたいていこのような訪問を楽しみにしているが，すぐに仕事が始まるために来られない卒業生からは，電話か手紙で情報を得て，それを現役メンバーに伝える。ジョブクラブの壁に貼ってある「グループの進行表」のその卒業生の欄には，赤のマジックで「就職」と太字で大きく書いておく。

第10章 カウンセラーへの注意書き／一般的な問題について

 ジョブクラブ・カウンセラーの基本的な考え方は，すべての人は，事実上，就職可能であるというものであり，メンバーが就職できないということは，まさに，適切に指導や監督をしていないカウンセラーの失敗であるというものである。このような場合，カウンセラーがすべきことは，求職者や雇用環境のせいにせず，他にどんなアドバイスや支援が，求職者にとって必要かを見出すことである。この考え方を頭において，カウンセラーにとって懸念や失望をもたらしうる，一般的な問題や特殊な状況をみていこう。

● 欠　席

 セッションを何度も欠席するメンバーもいるし，時折欠席するメンバーはもっと多い。カウンセラーは，欠席を，やる気がなくなったから仕方がないと考えて気に留めずにほうっておくのではなく，メンバーがとても困難な課題に意欲をもって取り組めるように，メンバー一人ひとりにもっと注意を払わなければならないサインとして捉えなければならない。まず，標準的な手順としては，セッション開始後15分をすぎても現れないメンバーには，秘書か事務員が電話をかけ，仕事を探す助力を得るために出席するよう説得する。電話で連絡できない場合には，すぐに手紙を出す。メンバーが家を留守にしていて，家族やルームメイトが電話に出たときは，その人に伝言を残す。メンバーが寝坊をしていた場合は，できるだけ早くジョブクラブに来るよう説得する。セッションに来やすくし，出席する意欲を高める方法はほかにないかを考える。交通手段が問題なら，他のメンバーと車の相乗りをするように手配する。欠席者が出席した場合には，セッション中に，いつも以上に注意を向け，励ますようにする。欠席を，十分な支援ができない言い訳にするのではなく，いろいろな手段を用いなければならないサインとして捉える。

 ジョブクラブの研究から得られた結果によると，セッションに出席すれば，事実上全員が就職できる。しかし，仕事に就いていない人々は，過去の就職率を見せられても，自分自身が就職できるかどうかについて確信を持つことができず，最初のセッションにすら参加しないことがある。最初のセッションに，プログラムに問合せがあった人のごく一部しか参加しないときには，カウンセラーの支援意欲がくじかれてしまうのも理解できる。上記の，催促や後押し，激励といった方法は，メンバーの出席を促すうえで有用だが，ジョブクラブがメンバーに金銭的支援を行っている場合の，もう一つの方法は，出席をしないと，金銭的支援を受けられないようにすることである。失業者を対象に助成金を出している機関が提供しているジョブクラブ・プログラムでは，セッション

への定期的出席を，金銭的支援の受給条件とすることが好ましい。

◉ 積極的な出席者

　金銭的援助を得るために出席を義務付けられていない場合に，出席する価値を納得してもらうためには，他の手段が必要である。当然のことながら，求職者は最低限の努力ですぐに仕事に就きたいと考えているので，参加予定者に対しては，ジョブクラブの持ついくつかの性質のうち，すぐに仕事に就けるわけではなく大変な努力が必要であるように思われるという点ではなく，努力を要せずにすぐに仕事がみつかりそうだという点を強調する。求職活動をフルタイムで行うこと，自分の努力で就職先をみつけること，求職活動の新たなノウハウを学ぶことを伝えてしまうと，努力の多大さと成功するには期間がかかる可能性があることを強調することになってしまう。そうではなく，ジョブクラブのジョブリード・リストや卒業生から具体的なジョブリードが得られることや，タイピング，履歴書，コピーなどのサービスが提供されることといった，プログラムの特徴を強調するほうが，参加予定者にとってもっと魅力的だろう。一番，強調すべき点は，このプログラムが求職者に何を提供できるかということであり，求職者が自分自身のために何を学ぶかということは，二の次である。仕事を得るにはいずれの側面も必要ではあるが，求職者が，職探しとは，カウンセラーだけでなく求職者自身の積極的な努力も必要であるという見方を持てるようになるまでは，両者を同等に強調するのは好ましくない。

◉ バディ・システム

　一つのセッションの間，カウンセラーは，たくさんのメンバー一人ひとりに，自分の時間を分けて使うので，誰か一人のメンバーに個人的な支援を継続して行うことはできない。この問題を部分的に軽減するのが，バディ・システムである。セッションの最初に，メンバーにペアになってもらい，電話連絡や手紙の作成，求人広告に目を通すといった活動を協力して行ってもらう。ペアでの活動が構造化されていればいるほど，共同の努力が効率的になる。バディ同士は，単に観察しあうだけでなく，積極的に協力しあわなければならない。もし，バディが2人とも，自分が関心のある求人を探す際に，相手が関心のある求人も探せば，ほんの少しの余分な努力で，2人ともより多くのジョブリードを手に入れることができる。同じように，バディが，バディ用チェックリストの項目をチェックしているときも，場面は構造化されており，お互いが具体的に協力し合っている。相互の利益を最大化するためには，同じような仕事を求めているメンバーをペアにするべきだが，同じペアを毎日続けてはならない。ジョブクラブのメンバーの構成の変化によって，ペアの固定化は避けられるが，いずれにせよ，いろいろな組合せがあることは，多くのメンバーの支援をするのに有用である。もし，電話や面接などの活動がうまく行かず，カウンセラーが割ける時間では不足するメンバーがいるとき，それらが得意なメンバーとペアになってもらうことで，必要な支援を継続して提供できる。

● ジョブクラブへの再入会

　ジョブクラブで得た職を失ったら，そのメンバーはどうなるのだろうか。このことは，メンバーの失敗を意味するのだろうか。彼はジョブクラブにまた参加できるのだろうか，それとも，ジョブクラブの空きは一度も支援を受けたことがない新たな求職者に譲られるべきだろうか。ジョブクラブの考え方とは，求職者が支援を必要とするときには，いつでも支援を継続するというものであり，よって，職を失った場合にはジョブクラブに戻ってきてよいし歓迎される。さらに言えば，ジョブクラブの考え方は，求職者は，自分は仕事と「結婚した」と思ってはならないというものである。不快な仕事もたくさんあるし，不当な扱いをする上司もいるし，こうした状況は，仕事を辞める十分な理由となる。よって，メンバーは仕事に満足できなければ，いつでもジョブクラブに戻ってきてよい。

　メンバーは，自分が，条件をぎりぎりで満たしていると思う仕事に，応募したり就いたりするのを不安に思うことがある。メンバーには，仕事に挑戦するように，そして，自分には無理だとわかった場合には，すぐにジョブクラブに戻ってくるように促す。実際には，その仕事に挑戦してみると大抵はうまく行くので，そのように促されなければ就いてみようとすら思わなかった仕事に，就くことができる。ジョブクラブは，求職者にとって，常に，利用可能な資源であると見なされなければならない。再入会したメンバーは，前回の参加を通じて，必要なスキルを身につけているため，再入会後は，ほんの少しの支援と時間しか必要としないことが多い。

● さしあたりの仕事

　求職者が，金銭的困難に陥っているため，自分が一番やりたい仕事を探し続けられないことがある。そういった場合は，それ以外の仕事に就くしかない。ジョブクラブは，そのような状況にあるメンバーには，さしあたりの仕事，たとえば，営業職に就いて，その仕事をしながら職探しを続けることを勧める。メンバーは，すでに求職活動のスキルを身につけているので，自分ひとりで仕事探しを進められることが多い。しかし，新しい仕事の時間が許すなら，予定がないときには，ジョブクラブのセッションに参加したほうがよい。求職者がさしあたりの仕事を気に入るようになったり，その仕事で十分に昇進したりして，以前就こうと考えていた仕事よりも，先に就いた仕事のほうが，すぐによくなってしまうことも多い。

● 仕事の目標を決める

　求職活動を方向付けるためにも，求職者はどのような仕事がしたいのか決めなければならない。多くの求職者にとっては，この決定は容易である。というのは，ある業種に豊富な経験があったり，ある職業や専門職の免許や資格を持っていたりするからである。

　しかし，目的の範囲が狭すぎたり広すぎたりして，やりたい仕事を簡単に決められない求職者もいる。コンピュータのない小さな町で，コンピュータ・プログラマーになろうとしたら，目的が狭すぎる。需要がもはや存在しないエンジニアの仕事や，入学者が減少している中での教員の仕事，

町で2人しかいないラジオのアナウンサーなどについても，同じようなことが言える。こうした方向での可能性を探りつくしたら，求職者は引越す，あるいは，他の仕事を考えるべきである。特定の仕事に関して十分な経験がないため，具体的な職種が浮かばないことが問題で，「何でもやります」と言ってしまう求職者もいる。これでは，目的が広すぎる。何らかの職種を決めないと，求職活動のための努力を集中して行えない。

　ジョブクラブは，カウンセラーが，メンバーに対し，どの仕事を探すべきである，あるいは，どの仕事を探すべきでないと言うのは不適切であると考える。しかし，メンバーに，自分自身とは職歴や肩書きそのものではないことや，訓練を受けたり多少の経験をしたりしたことがあるたった一つの職種だけを探すという考えに捉われていることに気づかせるのは，カウンセラーの，適切かつ重要な役目である。大学教授が学部長になって，教える代わりにマネジメントをするようになるかもしれない。弁護士が企業経営者になるかもしれない。教員が不動産業者になり，配管工が自分で建築受託業を営むようになるかもしれない。こうした人々は，すでに，さまざまなスキルや関心を備えているので，機会さえあれば，実践を通じて経験を積み上げ，いろんな仕事ができるようになる。たとえば，営業，管理職，マネージャー，機械オペレータ，ビジネスマン，運転手，オフィス・ワーカー，事務員，人事担当者，ホテルやレストランの従業員，自動車修理工，溶接工，政治家，行政官，簿記係，銀行の出納係，その他何百もの職業である。これらの職種には，何年もの学校教育や，資格を条件とする職種よりも，収入がよいものも多い。

　ジョブクラブは，求職者を，すでに多くのスキルを備え，より多くのスキルを学ぶことができる存在として捉える。求職者は，さまざまな仕事をすることができるので，カウンセラーは，求職者が以前就いていた，あるいは訓練を受けたことがある特定の仕事にこだわることなく，職探しにおいて，さまざまな仕事を考慮に入れるよう，求職者を励まさなければならない。

◉ 雇用主の開拓

　ジョブクラブを除き，求職者支援の一般的な方法は，（特に何らかの障害を持っているクライエントについては）クライエントの代わりに，カウンセラーが，雇用主から仕事を得てくるというものである。ジョブクラブは，求職者に，自分で仕事を探し，仕事を得てくる方法を教えるという点でそれとは異なるが，カウンセラー自身が，仕事をみつけてくることを，雇用主の開拓という。雇用主の開拓には，さまざまな利点がある一方で，決定的な難点が一つある。それは，求職者の持っている多様な経歴を活かすため，多くのタイプの雇用主への就職の斡旋を必要とする場合には，この方法では，大きな労力をかけても，相対的に少しの求人しか開拓できないということである。

　とはいえ，特に重い障害を持った求職者の場合には，雇用主の開拓は，ジョブクラブの手法を補完するよいアプローチである。最近の連邦法は，大規模な企業に，障害者を雇用するよう求めている。雇用主の開拓という手法の難しさは，求職者の中には，不十分と判断される者がまず確実にいるので，求職者を推薦することで，カウンセラーの信頼性が失われてしまう可能性があることである。にもかかわらず，雇用主の開拓を行っても求職者全員の面倒を見ることはできない。雇用主の開拓は，ジョブクラブ・アプローチの代わりにはならないが，確かな能力はあるが明らかな障害を

持った求職者について，必要に応じて用いる補完的方法として効果的である。

● グループの均質性

　グループの構成員はどれほどお互いに似通っているほうがよいのだろうか。教員の仕事を探している人と，小売店の店員やトラック運転手の仕事を探している人は，同じグループにしても構わないのだろうか。理想を言えば，ジョブリードを交換しあうといった活動から得られる，互恵的な効果を大きくするためには，ジョブクラブのメンバーの目的は似ているほうがよい。一方で，できるだけすばやく支援を提供する必要性についても考慮しなければならない。数グループが同時に活動を開始することができるような大きな支援機関でない限り，同じような仕事を希望する求職者が数人集まるまで待っていたら，支援をただちに始めることはできない。よって，規模の小さな支援機関では，支援の素早さを優先すべきである。なぜなら，支援が遅れれば，失業に伴う個人的，社会的，経済的な辛さの解決が遅れるからである。支援の素早さを優先したとしても，さまざまな関心を持っている求職者が2週間おきに新しく参加してくるし，こうした求職者の何人かは既に参加しているメンバーと同じ関心を持っているから，均質性がまったく犠牲にされてしまうわけではない。同じ関心を持っている新しいメンバーと以前からのメンバーは，バディとしてペアにすることができる。

● 職業紹介 対 カウンセリングと適職診断テスト

　ジョブクラブ・プログラムは，職業カウンセリングや適職診断テストよりも，職探しそのものを強調する点で，多くの就職支援プログラムとは異なる。この方針をとっている理由は，経済状況と雇用機会が，就職できるかどうかを決める主要因であるからだ。求職者はたいてい，就きたい仕事について，すでに明確な考えを持っていることが多い。持っていなければ，カウンセラーは，求職者の趣味，関心，教育・訓練，経験を振り返ることでいくつかの可能性を見つける支援を手早くすることができる。徹底した適職診断を受ければ，求職者が活動のターゲットにすべき関心分野は決まるが，その分野に求人がなければ，別の職種を考えなければならない。したがって，正式の適職診断を行うことより，柔軟性のほうが大切である。求職者は，スタート時点から最低でも2種類の仕事に絞って，求職活動に応じてこれらを変更したり増やしたりするよう促される。

　同様に，ジョブクラブでは，他のプログラムでよく提供されるような，正式のカウンセリングは行わない。その理由は，求職者は，ほとんど全員働くことができるし，神経質，過度の内気，自己主張の激しさ，話すぎといった，変わった行動パターンの問題が，特定の仕事には向いているということもあるからだ。ある行動パターンが，求職者の雇用を妨げているのなら，その問題は，心理療法を必要とするトラウマとしてではなく，変容すべき特定の行動として扱われる。求職者は，対人関係全般にわたる行動をいかに変容し改善するかではなく，面接予約の電話でどう話すかや，面接でどう振舞うかについてを具体的に教わる。より根本的な変容の必要はないし，時には可能でもなく，さらには，望ましくもない。また，常に，時間がかかりすぎるので，就職の妨げとなる。もちろん，カウンセリングや心理療法，行動療法には，固有の意義がある。しかし，すぐに仕事を

得ることが一番の関心事という人に必要があるようには思われない。

◉ **必要な供給品やサービス**

ジョブクラブを円滑に効果的に運営するには，以下の物品や設備が欠かせない。

- ☐ 1　最低10人が収容できる作業スペース
- ☐ 2　事務スタッフによる，1グループにつき週約8時間の支援
- ☐ 3　4，5回線の電話と，それぞれの内線
- ☐ 4　電話帳
- ☐ 5　新聞（3人のメンバーにつき約1部）
- ☐ 6　タイプライター2台（1台は事務員に，もう1台はタイプできるメンバーに）
- ☐ 7　各メンバーの座る席と，字を書ける机
- ☐ 8　メンバーのフォルダーを収納するキャビネット
- ☐ 9　便箋，切手，封筒
- ☐ 10　フォルダーやメモ用紙
- ☐ 11　ホッチキス，鉛筆，ペン，消しゴム，クリップ
- ☐ 12　カメラ（可能なら）
- ☐ 13　交通費立替用現金
- ☐ 14　『ジョブクラブ・カウンセラーのためのマニュアル』に載っている，求職者用の，様式やセリフのコピー

◉ **ジョブクラブの費用**

　ジョブクラブの費用は，ジョブクラブ方式を採用するか否かの判断の，明らかな一要素である。何ヶ所かで行われているジョブクラブのコストを一覧にしてみたところ，その費用はかなり低いことがわかった。主たる費用は，人件費（カウンセラーと，パートタイムの事務員兼タイピスト）と毎月の電話代である。こうした費用は，ジョブクラブによってわずかに変動がある。また，費用には，月あたり費用，求職者一人あたり費用，1グループあたり費用など，いろいろな表し方がある。一番適切なのは，就職1回あたりの費用であると思われる。2週間ごとに新しいメンバーが10人入ってくるとしよう。スペース，タイピスト，カウンセラー，通常のオフィス家具がすでにあれば，就職1回あたりの費用は約20ドルである。この額は，郵便代や電話代，高品質なコピー機のリース料，文房具代を含む。既存の就職支援機関にとっては，この20ドルが追加コストになる。

　既存の機関が，カウンセラーやタイピストを新たに雇用しなければならないなら，人件費が追加されるので，就職1回あたりの費用は約150ドルまで増加する。事務所の賃貸料がこれに加算されれば，求職者一人あたりの費用はさらに増加するが，賃貸料は千差万別なのでここでは特定できない。さらに，交通費や出席奨励金を支払うプログラムなら，この分が費用に加算される。そのような特別な援助を除けば，事務所やオフィス家具があるのなら，ジョブクラブの運営に必要な追加費用はほかの方法と比べてかなり低いように思われる。すなわち，職業紹介1回あたり，追加の資材やサービスに20ドル，カウンセラーとタイピストの給与を入れると150ドルである。

第11章

特別な状況

セクションA　専門職

　ジョブクラブの就職支援は，単純労働から半熟練労働，熟練労働，管理職，専門職に至る幅の広い仕事に用いるために考案されたものである。しかし，専門職の求職活動は，非専門職の求職活動とはいくつかの点で異なる。この違いは，やり方の違いというより，程度の違いにすぎないが，その違いを認識することは必要である。専門職の求職活動では，会合や専門職向けのニューズレターが正式な求人ネットワークとして利用され，個人的・社会的コネクションが，通常より，大きな意味を持つ。よって，個人志向であるジョブクラブの求職手法は，専門職の求職にとりわけあてはまる。

● 経験不足

　専門職（弁護士，医師，看護師など）の人は，他の仕事に就いている人と比べ，転職することが少ない。したがって，失業した場合，どのように求職活動をすればいいのかわからず途方にくれてしまうことが多い。相対的に少数の人に限られた分野の専門学位や資格を持っているため，その能力に対する需要が大きく，仕事の依頼が来るのを待ってさえいればよいこともある。自分から求人を探す場合には，専門分野の求人用ニューズレターしか見ないのが普通である。仕事に就いたら，長期間（しばしば一生涯）勤めるつもりであることが多い。しかし，その分野が人材過多になっているときや，別の仕事に移りたいときには，通常の求職方法ではうまくいかず，高度な専門的スキルを活かせなくなってしまうことがある。つまり，非専門職の人々が繰り返し陥ってきたのと同じような，職探しの状況に陥ってしまう。

● 専門職の履歴書

　多くの専門職では，履歴書に，自分の発表文献と専門的な活動を書くのが慣例となっており，この慣例を忠実に守らなければならない。発表文献の要約を補足として作成し，履歴書に付さなければならない。履歴書は，第8章セクションAで推奨する様式どおりに用意する。

● 専門職求人用ニューズレター

　専門職の求人は，新聞の求人欄では普通はみつからず，特別な専門職求人用ニューズレターでみつけることができる。したがって，職を探している専門職は，このニューズレターがどこで手に入るかを知らなければならない。通常は，こうしたニューズレターは，国，地域，州レベルの専門職団体が出版しているので，こうした組織の本部に手紙を書いたり電話をしたりすれば入手できる。同じ専門の同僚や教員が，こうしたニューズレターをくれたり，さらに情報や求人リストを得るために連絡すべき種々の団体の名前を教えてくれたりして助けてくれることもある。

　第6章セクションBで求人広告を活用するために推奨されているのと同じ方法で，専門職の求人リストを用いる。自分の持っている資格や経歴が，職務内容と完全にマッチしなくてもよい。勤務地には必要以上にこだわらない。就職時の給与が安く，勤務開始時期が早いからといって，あきらめる必要はない。雇用主が求職者を魅力的だと感じたら，仕事のほとんどの面が交渉可能である。また，勤務地や給与水準などの目に付く短所を補うような，予期せぬ魅力が仕事にはあるかもしれない。住所が書かれている場合でも，より個人的な関係を築き，より詳しい情報を得るため，できれば電話をすべきである。

● 以前の同級生や同僚

　特化した専門職の分野には，比較的少数の人しかいないから，人づての情報が非常に頼りになる。求人の情報は，以前の同級生や同僚から来ることがとても多い。こうした人からの支援は，非専門職の人にとってと同じく，専門職の人にとっても重要である。求職者は，卒業大学から最新の同窓生名簿をもらうよう努力しなければならない。また，専門職団体は，通常，メンバーの職場を載せた名簿を持っている。求職者は，こうした名簿をみて，同級生の属している組織や住んでいる地域に興味のある仕事があるかどうかを調べなければならない。見たことのある名前があったらジョブリードの入手先となりうるので，連絡をとる。

● 会　　合

　専門職の会合の多くでは，職探しが主要活動の一つであり，こうした会合では，通常，この目的のために，正式な雇用紹介サービスを用意している。したがって，求職活動中は，州単位，地域単位，国単位の，専門職の会合にはすべて参加しなければならない。会合では，できる限り多くの人と会い，出席している同僚に自分の履歴書をどんどん配らなければならない。

● 求職活動の期間

　専門職の求人は，最終的な判断に至る前に，採用委員会が関与しなければならないため，他の仕事に比べて，採用決定まで通常ずっと長い時間がかかる。空きが生じてから，欠員が埋まるまで，通常は数ヶ月かかる。したがって，専門職の求職活動は，早めに公言してよいのなら，新しい職に就く必要が生じる数ヶ月前に開始しなければならない。新たに資格をとった専門職は，在学中や，

義務とされている通常のインターンシップ中に，求職活動を開始しなければならない。

セクションB　転職のための転居

◉　なぜ転居するのか

　ほとんどの求職者は，できるだけ便利なほうがよいので，家に近いところ，理想を言えば，徒歩圏内に仕事を得たいと考えている。しかし，そんな都合のよい仕事はめったにないから，遠くまで，仕事探しに行かなければならないこともある。求人の乏しい小さな町に住んでいることや，仕事が事実上まったくない郊外の住宅地域に住んでいること自体が問題であることもある。求職者が求めている仕事が，自宅の近くにはないこともある。鉱山技師や木材伐採人，パイロット，大学教授といった仕事の場合である。求職者が住んでいる，州や町の失業率が非常に高いこともある。これらの問題はどれも，求職者が転居を考える理由となる。しかし，転居は多大な影響をもたらすので，転居するという決断は一般的には最後の手段である。転居は，子どもや配偶者，家族のライフスタイルにもたらす混乱を考慮しなければならない家族持ちの年配の既婚者よりも，若い未婚者には，通常は，混乱をもたらさない。転居するという決断は，自分のやりたい仕事がよりたくさんあるところに引越すと決意するまで，どのくらいの期間，自分の家の近くで仕事を探したいかを自分自身で決める，個人的なものである。

◉　転居には意味があるか

　国中の失業率が高い場合，転居は問題解決になるのだろうか。おそらく答えは「イエス」である。全般的な不景気のため国全体の失業率が非常に高くても，都市によって，失業率にはほとんどいつも大きなばらつきがあるからだ。たとえば，1974年から1977年までの不景気の際の，国全体の失業率は約7～8％であった。しかし，ウィチタ，ダラスなどの都市の同時期の失業率は約4～5％で，一方，ニューヨーク市の一部では約15％であった。非常に限られた求人を手に入れようとして求職者間の競争が激化した都市もあれば，非常に限られた求職者を得ようとして雇用主間の競争が激化した都市もあった。

　企業は，この国の，さまざまな場所によって，求職者を得られる可能性が異なることを十分に理解しており，移転の決断をするにあたっては，こうした労働力の供給のばらつきについて，秩序だった検討を行うことが多い。求職者もまた，個人として，自分の住んでいる地域の雇用機会と比べて，この国のどこが雇用率が高いかを調べ，確かな知識に基づいて転居の決定をすべきである。どこに仕事がより十分にあるかに関する情報を得られれば，求職者は，地元よりも仕事の多い場所があることを確信し，噂や一般的な印象ではなく事実に基づいて決断をすることができる。

● 機会としての転居

　地元での求職活動が行き詰まって転居を決断したとしても，いったん転居を決断したら，転居を，自分の心の奥底にある夢を実現するための機会だと考えるべきである。求職者には，海の近くに住む，暖かい気候のところに住む，小さな農園が持てる田舎に住む，勉強をしたいので大学に近い大都市に住む，家族の近くに住む，自分や配偶者が俳優として演じる機会を得るためにニューヨークやハリウッドの近くに住むなど，意識の奥底にある，しかし，実現していない欲求があるかもしれない。今こそ，それを実現するよい機会である。地元の雇用状況がこれほど悪くなければ，転居などしなかっただろうが，夢を叶える機会が訪れたのである。もちろん，何をしたいかがはっきりしない求職者もいるが，最初にすべきことは，この国のどのあたり（たとえば，カリフォルニア，ニューヨーク，ニューイングランド）に転居したいかを明確にすることである。

　求職者には，付録46 を使い，用紙のスペースに書き出してもらって，住みたいところのリストを作ってもらう。また，付録46 には，転居をするにあたり，よく挙げられる理由や利点のリストも入っている。たとえば，大都市の喧騒から逃れたい，スキーができる地方に住みたい，家族の近くにいたいといった，人々が持っている目標や夢である。求職者は自分にあてはまる目標を探し，配偶者や子どもの目標が大切なら，それらの目標も考慮する。

どこに仕事があるかを見極める

　カウンセラーは，まだ支援機関がやっていない場合には，さまざまな都市の雇用状況に関する情報を得るために，ワシントンD.C.にある労働省に手紙を書いて，月次報告を送ってもらうべきである。この月次報告には，米国主要都市圏の多くに関する，失業率や雇用機会に関するデータが載っているので，必要なときにすぐに使えるようファイルに保管しておくとよい。付録46 には，メンバーが，雇用状況が非常に良好なすべての都市名を書くスペース（「仕事のある場所」）がある。また，地元や州の労働局に手紙を書けば，イリノイ州カーボンデイルのような小さな町であろうと，特定の都市の，大変詳しい雇用情報を得ることができる。地域によっては，全般的な失業率だけでなく，保育士，歯科助手，営業マネージャーといった個々具体的な職業別のデータも得ることができる。カウンセラーは，付録46 のリストをもとにして，求職者が関心のある都市一つひとつに宛てて，さらに詳しい情報を得るために手紙を出さなければならない。就きたい仕事がその都市に十分にあるとわかったら，その都市を，付録46 の「仕事のある場所」リストに加える。

夢と現実を合致させる

　これで，求職者が住みたい場所を示す「夢リスト」と，仕事のある場所を示す「現実リスト」の二つができた。二つのリストを見て，両方のリストにある都市を見つけたら，「住みたい場所で仕事のある場所」欄（付録46）に書いていく。メンバーは，求職活動の方向をこれらの都市に向ける。

◉ 仕事がみつかるまで転居はしない

　新しい土地に移るのを先にして仕事を探し始めるのを後にするのは，一般的には勧められない。求職者の資金が底をつくかもしれないし，落ち着くための費用もかさむし，支援を得られる家族や友人からも離れてしまうし，短期間では職が得られないかもしれないからだ。ただちに転居するのではなく，ジョブクラブの支援を受けて，今住んでいるところを拠点にして，好ましいと考えられる都市に目を向けて，職探しをすべきである。

◉ 希望する地域で仕事をみつけるための一般的な戦略

　新しい地域で仕事をみつけるための一般的な手順は，地元で仕事をみつけるための手順と変わりはない。求職者は，友人や親戚，知人を最大限に活用する。求職者は，可能な限り電話を利用し，さらに雇用主との連絡や面接を活用して，新たなジョブリードを生み出し，常にいくつかのジョブリードを確保しておく。求職者は，求人広告や専門職用の雑誌を新しいジョブリードを得る手がかりとして利用するほか，これらの求人をさらに，新たなジョブリードを得るために利用する。求職者は，時間を管理し，前述した，さまざまな用紙やセリフを使い，フルタイムの仕事として求職活動にあたる。一般的な計画は同じだが，希望する地域と地元が遠く離れているため，修正を必要とする点がいくつかある。

他の都市にいる親戚，友人，知人のリスト

　遠く離れた都市での求人を探すのを助けてくれる人々のリストには，その都市に住んでいる人か働いている人のみを書く。求職者は，親戚，友人，知人のリストに載っている一人ひとりを見て，その都市に住んでいたことがある人はいないか，さらには，住んでいる人を知っている人はいないかを思い出す努力をする。希望する都市に住んでいる人が，ジョブリードを提供してくれる以上の支援をしてくれるかもしれない。たとえば，求職者がその都市を訪ねる場合に家に泊めてくれたり，最低でも，便利でお手ごろな宿泊先や食事先を教えたりしてくれるだろう。

　求職者は，近親者で，親戚全員と密に連絡をとっているような人に，希望する地域に住んでいる親戚はいないかを尋ねる。もう一つの役に立つ方法は，大学や学校に手紙を書いて，現在の住所が載った卒業クラスの同窓生名簿を入手することである。希望する地域に住んでいる人がいるかもしれない。

新　　聞

　通常，図書館には，多くの主要都市の新聞の，最新のバックナンバーがある。転居を考えている求職者は，希望する地域に最も近い地域の新聞の求人広告を見るべきである。

電 話 帳

　希望する地域の電話帳を手に入れると便利である。業種別の部分は，ジョブリードを得るのに活用できる。地元の電話会社に聞けば，どのようにしたら，電話帳を入手できるかを教えてくれる。

専門職の会員名簿

　転居を考えている専門職の求職者は，自分の属する専門職組織の会員名簿を手に入れるべきである。求職者は，希望する地域のリストに載っている会員の名前を調べて，知っている人を探す。

スケジュール管理

　旅行期間を短くするために，いくつもの面接のスケジュールを詰めこむことが，転居を考えている場合には，特に大切である。最初の面接の予約がとれたら，当日，前日ないし翌日に，他の面接も予約すべきである。

　転居は，お金も時間もかかる。そのため，長距離電話，切手，求人リストなど，ジョブクラブが提供する資料やサービス，物品は，転居を考えている求職者にとって，とりわけ重要である。

セクション C　非 識 字

　読み書きに困難を抱えているジョブクラブのメンバーを支援するにあたっては，修正を必要とする点がいくつかあるが，基本的な方法は同じであるので，そのような人も大いに支援することができる。もちろん，読み書きの不自由な人に対しては，正式な読み書きプログラムを受けるよう，あらゆる働きかけがなされなければならない。しかし，ジョブクラブは，その人が今必要としているのは，仕事に就くことであって，読み書きの指導は，軽度・中度の知的障害者にとっては仕事に就くには不十分であるし，新しく移民してきた人や学校中退者にとっては時間がかかりすぎると考える。

　ジョブクラブはグループで活動するため，読み書きの不自由な求職者の支援に適している。というのは，カウンセラーやバディ，その他のジョブクラブのメンバーが，求人広告やイエローページ，ジョブクラブのジョブリードのリスト，そのほか書かれたものに目を通して，本人を手助けしてくれるからである。さまざまなチェックリストは，チェックをするだけでよいので，書く能力をほとんど要求しない。何度も使う様式は，繰り返し使うことにより，通常，わかるようになる。しかし，履歴書を書いたり，友人宛の定型の手紙を書いたり，応募書類のサンプルを記入したり，友人や知人の用紙を記入したりといった，一度きりの書類作成は，カウンセラーがしなければならない。カウンセラーは，求職者が，非常に時間をかけておそらく不正確にこれらの書類を作成するのを待たずに，これらの作業に必要なあらゆる読み書き支援をするべきである。カウンセラーが，確かに支援を必要である，あるいは，望ましいと考える場合には，本人が丁重に支援を断ったとしても，読み書きがある程度できる人はたいてい自分の能力不足にとても敏感なので，支援を直接提供しなければならない。また，その支援は，能力不足によってきまりの悪い思いをさせないよう，個別的に提供しなければならない。本人に用紙を配るたびに，あたかも他のメンバーのためにも役立つような自然な感じで単語を一つひとつ指差して，用紙に書いてあることを読み上げていく。

I　ジョブクラブ

　グループやカウンセラーの支援があれば，読み書きの不自由な人も，仕事をみつけられる。しかし，当然，言葉の問題があるので，標準的な識字能力を必要としない仕事のみを探すことになる。ジョブクラブでは，ジョブリードを得るために友人や親戚を強調するが，この方法は，読み書きの不自由な人については特に有用である。なぜなら，友人や親戚は，雇用に関するこうした問題を持つ人を，自ら雇ったり，あるいは，雇ってくれるように他の人に影響を与えたりしてくれるからである。

II

ジョブクラブ概念の理論的基礎と発展

Ⅱ　ジョブクラブ概念の理論的基礎と発展

　このセクションでは，就職支援に対する，行動主義的カウンセリングの意図的な応用である，ジョブクラブ・アプローチの拠って立つ，幅広い概念的基盤について紹介する。この観点からみると，ジョブクラブ・アプローチは，無関係で恣意的な手順の単なる寄せ集めではなく，人間の問題を解決するための，行動主義的アプローチの一つの例である。ジョブクラブの概念的基盤を理解することで，カウンセラーは，なぜ，特有の手続きが用いられるかを，よりよく理解することができる。このマニュアルを読むことで，カウンセラーは，それ自体重要な「ものの見方」を身につけることが期待される。重要な「ものの見方」とは，ある特有のカウンセリングスタイルに関する知識と，リハビリテーション過程の決定的な局面に対する，このカウンセリングスタイルの適用の仕方に関する知識である。この「ものの見方」を身につければ，ほかのカウンセリングスタイルと比較して評価するための基礎が得られ，また，カウンセラーが，この「ものの見方」を，リハビリテーション・カウンセリングの，これ以外の場面に応用しようと考える機会も得られる。

第12章 ジョブカウンセリングに対する行動主義的アプローチの基礎

　ジョブカウンセリングに対する行動主義的アプローチには，ほかのアプローチとは異なるいくつかの特徴がある。仕事探しに対するジョブクラブ・アプローチは，スキナー（1938；1953）によって定式化された，オペラント行動アプローチの応用であり，行動療法や行動修正であるということができる。

● 行動主義 対 心理主義

　行動主義は，行動に付随していると思われる心的プロセスではなく，むしろ，表出された行動を直接扱う。仕事探しにあてはめると，行動主義は，「クライエントに仕事をみつける」という「結果」に関心を持つよう，カウンセラーを方向付ける。行動主義以外の立場は，「職業準備性」の達成や労働意欲，職業志向の選択，特定の仕事に対するクライエントの向き不向き，クライエントの職業適性などを，クライエントの目的として設定するかもしれない。行動主義的な戦略では，これらの目的は，二次的な目標にすぎない。最重要なのは，実際に仕事に就くという，手に入れたい，行動上の目的である。つまり，ジョブクラブ・アプローチは，クライエントに職をみつけるというただ一つの目標を持ち，プロセス志向ではなく，結果志向である。

プログラムの明確化

　行動主義は，一般的または心理主義的な説明をすることよりも，むしろ，行動の原因を具体的に特定することを強調する。後者に力点をおくので，行動主義的な仕事探しの戦略は，仕事がみつかるかどうかを決定する明示的な要因を確定し，次いで，一人ひとりのクライエントに対し，標準化された一貫した方法で，これらを提供しなければならない。職業カウンセリングで用いられる行動主義以外の戦略は，クライエントに対して，熱心で誠実で勤勉であり，そして，高い自尊心を持つように求めるといった，心理主義的な手段を強調するが，これら，原因として位置付けられた属性は，非常に一般的な言葉でしか，特定されていない。一方，ジョブクラブ・アプローチは，行動主義に基づき，手順を具体化することを強調し，ジョブリードを求めて誰に連絡をとるべきか，その人に何と言うべきか，どのようにスケジュールを組むべきかなどを，クライエントにこと細かに指導する。アプローチの標準化は，クライエントに標準化された文書様式や手本を使ってもらうことで可能となる。

学　習

オペラント条件付けもパブロフの条件付け（Pavlov, 1927）も，生得的な能力や傾向よりも，むしろ，学習こそ，行動を決定づけると考えている。職業カウンセリングにおける，これと異なる，もう一つの一般的な見方は，人には，本質的に雇用可能な人と，そうでない人がいるというものである。しかしながら，行動主義は，学習に力点を置き，集中的な訓練によって，就職できないクライエントであっても就職できるスキルを身につけることができると考える。それゆえに，ジョブクラブにおける行動主義的職業カウンセリングは，誰一人，本質的に，無能あるいは雇用不可能であるなどとして締め出したりはしない。それぞれのクライエントが，異なるレベルの訓練を必要としていることを認識しつつ，すべての求職者を受け入れる。クライエントが数週間経って就職できなくても，雇用不可能なのではなく，必要な職探しや仕事に関連したスキルを身につけていないだけであり，さらに訓練が必要だけであると判断する。

模　倣

学習は，構造化されたモデリングと模倣によって大いに促進される。それゆえ，ジョブクラブは，カウンセラーが，学習の遅い者が学習の早い者を観察するように仕組んだり，あるクライエントの注目に値する成功をグループに対して指摘したり，相互支援や相互支持を構造化するためバディ・システムを整えたりする，集団過程として実施される。

決定論

行動主義は，人間行動を決定論に立って捉えている。これは，すべての行動には説明や明確な原因があるという信念を意味する（この人間行動についての行動主義的・決定論的な見方は，スキナーの著作『自由と尊厳を超えて』で述べられている）。私たちの行動についての，もう一つの見方は，人間行動は，自由意志によって本人が決めるというものである。職業カウンセリングにあてはめると，この非決定論的な見方では，職探しをあきらめることを自発的に決意する者がいることになる。しかしながら，決定論は，そのような意欲の欠如は確定可能な何らかの原因の結果であり，その原因を特定して修正すれば，問題は解決すると考える。それゆえ，行動主義志向のジョブクラブのカウンセラーは，職探しに対する意欲が欠如したクライエントを見ても，失敗とはみなさない。交通機関の問題や家族の支援の欠如など，意欲を下げている可能性がある原因を探り，家族と電話したり他のクライエントと交通手段を整えたりして解決しようとする。

● 行動修正

○●○●○ 職業カウンセリングに適用するガイドライン ○●○●○

□ 強化：性質，継続，頻度

強化は，オペラント条件付けや行動修正の中核をなす概念であり手続きである。具体的には，行動の変化や動機付けは，より強力な強化子が用いられたり，その強化子が長期間続いたり，より高い頻度で（理想的には反応が起きるたびに）強化子が与えられたりすると増加する（Skinner, 1938）。これらの原則は，すべてのセッションにおける，また，繰り返し行われるセッションにおいて（＝長期間にわたり），クライ

エントのすべての正しい反応に対して（＝高頻度で），熱心な賞賛（＝強力な強化子）が与えられるように仕組むという形で，ジョブクラブに適用されている。カウンセラーは，有用な情報を上手に伝達するばかりでなく，クライエントのすべての正しい行動一つひとつを一貫してほめる。行動主義以外のカウンセリング・スタイルでは，カウンセラーは，クライエントに何をすべきかを指示して間違いを訂正するのが主で，ほめるのは時々にすぎず継続的ではない。

☐ 多重の強化子
通常，いくつかの強化子を同時に用いて，強化の有効性を高め，単一の強化子に生じやすい効果の飽和や喪失という問題を避ける。この方法は，多重強化子の原則となづけられている（Ayllon & Azrin, 1968）。ジョブクラブでは，カウンセラーの賞賛という強化子だけに頼らず，グループの他のメンバーによる仲間の強化や，クライエントの努力に対する家族の支援も得られるようにする。

☐ 行動の自己記録
　クライエントに対する，もう一つのタイプのフィードバックとして，カウンセラーによる強化に加え，クライエントが自分自身の行動を記録するという方法がある。行動主義のプログラムでは標準的な，この方法により，クライエントとカウンセラーは，ともに進歩を確認することができ，カウンセラーは，クライエントの進歩を強化するための，より大きな機会を得ることができる。たとえば，ジョブクラブでは，面接直後に面接中の行動を記録するばかりでなく，電話中の各ステップの完了や，電話や手紙，面接など雇用主との接触の回数も記録するようにしている。

☐ 非難を用いずに，誤りを減らす
　行動を消去させる最も効果的な方法の一つとして罰があるが，罰を与えられる状況への嫌悪や回避など，罰には望ましくない副作用があるため，罰の使用はよくないと考えられてきた（Azrin & Holz, 1966）。よりよい方法として，正しい反応に対して継続的に正の強化をする（＝ほめる）と同時に，間違った反応に対して消去を行う（＝無視して反応しない）という方法がある。それゆえ，ジョブクラブのカウンセラーは，些細な誤りは無視し，クライエントの正しい行動をほめることに集中する。このやり方は，誤りの非難と修正に集中し，極端な場合には，対決すら強いる，ジョブクラブ以外のカウンセリングや教授スタイルとは異なる。修正が必要なときには，正しい反応を促し，それをすぐに強化することで達成する。正しい反応ばかりでなく出席の確率を増やすために，ジョブクラブはコーヒーや清涼飲料を出したり，喫煙スペースを設けたりといった，出席のための強化子も提供する。また，カウンセラーは，自分や他のクライエントの意見が批判的なものにならないように配慮する。

☐ 能動的に反応する 対 受動的に聞く
　行動主義の研究は，学習は，学習者が説明を受動的に聞くときよりも，教えられたスキルを積極的かつ直接的に用いるときのほうが，学習が進むことを一貫して見出してきた。よって，ジョブクラブのカウンセラーは，通常の講義形式の指導をせずに，最小限の説明をした後，ただちに，クライエントに，手紙を書く，雇い主に電話する，履歴書を書くなどの作業を始めてもらう。具体的な行動を求めることの直接的な利点は，クライエントが受動的な聞き手である場合には，正しい行動に対して，強化を提供できないが，行動をしてもらえば提供できるというところにある。

☐ 実際場面における（In Vivo）条件付けと一般化
　行動主義の研究は，あるスキルをある状況で教えてそれが一般化することを期待するよりも，実生活で教えるほうが，身につくことを一貫して示してきた。行動主義ではない，カウンセリング・スタイルでは，雇用主への電話のかけ方，手紙の書き方，求人広告の検討の仕方，友人からのジョブリードのもらい方などのスキルを，教室で教え，時にはリハーサルをして，一般化を期待するという方法がよく用いられる。ジョブクラブのアプローチは，職探しに必要な活動のすべてを，ジョブクラブでしてしまうので，一般化は不要である。カウンセラーは，その場で行われている反応を，直接，観察し，促し，修正すること

ができる。こうすることで，カウンセラーは，「宿題」を最小限に抑えることができる。

　ジョブクラブで実施できない，唯一の重要な職探しの活動は，実際の雇い主との面接である。その代わりとして，ジョブクラブでは，実際場面での（In Vivo）訓練ができないときに用いる標準的な手法である，徹底的な行動リハーサルを行う。また，ジョブリードを得るための手助けを家族やルームメイトに頼むといった，ジョブクラブで行うことのできないそのほかの活動についても，リハーサルを行う。

□ 反応努力を減らす

　行動は，反応の数や反応のための努力が，それほど大きくないときに起こりやすい。それゆえ，ジョブクラブは，求職活動に必要な，すべての資料や設備を用意することで，クライエントがしなければならない努力を最小限に抑える。ジョブクラブとは異なる立場では，クライエントは自立しなければならず，できる限り手助けなしに，これらの資料や設備を手に入れられるようにならなければならないと考えるが，そのような戦略は，多くのクライエントが職探しに成功する可能性を低くしてしまうだろう。

□ つながりあう反応要素の強化

　行動主義的治療では，複雑な行動とは，最終的な結果を生じるために，教えられ強化されなければならない，一つひとつの反応の，一連のつながり，あるいは，複数のつながりであると考える。行動主義以外の治療では，職を得るという最終行為のみを強化する。行動主義は，雇い主への電話，求人広告の検討，交通手段の確保，手紙の用意，友人や前の雇い主，同級生との連絡などの多くの反応要素は，仕事に就くという最終段階の前提要件であり，それぞれの反応を，直接かつ絶えず強化しなければならないと考える。ジョブクラブのカウンセラーは，電話や手紙，面接のロールプレイにおいて，それが終わるのを待たずにほめて，これらの活動の途中の一つひとつのステップを強化する。これらの活動の直接的関数として職を得る可能性が増す。これらの活動は教えられなければならないし，維持されるためには励まされなければならない。

□ 行動契約

　クライエントと職業カウンセラーとの関係は，通常は，お互いの義務と期待の明確な理解を欠いた暗黙なものである。行動主義カウンセリングでは，クライエントとカウンセラーの強化子と反応を明確にするために，行動契約を標準的に用いる。この手法は，配偶者間（Azrin, Naster & Jones, 1973），生徒―教師間（Besalel, Azrin & Armstrong, 1977），親子間（Tharp & Wetzel, 1969）における，強化子の互恵的な関係を特定し調整するために，主として用いられてきた。しかし，ジョブクラブ・アプローチのように，クライエント―カウンセラー間の関係についても，同様の目的で，一層用いられつつある。

　以上，行動主義的なアプローチと行動修正の具体的な手法は，求職者のカウンセリングを行うための，多くの手順を提案している。

第13章

雇用プロセスの行動主義的分析

● 多重決定因

　ジョブクラブ・カウンセラー・マニュアルにおける職探しの方法は，人を雇うというプロセスは，単なる偶然のタイミングの結果ではなく，友人関係やコミュニケーションネットワーク，個人的な経済力，景気，過去の職業経験，特有のスキルに対する需要などの，多様な要因の結果であるという考えに基いている。就職活動の成功を決定付ける要因が多様であるという認識には，いくつかの意味合いがある。第1に，これらの要因のどれか一つだけに，たとえば，スキルを向上させるとか，友人を大切にするといった要因だけに，頼ってはならないという原則である。第2に，このように要因が多様にあるということは，それぞれの要因について，どのように改善すべきかを知るため，詳細な検討が必要であることを意味している。第3に，この状況は，ある求職者が，明らかに決定的な要因を一つ欠いていたとしても，その他の要因を最大化すれば，その求職者が成功しうるということを意味している。第4に，これらの要因のうち，学歴など，求職前に強化できるものもあれば，職業スキルの多様性など，就職後に強化できるものもある。よって，雇用の可能性を増加させるプロセスは，失業している時期に始まり，仕事に就いてからも続く。第5に，これらの要因のほとんどすべては，求職者本人がある程度はコントロールできるものである。つまり，求職者は，決して絶望する必要はなく，それぞれの要因を改善するために，積極的な行動をとることができることを意味している。たとえば，景気のように，明らかに個人の力が及ばないように思われる要因でも，そのような要因であることさえ，認識できれば，影響を軽減するための対処をすることができる。

　では，職探しの成功を決定づけるいくつかの要因と，それらの要因に，ジョブクラブ・アプローチが，どのように対処するのかをみていこう。

● 強化子の交換としての雇用

　雇用という行動は，被雇用者と雇用者という，二つの主体の間で起こる行動の交換である。被雇用者によるサービス提供という見込みと交換に，雇用者は，被雇用者に対し，給与という金銭的な強化を提供する。逆に，被雇用者は，雇用者による給与という見込みと交換に，雇用者に対し，必要とされるサービスという強化子を提供すると考えられる。このような強化子の相互交換は，婚姻関係について言われてきたような一般的意味で，雇用者と被雇用者の関係を特徴付けている（Azrin et al., 1973)。雇用者が，このような相互交換関係を築くにあたっては，熟練したサービスに求められる質以外の要因に影響を受けるかもしれない。仕事上の関係は，しばしば，個人的で親密であるため，雇用者にとって，被雇用者の個人的・社会的な行動は，強化や非強化の源となりうる。同様に，被雇用者にとって，雇用者は，知り合いであること（＝名声），個人的な友人関係，レクリエーションの機会による強化など，いくつかの非金銭的な強化の源となる。被雇用者の職業スキルと，給与は，考慮の対象となる，いくつかのタイプの強化の一つにすぎない。ジョブクラブ・アプローチは，クライエントに対し，履歴書や面接において，仕事に関連したスキルのみならず，個人的・社会的に好ましい，自らの特徴を強調するように教える。同様に，ジョブクラブは，給与が低いため以前は考慮すらしなかった仕事についても，給与以外の点が，個人的・社会的な面で給与を補うような強化を与えてくれる可能性があるので，考慮してみるようにクライエントに勧める。

● 雇用者に対する強化の保証

雇用者による雇用行動に関する記述は，被雇用者が熟練した労働を提供するという「約束」を強調してきた。というのは，雇用者は，被雇用者のスキルの程度について確信を持てないからである。よって，求職者は，単に（「教師」などと）肩書きや職業名を言うのではなく，自分がどのようなスキルを持っているのか強調しきちんと説明しなければならない。同様に，実直であるとか，他人とうまくやっていけるとか，必要なときには進んで残業するといった，個人的・社会的に望ましい特徴についても，クライエントは，持っていてあたりまえとは考えず，これらの特徴についても詳細かつ明示的に伝えるべきである。面接の始まりに，宛て先を特定しない推薦状を面接官に渡すというのも，被雇用者が約束した職業スキルや社会的特徴をその場でこと細かに確認するための，ジョブクラブが用いる，もう一つの方法である。もちろん，その企業の社員や地域の有力者がこうした保証を与えてくれたら，雇用者は，約束が，本当であるという確信を強めるであろう。よって，ジョブクラブは，このような人たちを照会先として用いることを強調する。これらの照会先や特徴の詳しい説明は，弁別刺激として知られる，確実な強化のシグナルである。

● 複数の供給源から入手可能なジョブリード

雇用の前提条件は，雇用者がより多くのサービスを必要とすること，つまり，求職者の立場から言えば，ジョブリードである。サービスが必要になったときに，そのポジションにふさわしい求職者が即座に応募できれば，雇用者と求職者双方にとって最もよい結果となる。サービスが必要になると，雇用者は，通常，そのポジションに，すでに雇っている被雇用者を起用する。これがうまくいかないとき，雇用者は，他の被雇用者（特に，そのサービスの監督責任を負う管理職）に，そのポジションにふさわしい人を推薦するように依頼する。この，インフォーマルな情報源がうまく機能しないときにのみ，通常，新たな求人が公表される。被雇用者が，仕事を辞めるつもりであることをほかの人に話してしまう場合など，雇用者が知るより前に，ポジションを満たす新たな必要性が生じたことを，ほかの人が知っている場合もある。よって，ジョブリードは，経営者や管理職，被雇用者，被雇用者の友人，求人の公表など，さまざまな供給源から供給される。求人広告や企業の人

事部への依頼は，それ以外の供給源が使い尽くされた後にのみ用いられる。例外は，法律や企業方針で，すべての求人を公表することが求められている場合だが，こういった場合でも，実は，公表は形式的なものである。というのは，そのポジションにふさわしい特定の求職者がすでにみつかっていれば，その求職者に対し，正式に応募して，その新しいポジションに関するスキルを持っていることを強調するように言うだけだからである。

　全般的に見ると，ジョブクラブとは，求人に関する，広範な「情報ネットワーク」である。ジョブクラブ・アプローチは，すべての潜在的な情報源，特にインフォーマルな情報源を探索する。なぜなら，インフォーマルにみつけられたポジションは，その時点では，特定の求職者には決まっておらず，また，求職者間の激しい競争の対象にもなっていないからである。求職者は，公表求人を探すと同時に，経営者や管理職，被雇用者，友人と連絡をとるべきである。

● 応募のタイミングの偶然

　雇用者がサービスを必要とする事態は，予期せずに起こることもあるし，早急に解決しなければならないこともある。いずれの事態においても，雇用者には，満足の行く仕事をしてくれる人物を探す時間をほとんど与えられていないことが多い。空きが埋まってしまった時点ではなく，サービスの必要が生じた時点で，求職者が，そのポジションに申し込めるかどうかを決める主要因は，偶然である。事前に応募しておくという方法はめったにうまくいかない。というのは，雇用主は，以前の募集に応じた求職者はもうほかの仕事に就いてしまっているという経験から学んで，そのような求職者にはめったに連絡を取らないからである。ジョブクラブの戦略では，正式な求人が出ていないときでも，サービスを必要とする可能性がある雇用者に応募することで，このような状況への対処を試みている。少なくとも1，2度，あるいは，頻繁に，電話をかけなおせば，雇われるチャンスが増す。

● 複数の職業スキルの供給源としての求職者

　誰もが，いくつかのタイプのポジションにふさわしい，職業に関連したスキルを持っている。これらのスキルは，以前の仕事を通じて偶然身についたものかもしれないし，趣味や社会活動から得たものかもしれない。さらに，個人的・社会的・職業関連スキルの組み合わせは，一人ひとり大きく異なっている。多様な技術を有することは求職者にとって有益となりうる。雇用者が特別なタイプのサービスを必要としているとしよう。求職者が，そのサービスの必要性を満たせると同時に，それに関連するサービスも提供できる（たとえば，教員で部活動のコーチもできる，あるいは，トラック運転手で修理もできる）としたら，雇われるチャンスはより大きい。ジョブクラブは，一つのタイプの職種や，一つに括ることができるスキル・セットに，自分を限定してしまわずに，むしろ職業に関連しうるすべてのスキルを挙げて，いくつかのタイプの仕事を考慮の対象とするよう，求職者に勧める。さらに，この考え方は，学習経験歴だけでなく，学習能力にもあてはまる。

　ジョブクラブ・アプローチは，すべての人が大いなる学習能力を持っており，同様に，仕事に必要とされる，多くの，またはほとんどの，スキルは，仕事を通じて学びうると考える。よって，そ

の仕事を実際にした経験がない場合や，その仕事に関するスキルのうちのあるスキルをまだ習得していない場合にも，求職者は，その仕事に就くことを検討して受容するよう促されるべきである。自分の持つスキルの一部が雇用者の主たるニーズに合っている限り，雇われた後で，求職者は，仕事経験を通じてその他のスキルを獲得できるかもしれないし，あるいは，雇用者の多様なニーズが，求職者が元々もっていたほかのスキルを引き出すかもしれない。ジョブクラブは，採用と雇用継続を，厳格な職務内容と特定の職業スキルのマッチングを，はるかに超えたものであると考える。

◉ 強化子の交換としてのジョブリードの提供

雇用プロセスは，雇用者と被雇用者の間の強化子の交換としてみることができると述べたが，それと同様，ジョブリードという情報は，求職者とジョブリードの供給源の間の，強化子の交換としてみることができる。特に，仕事をしている人は，求人があることを知ると，友人から，強化や好意，友情を受けたり予期したりすることと交換に，この情報を，強化や好意として友人に提供することが多い。実際，すべての仕事の約3分の2では，被雇用者が，最初に，自分のポジションについて聞いたのは，友人や親戚，知り合いからである（Jones & Azrin, 1973）。よって，ジョブクラブの戦略では，自分と相互強化の関係を持つ人々，すなわち，親戚や友人，以前の雇用者などから，このような情報を求めることを強調している。以前の雇用者は，求職者の以前の仕事上のスキルや習慣に詳しいという利点も有しているので，そうした友人関係の特別なケースであると考えられる。また，親戚や家族の友人は，強化子の提供に，とりわけ熱心に取り組んできた人たちである。

◉ 職探しの結果は求職に対する反応率により決定される

職探しを成功させるためには，ジョブリードの入手先や潜在的な雇用者に関する情報源に連絡しなければならない。しかし，応募の時点で空いている仕事があるかどうかや，友人がその時点でジョブリードを知っているかどうかは，タイミング次第である。そのうえ，求職者が持つ，特有な組み合わせのスキルを必要とする雇用者を探すために，何ヶ所かの雇用者にあたってみなければならないこともある。求職活動に対し反応があればあるほど，職がみつかるチャンスも増える。しかし，はじめにうまくいかないと，仕事をもっと探そうという意欲の低下を特徴とする「行動の消去」が起き，生活保護や失業手当の受容，他者への経済的依存，求職者のスキル水準よりはるかに低いが就きやすい仕事の受容，（女性では）主婦役割の受容といった状況に至る。この消去プロセスは，主として偶然のタイミングのせいであって，雇用可能性の不足や働きたいという気持ちの欠落のせいではないと考えられる。ジョブクラブ戦略による救済策は，職探しが当初うまくいかないことによって意欲が下がらないように，求職者が行う，職探しのための建設的な努力のステップ一つひとつを強化することである。Ⅰで述べたとおり，ジョブクラブの構造と，行動主義のカウンセリングのさまざまなルールは，カウンセラーや，ジョブクラブのメンバー，家族などに，こうした強化を提供させるためのものである。

● 景気動向の変動

　経済動向は，職探しの成功を決定付ける主要な要因であり，不景気の時期には，新しいサービスに対する，雇用者の需要は当然低い。しかし，地域によって経済動向は異なるので，求職者が仕事をみつけ働くことのできる地理的範囲が広ければ広いほど，成功する可能性は高いはずである。どの地域の雇用率が比較的高いかに関する具体的な情報があれば，求職者は，その地域に関心を向けることができる。地元に雇用機会が不足しているという問題への解決策は，面接や雇用のために別の地域まで遠距離の移動をすることであるが，このプロセスにはいくつかのステップがある。①交通手段の手配，②雇用機会に恵まれている地域がどこかという情報の入手，③転居の検討である。ジョブクラブは，交通手段の手配の手助け，雇用機会の地域による違いについての最新情報の提供，転居に関する助言などによって支援を行う。厳しく完全な不況という稀な場合を除き，雇用機会が，ほかの地域よりも有意に多い地域は存在する。

● ジョブクラブ方式の雇用支援の適切さと今後の修正

　人を雇うプロセスの見方は，強化，つまり，求職者と雇用者，経済動向の，行動分析に基盤を置いている。この行動分析が，すべての求職者が，経済動向にかかわらず，理想の仕事に就けることを保障するような，単一のシンプルな解決策を特定することはない。この行動分析は，採用プロセスの主要な決定要因を特定しようと試みることによって，問題の解決に焦点をあてる。この分析の結果，雇用プロセスは，多様な要因によって決定される，多くの異なるテクニックを使う集中的な職探しを要するプロセスであるという見方に達した。より多数のテクニックをより何度も用いるほど，雇用の確率が高まり仕事がみつかる時間も短縮される。平均2～3週間の就職活動で90％以上の継続的な求職者が雇用を獲得するという成功は，人を雇うプロセスについてのジョブクラブの分析が，それだけ有効な手順を生み出しうる妥当性と有用性を有していることを示している。就職確率が100％でないことや，求職者によって時間がかかることは，上記の分析が人を雇うプロセスの状況のすべてを明らかにしていない，あるいは，この分析に基づくジョブクラブの手順が十分に開発されていないことの証拠である。採用プロセスの性質をさらに解明し，求職活動の具体的な構成要素を評価する研究が行われるのに伴い，現在の分析と方法は改訂されるべきである。行動主義者として実証的な評価を強調するなら，改訂が必要であるかどうかを決めるのは，現在の行動分析によって得られるより就職率が高くなり仕事に就ける時間が短縮されるどうかという実際的な検証によらなければならない。

第14章

ジョブクラブの有効性

● 芸術としての職探し

　職業カウンセリングと職探しの現状は，科学というよりは，芸術である。職探しを行うための最良の方法に関する意見は，仕事を探している人の数と同じくらいあり，一人ひとりが違う意見を持っているように思われる。雇用主には，「アポなしで」訪問すべきだろうか，それとも，事前にアポイントメントを入れたほうがよいだろうか。面接では何を話すべきだろうか。応募書類を記入する一番よい方法は何だろうか。履歴書は役に立つのだろうか，そして，どんな項目を書くべきだろうか。友人には連絡をとるべきだろうか，それとも，個人的な関係には頼らないほうがいいのだろうか。求職広告は時間の無駄だろうか，それとも，よい情報源だろうか。こうした疑問に対し，求職者一人ひとりは，違う回答をする。

　職探しのマニュアルを書く，セミプロの専門家の視点も，こうした素人と大きくは変わらない。こうしたマニュアルは何十冊も存在し，それぞれの手法はお互いに異なるにもかかわらず，マニュアルの著者は，自分の手法が優れていると述べたり主張したりしている。うまくいった求職者の体験談がエビデンスとして示されていたり，特定の方式の有効性に関し根拠を欠いた記述が行われていたりする。

　素人が根拠を欠いた矛盾した信念を示すことは，医学，心理学，化学などすべての分野でよくあることだが，専門の職業カウンセラーは，素人よりどれだけ多くのことを知っているのだろうか。職探しは，リハビリテーション，職業カウンセリング，職業紹介といったさまざまな一般的な研究分野の特別な関心の対象であり，これらの分野は，多くの興味深い情報を提供してきた。詳細かつ包括的な統計が集計され，男性対女性，若年者と高齢者対中年，地方対都市，黒人対白人対ヒスパニックといったグループ間の比較を行い，失業率に差があることを示してきた。こうした情報に基づいて，多様な政府プログラムが立案され，特定のプログラムが有効であるという期待と信念に基づき，求職者のテストや訓練，支援が行われてきた。求職プログラムによって仕事がみつからない場合は，これらの個人を「雇用不能」であるとか「就職準備性」がないとラベリングして福祉支出を正当化することで，プログラムが有効であるという信念が保持される。

　さまざまな職探しのアプローチの有効性を評価し比較するために，多くの研究が行われてきたに違いないと思う人は多いだろう。しかしながら，職探しの方法に関する科学的研究，特に，職探しの方法の比較研究は，適切な科学的手法とは何であるかに関して，できる限り緩やかな見方に立っ

たとしても，事実上存在しない。応用心理学・社会科学は，科学的に認められた，いくつかの研究デザインの手法を発展させ，職探し以外の，たとえば，アルコール依存症の治療，夫婦葛藤，高速道路の安全などの複雑な問題に応用してきた，しかしながら，職探しの方法は，こうした，批判的なフィールド評価の対象とはなってこなかった。その結果，職探しは科学的に検証され標準化された主題にはならず，芸術にとどまっている。

　ジョブクラブは，職探しのための行動主義的アプローチとして開発された。行動主義的アプローチの本質的な特徴は，信念を評価するために，注意深い測定を実施して信念を検証するという，実証的な評価を要請することである。さらに，オペラント条件付けと行動修正のアプローチは，相関的な手法よりも実験的な研究手法を用い，プロセスよりもアウトカムを強調する。同様に，失業と職探しの問題の研究においても，オペラント行動修正は，失業と相関している要因や，失業の原因に関する推測によって失業を説明することに重点を置くのではなく，失業を減らすプログラムを企画し，職探しのアウトカムについて，直接的で実験的な比較をすることによって，有効性を評価する。その結果，行動主義に基づく手法としてのジョブクラブの開発は，その当初から，科学的に認められた研究デザインの手法によって求職の有効性を評価するための，一貫した努力を伴ってきた。これらの統制された実験的評価によって，ジョブクラブが，相対的には無効であることが証明されてしまう可能性もあった。仮に無効であることが証明されたとしても，職探しに対する行動主義的アプローチの，一段と重要な特徴は，職業カウンセリングを，芸術ではなく，科学的評価に基づいた学問として確立したことである。多様な信念には，事実が置き換わらなければならない。体験談には，有効性の具体的程度を示す統計が置き換わらなければいけない。評価の主要基準として，手続きのまことしやかさには，アウトカム（就職）に対する有効性の度合いが置き換わらなければいけない。そうすることで，職探しと，職業カウンセリング，職業リハビリテーションは，芸術ではなく科学へ，より一歩近づく。

● 研究デザイン

　どのようにして，プログラムが有効であるかどうかを評価するのだろうか。職業カウンセリングのプログラムを立ち上げて，クライエントの職探しの成功を測定すればよいのだろうか。この研究デザインはとてもシンプルだが，残念なことに，プログラムの有効性を知る役には立たない。仮に，すべてのクライエントが，1週間以内に，国の平均の2倍の給与の仕事をみつけ，その仕事を1年間続けられたとしても，その成功の原因をプログラムに求めることはできない。クライエントが需要の高いスキルを持っていた，研究の行われた時点で経済全般に深刻な労働力不足があった，すべての求職者が白人の大学卒業者であった，地域に新しい企業の進出があったといった理由で，効果があったのかもしれない。可能な，そして，想定しうる原因を挙げれば切りがない。これらの可能な外的要因のいくつかについて検証を行った結果，それらが，成功の説明にはならないことがわかったとしても，依然，就職支援のプログラム以外の，確定されていない外的要因，たとえば，最近始まった政府プログラムが，職探しの成功の原因であることもある。職業カウンセリングのプログラムを誰も受けていなくても，それとまったく同じ程度，あるいは，それ以上の有効性が示さ

れることもある。よって，この方法は，職探しの成功を測る方法として一般的に用いられているが，この方法より優れた，別のタイプの研究デザインが必要である。

◉ コントロール群を用いた手法

ほとんどすべての社会科学において，プログラムの有効性を示すために用いられている標準的な手法は，コントロール群である。コントロール群は，ジョブクラブのカウンセリング・プログラムを受けないという点を除いては，治療群と，まったく同じ働きかけを受ける。コントロール群の対象者が，治療群の対象者と似ていることを保証する標準的な手法は，対象者を無作為に両群に割り付けるという方法である。両群の対象者が，新しいプログラムを受けたかどうかのみにおいて異なるようにするためには，用いられた尺度，仕事を探した時期・地域など，その他のすべての要因も同じでなければならない。

◉ 通常のタイプの求職者に対して行われるジョブクラブの評価

ジョブクラブの最初の実験的評価（Azrin, Flores, & Kaplan, 1975）は，一般的な求職者全体を代表するクライエントを用いている。手法と結果の詳細は以下に示す（Azrin et al., 1975；18-19, 24-26）[1]。

○●○●○ **方 法 論** ○●○●○

条　件

　プログラムは，人口密度の低い，小さな大学町で行われた。この町には，公共交通機関はなく，平均より高い失業率が長く続いていた。町の 3 万人の人口の多くは学生だった。

クライエント

　対象者は，新聞広告，イリノイ州雇用サービス局，いくつかの大きな事業主の人事部門，口コミなど，いくつかの情報源から紹介された。唯一の選択基準は，その人が正規のフルタイムの仕事に就きたいと思っていて，現在，フルタイムの仕事をしていないことである。初回のオリエンテーションのミーティングで，カウンセリングの全体的な手順と毎日出席する必要があることを説明した。参加に同意したクライエント全員を対象とした。唯一，除外したのは，雇用保険受給中の者である。その理由は，予備研究を行ったところ，受給者の一部は，保険が切れるまで，ほとんど仕事を探そうとしないことがわかったからである。

実験デザイン

　参加意思を表明した全てのクライエントは，プログラムの説明を受けた後，マッチングによりペア（二人一組）にした。雇用可能性の見込みの総合評価を，一般的なマッチング基準として用いた。この総合評価は，年齢，性別，人種，教育程度，婚姻状況，希望する職位や給与水準，扶養家族の人数，現在の金銭的状況などのより個別の基準に，そのようなマッチングが可能な限り，基づいている。クライエントはペアごとにコイン投げを受け，その結果に従い，ペアの一人がカウンセリングを受け，もう一人（コントロール）は何も受けなかった。セッションに 4 回以下しか参加しなかった人は研究から除外し，除外さ

---

[1] Behavior Research and Therapy, Volume 13, Azrin, Flores, and Kaplan, Job-Finding Club : A Group Assisted Program for Obtaining Employment, Copyright 1975, Pergamon Press, Ltd. から承諾を得て転載。

た人とマッチングされたコントロールも除外した。最低5回のセッションに参加した60人のクライエントのうち，28人が男性で，32人が女性だった。平均年齢は25歳，教育期間は14年間，昨年働いた期間は平均6ヶ月間だった。コントロール群の60人にもほとんど違いはなかった。27人が男性，33人が女性。平均年齢は26歳，同じく教育期間は14年間，昨年働いた期間は5ヶ月間だった。カウンセリング群には黒人が9人，コントロール群には18人いた。

セッション・スケジュール

クライエントはグループカウンセリングを受けた。グループの大きさは，その週に開始できる人数によって毎週決まるが，2人から8人ほどのばらつきがあった。最初の2回のセッションは大体3時間で，それ以降のセッションは1時間から2時間だった。新しいグループは，およそ2週間おきにスタートした。最初の2回の講義の後，新しいクライエントは，以前の週からすでに参加しているクライエントと一緒になった。セッションは毎日あり，クライエントは仕事に就くまで毎日出席することが求められた。

○●○●○ 結　果 ○●○●○

ジョブクラブ・カウンセリングを受けた平均的な求職者は14日（中央値）で仕事を始めた。一方，カウンセリングを受けなかった平均的な求職者は53日（平均値ではなく，中央値。なぜなら，仕事に就けなかった者については，特定の日数を持たないため）で仕事を始めた。ジョブクラブの優位性は，ウィルコクソン検定（Siegel, 1956）で，統計的に有意（$p<0.001$）であった。20時間未満のパートタイムの仕事は，計算には含まなかった。必要な追跡情報を得るための非常に熱心な努力が行われたが，カウンセリングを受けなかったクライエントのうち6人を探し出せなかった。よって，彼らのデータは分析に含めなかった。よって，彼らとマッチングされた，カウンセリングを受けた6人のクライエントのデータも含めなかった。

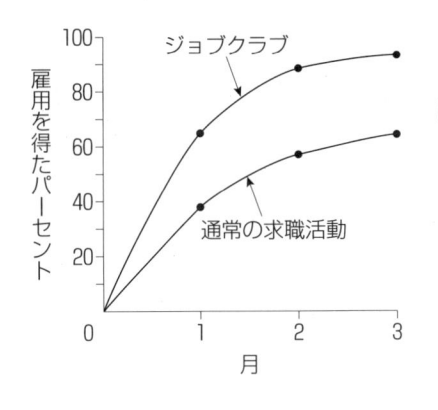

図1　フルタイムの雇用に就いた，クライエントのパーセント。上の曲線は，カウンセリングを受け，ジョブクラブに参加した，求職者のもの。下の曲線は，ジョブクラブに参加しなかった，マッチング・コントロールの求職者のもの。それぞれの曲線上の点は，横軸に示す時点における，仕事に就けたクライエントの累積パーセント（N=120）

図1は，ジョブクラブ・カウンセリングを受けた求職者と，受けなかった求職者の，最初の3ヶ月の動向を示している。カウンセリングが始まって1ヶ月したところで，カウンセリングを受けたクライエントの約3分の2が就職したが，受けなかったクライエントで就職したのは約3分の1にすぎなかった。始まって2ヶ月したところで，カウンセリングを受けたクライエントの90%が就職したが，受けなかった者で就職したのは55%であった。3ヶ月後，求職者の状況はほとんど変わっていなかった。カウンセリングを受けた者の92%が仕事をみつけたが，受けなかった者の40%はフルタイムの仕事をみつけていなかった。大学に入学したり，結婚したり，親元に戻ったりして，仕事を探すのをやめた者がいたため，3ヶ月後の時点での求職者の状況の解釈は難しい。

カウンセリングを受けたクライエントの平均初任給は時給2.73ドルで，カウンセリングを受けなかった者は時給2.01ドルだった。この36%の差は，t検定により統計的な差があった（$p<.05$）。

仕事をみつけるスピードはきちんと出席していた者のほうが，そうでない者より早かった。セッションの出席率と失業日数の，ピアソンの相関係数は「−0.80」であり，きちんとした出席が職探しの早期の成功と高く相関していることを示している。ジョブクラブで仕事に就くことができなかった5人のクライエントは出席が非常に不規則で，ジョブクラブに3週間を超えて出席しなかった。ジョブクラブのセッションにきちんと継続して出席したクライエントは全員就職した。

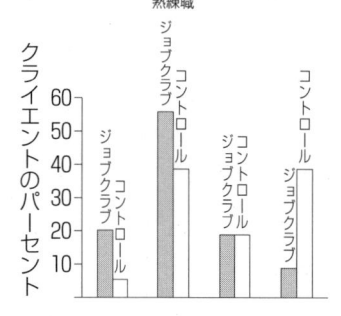

図2　ジョブクラブの60人のクライエントと，コントロール条件の60人のクライエントが見つけた仕事の職種。縦軸は，クライエントのパーセントを示す。黒棒はジョブクラブのクライエントのパーセント，白棒はカウンセリングを受けなかったクライエント（コントロール条件）のパーセントを示す。期間は，3ヶ月（N＝120）

　図2は，3ヶ月後の時点で就職した職種を示す。ジョブクラブ群でもコントロール群でも，非熟練の職種に就いたのは，同じ比率（17％）だった。しかし，専門職の仕事に就いた比率は，カウンセリングを受けたメンバー（20％）のほうが，コントロール群のクライエント（5％）よりも高かった。同様に，熟練を要する仕事に就いた比率も，カウンセリングを受けた者のほうが，コントロール群のクライエントよりも高かった（55％対38％）。図1でも示したように，カウンセリングを受けなかったクライエントの45％が仕事に就けなかったが，ジョブクラブではわずか8％だった。

○●○●○　討　　論　○●○●○

　このプログラムは，求職者個人の努力よりも有効である。このプログラムでは，実質上全員（90％）の求職者が2ヶ月でフルタイムの仕事に就いたが，カウンセリングを受けなかった求職者についてはようやく半分であった。カウンセリングを受けた平均的な求職者は2週間以内に仕事に就いたが，カウンセリングを受けなかった平均的な求職者は仕事に就くのに約8週間を要した。カウンセリングを受けた求職者の平均初任給は受けなかった者より約3分の1高かった。一貫して休まずジョブクラブに出席したクライエントの全員が仕事に就いた。こうした結果は，ジョブクラブは，構造化されていない求職活動よりも有効であるということの，最初の，コントロールされた実証であるように思われる。

　求職者の視点に立つと，プログラムは，抽象的なアドバイスだけでなく，実体的な支援の提供もしてくれた。求職者は，必要な限り支援を得られた。求職者は，服装や面接でのふるまいといった具体的な事柄だけではなく，求職中の意欲喪失，交通手段，電話の入手と使い方，友人の最大限の活用，履歴書の用意，グループの仲間による支援といった，通常軽視されている分野についても支援を受けた。

　カウンセリング機関の視点に立つと，このプログラムは，実施可能性が高いように思われる。バディ・システムをとっているため，一人ひとりの対象者が個人的な関心を得ることができる。コストは高くはなく，コピー，履歴書の写真，切手，電話代といった，具体的なモノやサービスの追加費用として，対象者あたり約20ドルかかる。

　このプログラムは，特別な問題を生じるような失業状況に有効であるように思われる。地方では都市よりも仕事の機会が少ないので，本研究が，このプログラムが，地方で成功することを示したことは，このタイプのプログラムにとって，都市は一層好ましい環境であることを示している。元アルコール依存症者，元精神障害者，10代の若者，高齢者，女性，黒人などは，失業からとりわけ痛手をこうむっている。

> 本研究のサンプルは，これらのいわば「市民権を剝奪された」対象者すべてを代表するほど大きくはないが，プログラムは，こうした人々の持つ，継続的支援に対する共通したニーズ，とりわけ，仕事に関する意欲喪失，交通手段，電話の使用，金銭的余裕の相対的な欠如といった共通の問題の解決に適しているように思われる。このタイプのプログラムは，アルコール依存症者にも有効に用いられており（Hunt and Azrin, 1972），このプログラムが，雇用可能性の乏しい，特別な集団にも応用可能であることを示している。
>
> 　本研究のためにクライエントを選ぶにあたっては，雇用保険受給中の対象者は，意欲が低いことが多いので，意図的に排除した。この排除は，主として，カウンセリング・プログラムからの脱落を防ぎたいという研究上の配慮に基づき行われた。本プログラムへの参加が，雇用保険受給の条件であるなら，プログラム参加に要する時間と労力のために，余暇活動に割く機会が減り，対象者の仕事に就こうという意欲が高まると期待される。

● 生活保護（AFDC）受給者に対するジョブクラブの評価

　Azrin ら（1975）の研究は，生活保護受給者を除外している。しかしながら，最も困窮している求職者は，普通は，何らかの福祉給付を受けている人たちである。その研究が論じているように，福祉給付がジョブクラブ参加の条件とされるなら，ジョブクラブの手法は，福祉受給者に対しても用いることができるかもしれない。そこで，二つ目の実験的評価では，AFDC（扶養児童がいる家族への支援）による福祉給付を受けとっており，AFDC 給付と関連付けられた就職支援プログラムで積極的に仕事を探すことが法的に義務付けられている人たちだけを対象に，ジョブクラブの手法を用いた。この研究は，非常に大規模な実験で，「福祉受給者に対するジョブクラブ・プログラムの比較評価」（Azrin, Philip, Thienes-Hontos, & Besalel, 1980）というタイトルの報告書にまとめられている。

　約1000人の勤労奨励策（WIN）のクライエントが，5ヶ所の都市で選ばれた。ニューヨーク市ハーレム，ニュージャージー州ニューブランズウィック市，ウィスコンシン州ミルウォーキー市，カンザス州ウィチタ市，ワシントン州タコマ市である。対象者は，ジョブクラブ方式のカウンセリングか，職業相談機関の通常の手法（集中的な就職斡旋，カウンセリング，職業訓練など）に，無作為に割り付けられた。

　この研究は，失業率が，全国的に例年より高い6％から7％であった，1976年から1978年にかけて行われた。失業率は，ハーレムでは15％，ニューブランズウィックでは9.6％，タコマでは9.0％，ミルウォーキーでは6.9％だった。カンザス州ウィチタのみ，全国平均より低く4.9％だった。現職のカウンセラーに，ジョブクラブ・プログラムを実施する能力があるかどうかを知るために，職業相談機関でその時点で雇用されているカウンセラーを，一定期間訓練したのち時折スーパーバイズして，ジョブクラブ・カウンセラーとした。クライエントのおよそ半数（48％）は高校を卒業しておらず，22％は退役軍人，39％は非白人で，15％はヒスパニック，10％は22歳未満，11％は障害者，54％は女性，そして，当然ながら，全員が AFDC プログラムから福祉給付を受けていた。追跡調査のデータは，それぞれの都市で，3ヶ月後の時点でクライエントの89％，6ヶ月後の時点でクライエントの59％，12ヶ月後の時点でクライエントの14％以上について得られた。勤

労奨励策（WIN）の参加者の17％は自発的に参加した人たちで，その他のクライエントは参加が義務付けられていた人たちであった。

　結果は，ジョブクラブに参加するように割り付けられたクライエントのほうが，コントロール群よりも，有意に仕事に就くことができ，全体的な結果は自発的なクライエントを含み62％対33％で，また，この傾向は追跡期間にかかわらず一貫していた。別途行った分析では，ジョブクラブのほうが，5都市それぞれにおいて，男性，女性，黒人，白人，ヒスパニック，高卒者，障害者，退役軍人，若者のいずれの群においても，明らかに有効であった。すべてのサブグループがジョブクラブ手法を受けたときのほうが成功していた。

　ジョブクラブによって就くことができた仕事は，コントロール群のクライエントの就くことができた仕事と同等か，それに優っていた。両群の平均給与は同じで，両群とも89％がフルタイムの仕事に就いた。ジョブクラブのクライエントのほうが，30日間以上仕事が続き（90％対79％），奨励金つき雇用ではなく（16％対25％），職業相談機関の紹介によってではなくクライエント本人が仕事をみつけていた（86％対71％）。

　職業相談機関の記録から入手できる情報を補完するために，仕事の状況に関する質問紙をクライエントに送付した。回答率の低さ（24％）は，このデータから決定的な結論を引き出してはならないことを意味しているが，示唆を得ることはできる。回答をみると，6ヶ月後の時点で，ジョブクラブのクライエントの62％は働いており，コントロール群のクライエントで働いていたのは28％であった。また，ジョブクラブのクライエントの30％は昇給したと報告していたが，コントロール群のクライエントで昇給したのは23％だった。

　最初にジョブクラブに選ばれたクライエントのうち62％が仕事に就くことができたというのは，サンプル全体に基づく比率である。分析によると，サンプルの19％は，初回の導入セッションにすら出席しておらず，ジョブクラブのクライエントとは実質的には考えられない。彼らも含め，クライエントの27％が，欠席が続いたり求職義務を免除されたりしたため，勤労奨励策のクライエントの名簿から除籍された（ほかに，勤労奨励策のクライエントとして正式に名簿に載っているものの，ジョブクラブへの出席を辞退した者が5％いた）。二つの手法の効率性のより妥当な推定値を得るには，名簿に残った73％のクライエントのみを考慮すべきである。名簿に残ったジョブクラブのクライエントの80％が仕事に就き，名簿に残ったコントロール群の46％が仕事に就いた。

　追跡の期間が長いほど，雇用される確率は大きくなる。プログラムを継続したクライエントの場合，就職率は，3ヶ月後の時点でジョブクラブ方式72％対コントロール群31％，6ヶ月後の時点で80％対48％，9ヶ月後の時点で84％対54％，12ヶ月後の時点で85％対59％であった。すべての追跡時点で，ジョブクラブのクライエントのほうが，コントロール群のクライエントよりも仕事に就いていた。ハーレムとタコマの追跡期間が最も長いが，ハーレムではジョブクラブ86％対コントロール群40％，タコマでは93％対57％であった。

　ジョブクラブへの実際の出席率が，雇用を決定する主要因であった。就職率は出席6回で50％，10回で67％，23回で90％，35回で95％であった。

　運営面では，ジョブクラブは，職業相談機関の仕組みに，適合しているように思われた。ジョブ

クラブ・プログラムを担当した職業奨励策（WIN）のカウンセラーは全員，手順を身につけ，一人で実施することができた。カウンセラーは1年あたり平均252人のクライエントの支援をした。すでに述べたように，ジョブクラブのクライエントは，職業相談機関の限られた求人や奨励金つき雇用にはそれほど頼らずに自力で就職した。ジョブクラブのカウンセラーは，クライエントが必要とする，ジョブクラブのサービスをすべて行うことができ，より高い雇用実績を上げるために，職場開拓，個別カウンセリング，職業検査，正式の教育プログラムなどの，追加的なサービスやプログラムを行う必要はなかった。

ジョブクラブ・プログラムのコストは，いくつかの方法で計算された。コストは，電話代，コピー代，新聞購読料，軽飲食代，切手代，文房具代，前渡しした交通費（の戻ってこない分），条例によるセッションあたり1.5ドルの給付，カウンセラーとパートタイムのタイピストの給与であった。給与を除くと，クライエントあたりの平均費用は28ドル，就職1件あたりの費用は54ドルとなり，その59％はセッション参加に対する給付であった。カウンセラーは，すでに職業相談機関によって雇用されているが，その実際の給与と，タイピストの時間給の8分の1を加えると，クライエント一人あたり87ドルとなり，就職1件あたり167ドルとなった。この実際の費用を，コントロール群のクライエントに要する費用と比較することはできない。というのは，コントロール群のクライエントは，通常，何名かのカウンセラーによる支援を受けており，また，カウンセラーも，所要時間を特定できない，支援以外の業務を持っていたため，どれだけの時間を支援に割いたのかを明確にできないからである。

ジョブクラブ方式はセッションへの出席を要件とするためクライエントの強い反発を引き起こし，参加を拒否して，「裁決手続き」や「制裁」，除籍が必要となるクライエントが出るのではないかという懸念が当初あった。しかし，予想とは逆に，ジョブクラブのクライエントのほうがコントロール群よりも，制裁を受ける率が6％対8％とわずかに低く，除籍される者も22％対31％で少なかった。この結果は，クライエントは，ジョブクラブへの参加の義務付けを受け入れたばかりではなく，義務付けから利益を得たことを示している。

全体として，ジョブクラブは，現行の就職支援プログラムで用いられている，ジョブクラブとは異なる手法と比べ，雇用を手にするのにより有効な手法であるように思われる。先に示した研究と同様，ジョブクラブ方式は，より多くのクライエントに，より短い時間で，ジョブクラブに参加しなかった人たちと少なくとも同等かそれ以上の給与の仕事を手に入れてもらうのに有効であった。さらに，この研究は，ジョブクラブで就いた仕事に就いた人のほうが，仕事が続いていて，昇給しており，雇用助成金を受けていないことを示した。ジョブクラブは安価で，多様なカウンセラーが，多様な都市の多様な対象者に対して用いることができる。先の研究との最も大きな違いは，この研究では，クライエントは，プログラムに自発的に参加したのではなく，参加させられたのだという点であり，よって，結果に対して自己選択要因がもたらしうるバイアスは排除されている。実際のところ，仕事に就けずに脱落するクライエントは，ジョブクラブ群のほうが，コントロール群よりも少なかった。

● ハンディキャップを持つ者に対するジョブクラブの評価

　3番目の研究『ハンディキャップを持つ者のためのジョブクラブ手法：比較アウトカム研究』（Azrin & Philip, 1979）は，さまざまなリハビリテーション機関や社会福祉機関によってカウンセリングを受けているような，広範囲のクライエントに対する，ジョブクラブの手法の有効性を評価するために行われた。研究対象者は，求職について特別な問題を抱えているクライエントにサービスを行っている，さまざまなリハビリテーション機関・社会サービス機関を通じて勧誘した。研究の手短かな要約は以下のとおりである。

　研究の第1の目的は，仕事に就くことが通常は非常に困難な求職者に対してジョブクラブの手法が有効かどうかを知ることである。第2の目的は，リハビリテーション機関によって広く用いられている現行の求職プログラムをコントロール群として，ジョブクラブ方式と比較することである。講義と討議を主とする代替プログラムが，コントロールとなるカウンセリング条件である。

　研究は，高い失業率が国全体の問題であり，平均失業率7.5%のイリノイ州カーボンデイルでも地元の問題であった，1974年から1975年にかけて行われた。

　研究対象の154人は，地域にあるすべてのリハビリテーション機関および社会福祉機関の紹介や，長期求職者を求める新聞広告によって募集した。紹介元の機関は，精神病院，職業リハビリテーション局（DVR：Division of Vocational Rohabilitation），公的扶助局，地域精神保健センター，女性グループ，保護観察所，受刑者の早期釈放プログラム，退役軍人病院，障害者のための地域作業所，薬物・アルコール治療センター，地域の一般的支援プログラムであった。

　初回の導入セッションのあと，クライエントは，ジョブクラブないし，講義・討議グループ方式のカウンセリング（コントロール群）に無作為に割付けられた。コントロール群のプログラムは，クライエントに，どのようにジョブリードをみつけるか，履歴書をどう作成するか，面接中にどのように振舞うのが適切か，どのように応募書類を記入するか，友人にどのように連絡をとるか，どのように前向きの態度を持つかなどを教える2日間のプログラムであった。講義，討議，ロールプレイングが行われ，フィードバックのための録音がされた。

　結果は，6ヶ月の追跡期間内に，講義・討議カウンセリングを受けた対象者の28%が就職したのに対し，ジョブクラブの対象者の95%が就職した。この結果は，クライエントのいくつかの特徴と関連づけて分析すると，以下の，サブグループのいずれにおいても，90%以上のクライエントが就職できていた。

　11人中9人（82%）が職を得た退役軍人だけが90%の雇用率に達しなかった唯一のグループであった。対照的に，講義・討議カウンセリングを受けたクライエントは，57%が仕事に就くことができた薬物・アルコール患者を除き，上記のいずれのカテゴリーにおいても，職を得た率が3分の1未満であった。身体的問題，年齢，警察・刑務所歴などのいくつかのカテゴリーでは，10%未満のクライエントしか仕事に就くことができなかった。

　給与の中央値は，ジョブクラブの対象者の方が22%高く，仕事を始めるまでの期間の中央値は，ジョブクラブは10日間，比較群は28日間だった。開始4ヶ月後の時点で仕事をしていた率は，ジョ

クライエントのタイプ	雇用されている%
21歳未満	100
1年以上失業中	100
高校卒業資格なし	100
地域作業所参加中	100
警察・刑務所歴	100
公的扶助局のクライエント	100
薬物・アルコール問題	100
非白人	100
独　身	96
女　性	94
金銭的扶助を受けている	94
メンタルな問題を持つ	94
単身者扶助を受けている	93
身体的問題を持つ	92
精神科入院歴あり	90
職業リハビリテーション局のクライエント	90

ブクラブは89％で，コントロール群は23％だった。ジョブクラブのクライエントは平均8回のセッションに出席した。

　上記の結果は，仕事に就くことが困難な，特別なグループすべてにおいて，ジョブクラブにより，90％以上が仕事を得ることができたということを示している。この結果は，ジョブクラブ方式は，比較対象とした方式と比べて，特別なサブグループのいずれにおいても，また，それらを合算しても（就職率で95％対28％と）効果的であり，仕事に早く就くことができ，給与も高く，その後も離職しにくいことを示している。

● 結　果

　三つの統制研究の結果は，ジョブクラブ方式が，福祉受給者やハンディキャンプを持つクライエントなど多くのタイプのクライエントに対し，地方や都市などさまざまな地域における，異なるカウンセラーによって，失業率の高い時期に，有効であることを示している。有効度は驚くほど大きく，継続的に参加したクライエントの90％以上が数ヶ月で仕事を手に入れた。一方，同時に仕事を探したコントロール群のクライエントをみると，最初の研究の「一般の」求職者は60％しか仕事に就けず，福祉受給者は12ヶ月後の時点で約50％，ハンディキャップを持つクライエントはたった28％であった。仕事の継続，給与，仕事の種類もまた，ジョブクラブのクライエントの方が優っているか，同等であった。このような高いレベルの成功は，クライエントとカウンセラーが，あらか

じめ定められた手順を，日々辛抱強くやり続けた，徹底した努力の結果である。とりわけ，上記の結果は，事実上全員の求職者が仕事に就けることと，そして，この結果が偶然の要素に恵まれたからではないことを意味している。この研究デザインは，クライエントがジョブクラブに参加していなかったら，同様の結果を得られなかったであろうという，一定の確信を与えてくれる。こうした実験と結果を最終成果と考えるのではなく，職業カウンセリングに対する実験的アプローチの発展における最初のステップと考えることを期待する。

第15章

ジョブクラブ方式のさまざまな変更形

　ジョブクラブ手法とそれによって得られた結果に関する最初の雑誌論文（Azrin, Flores & Kaplan, 1975）は数年前に出版され，その後，すぐに，他の人々がこの手法を使うようになった。残念なことに，雑誌論文は長さに制約があるので，手法の説明は最小限にとどめざるを得ず，そのため，この手法の追試は，ジョブクラブを行うのに必要な，手法の詳細に関する情報のほとんどを欠いたまま行われた。この問題は，どんな手法にも生じる一般的なものだが，ジョブクラブにとってはとりわけ深刻なものだった。というのは，ジョブクラブは，要素となっている多くの手法の，具体的な手順に大きく依存しているからである。本マニュアルがこの問題を解消し，有効であることが見出されたそもそもの形式のジョブクラブの普及に役立つことを期待している。

　ジョブクラブの初期の追試の一部は，ジョブクラブにとって本質的と考えられる特徴を傷つけない程度の手法上の変更を伴っていた。そういった変更の一つは，最初の数回のセッションを求職者になにをすべきかを教えるためだけに用いて，実際の職探しをこの開始期間の後にまわすというものであった。この変更は，福祉給付などの支給要件として出席が義務付けられているような意欲の高いクライエントを持つ一部のサブグループや機関にはきわめて妥当である。というのは，こうしたクライエントは，最初から成功を経験してもらって，以降のセッションに出席する動機付けを図る必要がないからである。また別の変更は，ジョブクラブ全体のやり方とは矛盾していないように思われるが，推奨されている1日2時間から3時間という時間数より長くあるいは短くミーティングを行うというものである。この変化は，セッションに費やす時間数が短くなる程度に応じて害を及ぼすと考えられる。

　ジョブクラブ・プログラムにおける，その他のタイプの変更は，実質的な問題を引き起こすように思われる。そうした変更の一つは，この手法に与えられた「クラブ」という名称から派生したように思われるが，実際に用いられている，指示的でアウトカム志向のやり方とはまったく異なり，セッションを，インフォーマルで非指示的なレクリエーション的なディスカッション志向の経験として行うというものである。大きな問題をもたらすような，もう一つの主要な変更は，大半の求職者が最初の数回で就職できるという理由で，求職者が出席できるセッションの回数を減らすというものである。この変更は，クライエントが就職できるまで，いや失業した場合にはその後も，出席し続けることを励ますジョブクラブ本来の方法とまったく異なる。セッションの出席を，このように限定することの問題は，明らかに最も困っている人たちへの支援を断ち切ってしまうことである。求職者は，支援が必要な期間であっても支援を受けられずに，見込みがないとされて支援機関

が一方的に決めた範囲の外側に出されてしまう。このような制約を持ったジョブクラブは，このプログラムがそもそも開発された目的である，すべての失業している人々に仕事を保証するという希望を，もはや与えることも達成することもできない。一部の求職者には支援の手を差し伸べないという結果を見出すような費用便益分析は，社会に貢献する価値あるメンバーとなるという，人間すべての持つ，基本的な人間的・心理的ニーズに反している。

III

付録

Ⅲ　付録

1　プログラム紹介状
2　経歴情報用紙
3　毎日の活動概要──1日目の表
4　毎日の活動概要──2日目の表
5　毎日の活動概要──3日目の表
6　毎日の活動概要──4日目の表
7　毎日の活動概要──5日目の表
8　2週間目とそれ以降のすべての日のための毎日の活動概要
9　カウンセラーと求職者の同意書
10　求職者情報用紙
11　家族による支援の手紙
12　グループの進行表
13　家族・親戚を思い出すためのリスト
14　以前の同僚を思い出すためのリスト
15　同級生や学校の知人を思い出すためのリスト
16　友人や知人を思い出すためのリスト
17　引越してきたばかりの人が連絡先を思い出すためのリスト
18　ジョブクラブ備付けのジョブリードリスト
19　就職できたジョブクラブメンバーのリスト
20　求人広告への返答
21　求職広告の例
22　ジョブリード記録票
23　表現のサンプル──なぜ仕事を探しているのか
24　表現のサンプル──支援を要請するために連絡をとる相手の特別な点
25　表現のサンプル──求職者のスキル
26　表現のサンプル──支援を要請した相手からどんな支援を得たいのか
27　電話用「度忘れ」防止リスト（友人連絡用）
28　耳にしたことがあるジョブリード
29　サンプルレター──仕事探しの支援をお願いする
30　サンプルレター──求人広告に応募する
31　サンプルレター──履歴書に付ける手紙
32　サンプルレター──電話がつながらなかった雇用主に連絡をとる
33　面接依頼用チェックリスト
34　バディ用電話チェックリスト
35　行くところ・やることスケジュール
36　履歴書の完成版のサンプル
37　趣味や関心事
38　職業スキルの分類
39　応募書類のサンプル
40　推薦状をお願いする文章
41　宛て先を特定していない推薦状
42　面接での定番の質問に対する適切な回答
43　面接後チェックリスト
44　就職したメンバーへのサンプルレター
45　就職したジョブクラブメンバーへの2通目のフォローアップレター
46　転居の仕方のヒント

付録1

プログラム紹介状

ジョブクラブ・プログラム
レイクウッド・コミュニティセンター
スプリングフィルード通り900番地
スモールタウン市アメリカ合衆国99999
電話：000-111-2222

　　　　＿＿＿＿＿＿＿＿様

　あなたがこの職探しのプログラムへの興味を示してくださったので，お返事を差し上げます。この手紙の目的は，プログラムについての情報をあなたに提供し，参加してみたいと感じられる場合には，いつ始めることができるかをお知らせすることです。

　ジョブクラブは，多くの町で，数ヶ月間もしくは数年間失業中だった，何百人もの求職者に対して行われてきました。私どものセンターでは，ジョブクラブ・プログラムをこの数ヶ月間行っています。

　ジョブクラブの目的は，フルタイムの仕事を求める方全員が仕事に就くことができるように支援をすることです。このサービスは，無料で提供されます。このプログラムに参加した求職者の大半が2週間以内に就職し，90％以上が3ヶ月以内に就職しました。休まずに参加した求職者はほぼ全員が仕事を得ました。求職者が自分一人で職探しをするよりも，より早く仕事に就くことができ，最低でも同等の賃金が得られます。

　ジョブクラブが提供する具体的なサービスは，1）他の参加者やプログラムリーダーによって与えられるジョブリードのリスト，2）お互いに助け合う参加者からなる小集団との協力，3）この地域のさまざまな仕事の機会に精通していて職探しの特別なテクニックを提供してくれるプログラムリーダー，4）タイピングのサービス，5）電話の使用，6）気が散ることなく職探しに集中できるスペース，7）コピーサービス，8）この地域の求人広告が載っている各種新聞，9）履歴書作成の支援，10）面接を受ける練習，11）新聞に求職広告を載せること，12）公務員などその他公募されている求人のリスト，13）（条件を満たせば）ジョブクラブや面接場所に行くバス運賃のための交通費の支援です。これら以外のサービスや利点は，最初のミーティングで説明しますが，現時点で，さらに詳しくお知りになりたいという方は，上記の電話番号におかけください。

　私たちは，あなたがこのプログラムに興味を持ってくれることを望んでいます。次回の参加可能なプログラムミーティングは，＿＿月＿＿日の午後＿＿時から午後＿＿時までで，あなたの席を用意しておきます。返信用の葉書が同封されていますので，あなたがこのミーティングに参加するかどうかを私たちに知らせてください。また，電話で，参加の連絡をしていただいても，スケジュールを再調整していただいてもかまいません。

Ⅲ　付録

　あなたがフルタイムの仕事を探しておられるのなら，このプログラムに興味を持ってくださることを期待しています。予定いたしましたミーティングで，あなたにお会いできることを楽しみにしています。

敬具

ジョブクラブ・カウンセラー
マイケル・トラビス

付録2

経歴情報用紙

1　氏名_____　性別_____　年齢_____　婚姻状況_____
2　住所_____　市_____　州_____
　　連絡をとることができる電話番号_____
3　学校に籍がありますか_____　時間数と日数_____
　　高卒ですか_____　大卒ですか_____　専攻_____
4　労働組合の組合員ですか_____　組合の名前_____
5　従軍経験はありますか_____　部隊の名前_____
　　あなたの任務を書いてください_____
6　現在働いていますか_____　週あたりの時間数と日数_____
7　職種_____
8　あなたが望む理想的な仕事は何ですか_____
9　どんな仕事の種類を探してきましたか_____
10　何人の人を扶養していますか_____
11　あなたが働いてもよいと思う最低限の給与はいくらですか_____
12　仕事をしなければならなくなるまで，あなたはどのくらいの期間，経済的にやっていけますか
　　_____
13　以下から，収入をどれだけ得ていますか
　　アルバイト_____　フルタイムの仕事_____
　　退役軍人手当_____　復員兵援護給付_____
　　生活保護_____　食品割引券_____
　　失業給付_____　社会保障_____
　　家族_____　離婚後養育費_____
　　その他の収入源_____
14　この地域に住んでいる家族の名前を書いてください_____
15　いつでもあなたと連絡がとれる友人や親戚の住所と電話番号_____
　　_____
16　職探しに使える車を持っていますか_____
17　毎日職探しの集まりに来ることはできますか_____
　　日中ずっとジョブクラブにいることはできますか_____
　　いられないなら，その理由を説明してください_____

Ⅲ　付録

職　歴

一番最近の仕事から順に，これまでに就いた仕事を，以下に一覧にしてください。

	職　種	あなたが責任を持っていたこと
1		
2		
3		
4		
5		
6		
7		
8		

付録3

毎日の活動概要——1日目の表

日付										
プログラムの紹介										
ジョブクラブの同意書に署名する										
家族からの支援の手紙のために名前を調べる										
「私が知っている人用紙」の説明を受ける										
就職可能性のグラフとグループの進行表の説明を受ける										
クライエントの紹介										
ジョブスキルを明確にする(仕事の拡大)										
交通手段について議論する(セッションに来るための調整)										
ジョブリード用紙(と,未公開求人という概念)の説明を受ける										
5件から10件のジョブリードを入手して,書きとめる(新聞や,以前のジョブリード,新しいジョブリード,求人情報,電話帳を使用する)										
電話のかけ方の説明を受け,ロールプレイングをする										
2人一組で行う,雇い主への電話連絡の説明を受け,実際に行う										
「行くところ・やることスケジュール」用紙の説明を受け,記入する										
仕事への応募書類の説明を受ける										
面接リハーサル										
友人に支援をお願いする際の連絡のセリフを配布する										
グループの進行表に記入する										
バウチャー(訳注:一般には,「現金の代用をする引換券」。本書では「ジョブクラブの利用権」)等支援機関の利用要件,報告書など必要なものについて,説明を受ける										

付録4

毎日の活動概要——2日目の表

	日付									
クライエントは，外での活動についてグループの進行表に記入する										
クライエントとカウンセラーは，達成したことを振り返る										
ジョブリードを10件，入手して記入する（新聞や，以前のジョブリード，電話帳，友人を使う）										
求職者は2人一組になって，電話をかけるか，雇い主へ連絡をとる										
「行くところ・やることスケジュール」に記入する										
「面接後チェックリスト」をもらって，説明を受ける										
応募書類を完成させ修正する										
面接リハーサルを1回										
友人と連絡をとるリハーサルを1回										
「私が知っている人用紙」に記入する										
推薦状を3枚もらう										
履歴書に手をつける										
仕事への興味を拡大し続ける										
セッション活動のためのグループの進行表に記入する										

付録5

毎日の活動概要——3日目の表

	日付									
クライエントは，外での活動についてグループの進行表に記入する										
クライエントとカウンセラーは，達成したことを振り返る										
ジョブリードを10件得て記入する										
求職者は二人一組になって，電話をかける										
「行くところ・やることスケジュール」に記入する										
まだ練習していないクライエントのために，面接リハーサルを続ける										
友人と連絡をとるリハーサルを続ける										
「面接後チェックリスト」をもらって，振り返る										
推薦状を完成させる										
「私が知っている人用紙」を完成させる										
履歴書を作成し続ける										
履歴書の完成を宿題にする										
必要な限り，仕事への興味を広げ続ける										
面接場所への交通手段について話し合う										
セッション活動のためのグループの進行表に記入する										

付録6

毎日の活動概要――4日目の表

	日付									
クライエントは，外での活動についてグループの進行表に記入する										
達成したことを振り返る										
自分が知っている人を含め，新たなジョブリードを10件入手する										
電話をかけ，手紙を書く										
「行くところ・やることスケジュール」に記入する										
「面接後チェックリスト」を振り返り，問題点をメモする										
面接リハーサルをする。問題点や必要とされる改善点をチェックし，友人と連絡をとるリハーサルもする										
履歴書作成を続け，完成したら，応募先の雇用主に渡すか，郵送する										
必要な限り，仕事の目的を広げ続ける										
推薦状を得るために連絡をとり続ける										
セッション活動のためのグループの進行表に記入する										

付録7

毎日の活動概要――5日目の表

	日付									
クライエントは，外での活動についてグループの進行表に記入する										
達成したことを振り返る										
新たにジョブリードを10件得る										
電話をかけ，手紙を書く										
「行くところ・やることスケジュール」に記入する										
「面接後チェックリスト」を振り返る										
必要なら，面接リハーサルをする。問題点や必要とされる改善点をチェックし，友人と連絡をとるリハーサルもする										
履歴書作成を続け，完成したら，応募先の雇用主に渡すか，郵送する										
推薦状を得るために連絡をとり続ける										
セッション活動のためのグループの進行表に記入する										

付録8

2週間目とそれ以降のすべての日のための毎日の活動概要

	日付									
クライエントは，外での活動についてグループの進行表に記入する										
達成したことを振り返る										
新たにジョブリードを10件得る										
電話をかけ，手紙を書く										
「行くところ・やることスケジュール」に記入する										
履歴書を完成させ，完成したら，応募先の雇用主に渡すか，郵送する										
「面接後チェックリスト」を振り返り，配布する										
必要なら，面接リハーサルをして，問題点や必要とされる改善点をチェックする										
セッション活動のためのグループの進行表に記入する										

付録9

カウンセラーと求職者の同意書

　この同意書は，法的な拘束力を持つ文章ではありません。この同意書の目的は，カウンセラーと求職者が相手に何を期待しているかについてお互いに完全に理解することと，それぞれが責任を果たすために真剣な目的意識と意思を持っていることをお互いが確信することです。この同意書は，声に出して読んで，疑問に感じるところがあれば話し合わなければなりません。

　カウンセラーの義務　カウンセラーの主な義務は，仕事を得るようにあなたを支援することです。これらすべてのサービスは無料です。一切お金を払う必要はありません。

リーダー（訳注：カウンセラー）の具体的なサービスは，

1　以前の求職者が得たジョブリードを提供すること
2　推薦状や，応募書類，履歴書，その他，職探しに必要な書類をコピーするサービスを提供すること
3　あなたが使う電話を用意すること
4　履歴書と求職のための手紙をタイプするために必要であれば，タイピングサービスを提供すること
5　求人広告が載っている新聞や，電話帳，多くの入手先から得た求人のリストを毎日提供すること
6　就職面接の練習と一般的な質問への答え方に関する情報を提供すること
7　（通常）2，3週間経っても仕事がみつからなかった場合，新聞に求職広告を載せること
8　仕事について電話で尋ねるときに用いる具体的な言い方を提供し，電話のかけ方に関する練習と討議を用意すること
9　ジョブリードと面接の記録をつける用紙を提供すること
10　あなたが仕事にふさわしいことを示す履歴書を書くのを手伝い，その写しをつくること
11　サンプルレターを提供し，仕事に関する手紙を書く際に支援を行うこと
12　あなたが就職するまで支援を行うための時間を，毎日提供できるように自分のスケジュールを組むこと
13　職を失って戻ってきても，支援を引続き提供すること
14　職をみつける機会を増やす方法に関する，いかなる疑問にも答えること
15　（支援機関によって異なってよい，任意のサービスとして）写真を撮って現像し，応募書類に貼り付けること
16　必要なら，交通手段について支援を提供すること

Ⅲ　付録

17　あなたの関心がある仕事に目を光らせておくよう，他の求職者に促すこと
18　あなたの要望があれば，あなたが職を探しているということを，他の支援機関に知らせるために手紙を書くこと
19　手紙を書いたり電話をかけたりできるスペースを提供すること
20　決してあきらめることなく，予定されたセッション中は，いつでもあなたを支援すること

求職者の義務　求職者の主な義務は，カウンセラーの指示を素早くかつ完全に実行することと，職探しをフルタイムの仕事として考えることです。

求職者の具体的な義務は，

1　毎日，時間どおりに，ミーティングに参加すること
2　ミーティングにまったく参加できない場合には，リーダーが入手した新しいジョブリードをあなたに提供できるよう，前もってリーダーに電話すること
3　推薦状を手に入れること，雇用主を訪問すること，友人や親戚に連絡をとることなど，出された宿題をすること
4　予定されているすべての面接を時間どおり受けることと，面接の後すぐに「面接後チェックリスト」を記入すること
5　一日中職探しができるように，家での予定を調整すること
6　セッションの間，他の人があなたの職探しを助けてくれるのと同様に，あなたも他の人の職探しを助けること
7　あなたが特別な問題を解決するには，あなたをどのように支援したらよいかをリーダーがわかるよう，リーダーに正直であること
8　他の求職者があなたに役立つジョブリードに目を光らせてくれるのと同様に，あなたも彼らに役立つかもしれないジョブリードに目を光らせ続けること
9　就職先の決定が確実になるまで，セッションに参加し続けること
10　就職したらカウンセラーに知らせ，あなたの仕事の状況について情報を得るために行われる，追跡調査の手紙ないし電話に答えること
11　他の求職者を助けるために，あなたのジョブリードのリストをカウンセラーに提供すること，そして，就職したら，あなたが耳にするかもしれないジョブリードをほしいという依頼に応えること

　ジョブクラブのカウンセラーとして，上記に挙げられているサービスを提供するために，可能なことすべてすることに同意します。

　　　　　　　　　　　　　　　　　　　　　　　　　　　　ジョブクラブのカウンセラーの署名

　ジョブクラブのメンバーとして，上記に挙げられている活動を行うために，可能なことすべてをすることに同意します。

　　　　　　　　　　　　　　　　　　　　　　　　　　　　　　　　　　　　求職者の署名

（同意書の，この見本は，参加費，［任意のサービスである］写真等の特別な条件に関する，支援機関の具体的な方針に合わせて，修正されるべきである）

付録10

求職者情報用紙

氏　名	住　　所	電話番号	好みの仕事	交通手段に関する問題

|付録11|

家族による支援の手紙

>ジョブクラブ・プログラム
>ワシントン通り1000番地
>○○市○○州，アメリカ　01234
>電話番号　111-222-3333

　_____様

　　_____さんは，最近，私ども支援機関の，集中的な職探しプログラムに参加しました。このプログラムに参加している求職者は，ジョブリードを得たり，手紙を書いたり，雇用主と連絡をとったり，面接の手順を練習したり，面接に行ったり，仕事の説明を書いたりなどの取組みに，平日を一日中，費やします。

　このプログラムでは，「就職という成功」は，これらのセッションに参加し続け，こうした職探しの活動をするメンバー全員にほぼ確実に保証されています。

　ご家族や一緒に住まれている方々は，求職者をどのように支援ができるでしょうか。ご家族や同居されている方は，求職者をいくつかの方法で支援することができます。

　毎日のセッション　求職者は，職探しのセッションに，毎日，自由に出席できなければなりません。ご家族は，職探し以外の活動や雑用が，出席の妨げにならないようにすることによって，支援することができます。

　夜間にすべき宿題　求職者はしばしば，夕方に，ジョブリードを得たり面接を受けたりするために，人や企業に電話をかけたり訪ねたりしなければなりません。夕方は，そのような連絡をとれるよう，自由にさせてください。

　電　　話　求職者は，友人や雇い主から，面接や求人，さらには，内定に関する電話をもらうことになります。雇用主が電話をかけてきたときに，電話が話し中にならないよう，他の人が電話を使うのを最小限にすることが大切です。同じく，誰が電話に出ようとも，求職者に電話をしてきた人全員の名前と電話番号を書きとめることも大切です。

　家族の車　家族で1台の車を共用しているなら，求職者がジョブクラブや面接に行くために車を使用できるよう調整してください。

　ジョブリード　ジョブリードの優れた入手先の一つは，ご自分の職場や友人から求人の可能性を耳にする，ご家族の方です。ご家族の方は，求人が生じる可能性に注意を払い，他の人に求人について尋ねてください。

ご家族の方は，本プログラムの特徴や，自分たちがさらにできるかもしれないことに関し，さらに，情報を得たいと望まれることがありますが，さらに，情報を得たい方は，この手紙の一番上に載っている電話番号まで，ご遠慮なくお電話ください。あるいは，私たちのほうからあなたに電話をかけるように，求職者に頼んでください。

　私たちは，求職者が就職できるよう，可能なことをすべていたします。そして，求職者のご家族が，求職者が何をしているかを理解しているほど，ご家族が求職者の支援をできることを知っています。

敬具

ジョブクラブ・カウンセラー
ジェイン・ドー

付録12

グループの進行表

開始日：＿＿＿＿＿＿＿

氏名	出　　席					手紙や電話の回数	応募書類や履歴書の数	面接の回数	連絡した知り合い	推薦状
	月	火	水	木	金					
	月	火	水	木	金					

付録13

家族・親戚を思い出すためのリスト

　あなたの家族や親戚は，一般的には，他のどんな人よりも，あなたを支援したいと望んでいます。彼らが通常必要としているのは，あなたからのヒントです。それさえあれば，彼らは家族のメンバーであるあなたを喜んで支援してくれるでしょう。あなたが働きたいと望んでいる地理的な地域に，住んでいるあるいは働いている家族か親戚がいたら，チェックをするか，（たとえば，いとこの場合は）人数を記入するかしてください。

父＿＿＿＿＿＿　母＿＿＿＿＿＿　兄弟＿＿＿＿＿＿　姉妹＿＿＿＿＿＿
叔父＿＿＿＿＿＿　伯母＿＿＿＿＿＿　いとこ＿＿＿＿＿＿　祖父＿＿＿＿＿＿　祖母＿＿＿＿＿＿
義理の兄弟＿＿＿＿＿＿　義理の姉妹＿＿＿＿＿＿
その他の親戚（名前を記入）＿＿＿＿＿＿＿＿＿＿＿＿＿＿＿＿＿＿＿＿＿＿
＿＿＿＿＿＿＿＿＿＿＿＿＿＿＿＿＿＿＿＿＿＿＿＿＿＿＿＿＿＿＿＿＿＿

配偶者（交際相手）およびその親戚
配偶者（交際相手）：＿＿＿＿＿＿＿＿＿＿＿＿＿＿＿＿＿＿＿＿＿＿
その父＿＿＿＿＿＿　母＿＿＿＿＿＿　兄弟＿＿＿＿＿＿　姉妹＿＿＿＿＿＿
その他の近い親戚＿＿＿＿＿＿＿＿＿＿＿＿＿＿＿＿＿＿＿＿＿＿＿＿＿
＿＿＿＿＿＿＿＿＿＿＿＿＿＿＿＿＿＿＿＿＿＿＿＿＿＿＿＿＿＿＿＿＿＿
＿＿＿＿＿＿＿＿＿＿＿＿＿＿＿＿＿＿＿＿＿＿＿＿＿＿＿＿＿＿＿＿＿＿

付録14

以前の同僚を思い出すためのリスト

　このリストは，以前の同僚が誰だったかを思い出すのを助けるためのものです。一番最近の仕事から始めて，あなたが働いたことのある仕事をひとつ一つ思い出してください。有給で働いた仕事だけでなく，ボランティアで引き受けた仕事も含めてください。あなたが今探している職種と似たような仕事だけではなく，すべての仕事を含めてください。それぞれの仕事について，自分自身に問いかけてください。

「私が働いていたのと同じ時期に，働いていたのは誰だったか」
「その職場で一緒に昼食を食べていたのは誰だったか」
「車に乗せてあげたのは誰だったか，車に乗せてくれたのは誰だったか」
「手助けや情報が必要だったときに，それを頼んだ相手は誰だったか」
「そこで働き始めたときに，仕事を教えてくれ，助けてくれたのは誰だったか」
「辞めるときに，お別れを言った相手は誰だったか」
「仕事に行けないときに，代わってくれたのは誰だったか」
「部署や会社のピクニックやパーティのときに，誰と話したか」
「お金を貸したことがあったとしたら誰に貸したか。また，お金を借りたことがあったとしたら誰から借りたか。」
「出社したら，まず挨拶をしていた相手は誰だったか」

　名前を思いついたら，それぞれの仕事の横に用意された空白に記入してください。ただし，あなたが仕事をしたいと思う地域とだいたい同じ場所に，現在住んでいる人か働いている人に限ります。その人がどこに住んでいるかはっきりしなかったら，ひとまず名前だけ記入し，後で調べてください。あなたが個人的に知っている人である限り，たとえ親友ではなかったとしても，名前を記入してください。

仕事1（最近の仕事）：_____
　　　同僚の名前：_____　_____
_____　_____

仕事2（次に最近の仕事）：_____
　　　同僚の名前：_____　_____
_____　_____

仕事3：_____
　　　同僚の名前：_____　_____
_____　_____

| 付録15 |

同級生や学校の知人を思い出すためのリスト

　あなたが思い出せる限り多くのクラス（学級）を記入して，このリストを完成させてください。学校の卒業記念アルバムは，先生や，チームやクラブの仲間だけでなく，同級生を思い出すのに便利です。以下の質問を自分に聞きながら，各クラスについて考えることによって，記憶を新たにしてください。

「そのクラスでは，誰が一番親しい友人だったか」
「誰が宿題を手伝ってくれたか。もしくは，あなたは誰の宿題を手伝ったか」
「クラスの誰が質問をしていたか」
「誰と一緒に昼ご飯を食べたか」
「一緒のチームには，誰がいたか」
「一緒のクラブには，誰がいたか」
「誰と一緒に，コースや成績についての文句を言っていたか」
「仕事や何かが起きたせいで，学校を辞めた人は誰か」
「誰が，よくできるので，うらやましかったか」
「一番好きな先生は，誰だったか」
「学級委員は，誰だったか」

クラス　1　　　　　　　クラスの名前：＿＿＿＿＿＿　　先生：＿＿＿＿＿＿＿＿＿＿
同級生の名前：　　　　　＿＿＿＿＿＿＿＿＿＿＿＿　　　＿＿＿＿＿＿＿＿＿＿＿＿
＿＿＿＿＿＿＿＿＿＿＿　＿＿＿＿＿＿＿＿＿＿＿＿　　　＿＿＿＿＿＿＿＿＿＿＿＿

クラス　2　　　　　　　クラスの名前：＿＿＿＿＿＿　　先生：＿＿＿＿＿＿＿＿＿＿
同級生の名前：　　　　　＿＿＿＿＿＿＿＿＿＿＿＿　　　＿＿＿＿＿＿＿＿＿＿＿＿
＿＿＿＿＿＿＿＿＿＿＿　＿＿＿＿＿＿＿＿＿＿＿＿　　　＿＿＿＿＿＿＿＿＿＿＿＿

クラス　3　　　　　　　クラスの名前：＿＿＿＿＿＿　　先生：＿＿＿＿＿＿＿＿＿＿
同級生の名前：　　　　　＿＿＿＿＿＿＿＿＿＿＿＿　　　＿＿＿＿＿＿＿＿＿＿＿＿
＿＿＿＿＿＿＿＿＿＿＿　＿＿＿＿＿＿＿＿＿＿＿＿　　　＿＿＿＿＿＿＿＿＿＿＿＿
＿＿＿＿＿＿＿＿＿＿＿　＿＿＿＿＿＿＿＿＿＿＿＿　　　＿＿＿＿＿＿＿＿＿＿＿＿

Ⅲ　付録

クラス　4　　　　　　　クラスの名前：＿＿＿＿＿　　　先生：＿＿＿＿＿＿＿＿＿
同級生の名前：　　　　　＿＿＿＿＿＿＿＿＿＿＿　　　　＿＿＿＿＿＿＿＿＿＿＿
＿＿＿＿＿＿＿＿＿＿＿　＿＿＿＿＿＿＿＿＿＿＿　　　　＿＿＿＿＿＿＿＿＿＿＿
＿＿＿＿＿＿＿＿＿＿＿

クラス　5　　　　　　　クラスの名前：＿＿＿＿＿　　　先生：＿＿＿＿＿＿＿＿＿
同級生の名前：　　　　　＿＿＿＿＿＿＿＿＿＿＿　　　　＿＿＿＿＿＿＿＿＿＿＿
＿＿＿＿＿＿＿＿＿＿＿　＿＿＿＿＿＿＿＿＿＿＿　　　　＿＿＿＿＿＿＿＿＿＿＿
＿＿＿＿＿＿＿＿＿＿＿

クラス　6　　　　　　　クラスの名前：＿＿＿＿＿　　　先生：＿＿＿＿＿＿＿＿＿
同級生の名前：　　　　　＿＿＿＿＿＿＿＿＿＿＿　　　　＿＿＿＿＿＿＿＿＿＿＿
＿＿＿＿＿＿＿＿＿＿＿　＿＿＿＿＿＿＿＿＿＿＿　　　　＿＿＿＿＿＿＿＿＿＿＿
＿＿＿＿＿＿＿＿＿＿＿

クラス　7　　　　　　　クラスの名前：＿＿＿＿＿　　　先生：＿＿＿＿＿＿＿＿＿
同級生の名前：　　　　　＿＿＿＿＿＿＿＿＿＿＿　　　　＿＿＿＿＿＿＿＿＿＿＿
＿＿＿＿＿＿＿＿＿＿＿　＿＿＿＿＿＿＿＿＿＿＿　　　　＿＿＿＿＿＿＿＿＿＿＿
＿＿＿＿＿＿＿＿＿＿＿

他の先生や教授　　　　　＿＿＿＿＿＿＿＿＿＿＿　　　　＿＿＿＿＿＿＿＿＿＿＿
＿＿＿＿＿＿＿＿＿＿＿　＿＿＿＿＿＿＿＿＿＿＿　　　　＿＿＿＿＿＿＿＿＿＿＿
＿＿＿＿＿＿＿＿＿＿＿

プレーしたチーム　　　　チームの名前：＿＿＿＿＿　　　＿＿＿＿＿＿＿＿＿＿＿
仲間の選手の名前：　　　＿＿＿＿＿＿＿＿＿＿＿　　　　＿＿＿＿＿＿＿＿＿＿＿
＿＿＿＿＿＿＿＿＿＿＿　＿＿＿＿＿＿＿＿＿＿＿　　　　＿＿＿＿＿＿＿＿＿＿＿
＿＿＿＿＿＿＿＿＿＿＿

所属したクラブ　　　　　クラブの名前：＿＿＿＿＿　　　＿＿＿＿＿＿＿＿＿＿＿
クラブのメンバーの名前：＿＿＿＿＿＿＿＿＿＿＿　　　　＿＿＿＿＿＿＿＿＿＿＿
＿＿＿＿＿＿＿＿＿＿＿　＿＿＿＿＿＿＿＿＿＿＿　　　　＿＿＿＿＿＿＿＿＿＿＿

| 付録16 |

友人や知人を思い出すためのリスト

　以下の一つひとつ活動ごとに，あなたが，1回でも，その活動をともにした友人の名前を載せてください。その友人があなたを覚えている程度に，あなたがその友人を知っていればよく，あなたの「親友」である必要はありません。できる限り多くの知人を挙げてください。ただし，あなたが仕事をしたいと思う地域とだいたい同じ場所に，現在住んでいるか働いている人に限ります。

パーティや夕食などで，私が家に招いたことのある人
_____　_____　_____
_____　_____　_____

自宅に私を招いてくれた人
_____　_____　_____
_____　_____　_____

スポーツを一緒にしたり，観戦したりした人
_____　_____　_____
_____　_____　_____

今までのルームメイト
_____　_____　_____
_____　_____　_____

近所で知っている人
_____　_____　_____
_____　_____　_____

付き合ったこと，ダブルデートをしたこと，一緒に出かけたことがある人
_____　_____　_____
_____　_____　_____

年賀状を送る人，もしくは送ってくれる人
_____　_____　_____
_____　_____　_____

私と趣味が同じ人
_____　_____　_____
_____　_____　_____

Ⅲ　付録

私が頼みを聞いたことがある人，もしくは私の頼みを聞いてくれた人
_____ _____ _____
_____ _____ _____

映画やボーリング，トランプなどに一緒に出かけたことのある人
_____ _____ _____
_____ _____ _____

私が通うのと同じ礼拝所の人
_____ _____ _____
_____ _____ _____

付録17

引越してきたばかりの人が連絡先を思い出すためのリスト

　あなたがこの町に移って来たばかりなら，この地域でのジョブリードを教えてくれる可能性を求めてあたってみるべき人を多数挙げたリストを作るのは難しいでしょう。しかしながら，以下のリストは，あなたが尋ねてみることができる人を最低数人は思い出すのに役立つでしょう。

大家さん_____　郵便配達員_____　教会の聖職者_____
ガソリンスタンドの店員_____　食料品店の店長_____
床屋もしくは美容師_____　電話を取り付けてくれた人_____
私が買い物をする店の店員
　　店の名前_____
　　店の名前_____
　　店の名前_____
　　店の名前_____
　　店の名前_____
ハローワークのカウンセラー_____

付録18

ジョブクラブ備付けのジョブリードリスト

日　付	職　種	企業名と住所	電話番号	担当者	一般的な情報

付録19

就職できたジョブクラブメンバーのリスト

氏　名	就職日	職　種	雇用主の名称	雇用主の住所	電話番号	電話すべき時間と一般的な情報

> 付録20

求人広告への返答

拝啓

　デイリー・クロニクル社における販売職の求人広告を拝見して，この手紙を差し上げています。私の能力と資格について知っていただきたく，履歴書と推薦状を同封しました。私は，仕事に熱心に取組み，将来に夢を持つ，若い男性で，販売の仕事が好きで結果も出してきました。現在もしくは将来，貴社における雇用の可能性についてお話ししたく，面接のためお会いいただければ思います。履歴書の一番上および，この下に書いてあります，電話番号か住所に，ご連絡ください。
　あなたからのご連絡をお待ちしています。

敬具

チャールズ・テッパー
120　S.　11番通り
デトロイト，ミシガン州
電話：786-2143，もしくは784-3913

付録21

求職広告の例

雑用係，地域在住。私には強い身体と，熱い心，強い意志があり，喜んで人の嫌がる仕事をします。
電話＿＿＿＿＿＿＿＿＿＿＿＿＿＿＿＿＿＿

店員，地域在住。正直で，経験豊富な販売員です。販売に関する責任を伴う仕事を引き受ける能力があります。
電話＿＿＿＿＿＿＿＿＿＿＿＿＿＿＿＿＿＿

事務員兼受付，地域在住。オフィスを管理してきちんと整理できる，親しみやすく前向きな若い女性をお探しですか。私は，人と接し，オフィスを動かすのが得意です。
電話＿＿＿＿＿＿＿＿＿＿＿＿＿＿＿＿＿＿

簿記と事務：快活で真面目，信頼できる従業員です。帳簿と事務を完璧にこなすことに関心があります。経験7年。
電話＿＿＿＿＿＿＿＿＿＿＿＿＿＿＿＿＿＿

やる気があり，才能があり，社交的で，多くのスキルを持っています。技術工学や都市設計，社会福祉の経験あり。
電話＿＿＿＿＿＿＿＿＿＿＿＿＿＿＿＿＿＿

機器のオペレータ，トラック運転手。南イリノイ。経験があり，人とうまくやっていけます。仕事が好きです。
電話＿＿＿＿＿＿＿＿＿＿＿＿＿＿＿＿＿＿

社会調査のアシスタントないし関連業務。南イリノイ。優れた職歴を持ち，熱心に働きます。
電話＿＿＿＿＿＿＿＿＿＿＿＿＿＿＿＿＿＿

販売か装飾。両分野でさまざまな経験あり。家族を大事にする兵役経験者で，よい推薦状をいくつか持っています。頼れる人を求めている企業に関心があります。
電話＿＿＿＿＿＿＿＿＿＿＿＿＿＿＿＿＿＿

美術と工芸。創意に富む，親しみやすい芸術家で，すべての年齢の人に，基礎的な美術・工芸に教えることに興味があります。
電話＿＿＿＿＿＿＿＿＿＿＿＿＿＿＿＿＿＿

自動車修理工及び関連業務。機械とも人とも上手に働きます。信頼できる人柄で，新しいことをすばやく学びます。
電話＿＿＿＿＿＿＿＿＿＿＿＿＿＿＿＿＿＿

仕事求む，カーボンデイル。とても頼りになる勤勉な若い男性が必要でしょうか。私はすぐに仕事を覚えます。販売と工場メンテナンスの経験あり。
電話＿＿＿＿＿＿＿＿＿＿＿＿＿＿＿＿＿＿

付録22

ジョブリード記録票

日付	企業	担当者の名前	電話番号	住　所	電話の結果	2回目の電話		3回目の電話	
						日付	結　果	日付	結　果

付録23

表現のサンプル――なぜ仕事を探しているのか

　求職活動中であることをどうやって人に伝えますか。探している理由を手短に言うことで，簡単に伝えられます。下記がその例です。以下の表現を読んで，どのタイプの表現が，自分にあてはまるか，また，言いやすいかを考えてください。

「まもなく学校を卒業するので，仕事をあれこれと探しています」
「しばらく仕事をしていなかったのですが，本気で仕事探しを始めることに決めました」
「仕事に就いてはいますが，それほど満足していないので，別の仕事を探しています」
「会社の大幅な縮小にともない雇い止めをされたので，仕事を探しています」
「子どもがみんな学校に通い始めたので，仕事を始めようと思います」
「今の仕事は出張が多いので，新しい仕事を探しています」
「発送担当としてうまくいかなかったので，前の仕事を辞めて，仕事を探しています」
「ちょうど退役したところで，仕事を探しています」
「仕事を一休みする必要があってしばらく働いていなかったのですが，現在は仕事を探しています」
「子どもが大きくなったので主人の給与だけでは足りず，仕事を探しています」
「夏季の仕事が終わったので，仕事を探しています」
「この町に引越してきたばかりなので，仕事を探しています」

　以下の空欄には，自分の状況に合っていて，一番使いやすい表現を記入する。二つ以上の理由があてはまる場合はどちらも書く。

_____
_____
_____

　声を出して，自分に向かってこの表現を読み上げて，自然に聞こえるかどうかチェックする。必要なら，自然で聞こえるまで修正する。

> 付録24

表現のサンプル──支援を要請するために連絡をとる相手の特別な点

　支援を求めるときは，その人のどこが特別なのかを相手に伝えて，どうしてその相手に支援を求めるのかを具体的に述べます。このように頼めば，相手には，あなた（求職者）にとって相手が特別な存在であることを知ってもらうことができますし，相手はあなたに役立つことで，あなたの評価どおりに振舞おうとするでしょう。そのような頼み方をしなければ，相手は，「なぜ私に頼むのだろうか。私は何も知らないのに」と感じてしまうかもしれません。

　あなたに支援をすることができるさまざまな人々にあてはまる表現の例を，下記に挙げます。以下の表現を一つひとつ読みながら，あなたの知っている特定の誰かに，このようなことを言っている自分を想像してください。

地元の人に対して
　「この町に長く住まわれているので，この町の人をほとんどご存知だと思います」

とても社交的な友人に対して
　「友だちがたくさんいるから，誰よりも早く情報が耳にはいると思うんだけど……」

自分の探している分野で仕事をしている人に対して
　「あなたは，私の探している種類の仕事をしておられるので，新しい動きをご存知だと思います」

親戚に対して
　「あなたが親戚を手助けしようという方なのは存じ上げています」

親に対して
　「これまで，私のしてきたことをすべてサポートしてくれました。それで……」

同級生に対して
　「卒業後の仕事についていろいろと考えているから，いい考えがあると思うんだけど……」

家主に対して
　「本当にお世話になっています。お知り合いも多いと思うのですが……」

店員に対して
　「いろんな人と会われるので，どんなことが起きているかご存知だと思うのですが……」

大学教授や教員に対して
　「この分野で，どんな種類の求人があるかについて，先生は誰よりも詳しいと思うのですが…」

自分が働きたい職場で働いている友人に対して
　「私のことはよく知っていると思うけど，君の会社で働きたいんだ。君の会社の誰かに，私のことを話してくれないかな」

就職したばかりの人に対して
　「公開される可能性がある求人をたくさんご存知だと思うんですが」
仕事を探している人に対して
　「あなた自身は興味は持てないけれども，私にはあてはまる求人を，たくさんご存知だと思うんですが」
以前の同僚に対して
　「私の働きぶりは知っているので，あなたなら誰よりも，私が興味を持ちそうな仕事を知っていると思います」
加入しているクラブのメンバーに対して
　「あなたは私のことをよく知っているし，私が周囲とどんなふうにやっているかを知っていますよね。それで……」
尊敬している人に対して
　「いつも，すばらしいお考えをお持ちですので」
以前，力を貸してくれた人に対して
　「以前，困ったときに助けてくださったので，また，お力ぞえをいただきたいと思っているんですが」
力を貸してあげた人に対して
　「これまで，お互い助け合ってきたけれども，今度は，君に助けてほしいと思っているんだ」

　あなたが支援を求める人は特別な点があり，これらの点を相手に伝えれば，あなたを支援する気持ちにさせることができます。練習として，それぞれのカテゴリーに，該当する人の名前を書きます。必要なら，名前は，「連絡をとる人のリスト」に挙げた名前の中から選んでください。そして，彼があなたを支援するにあたりどんな特別な点をもっているかを，本人に伝えるための表現を書き入れます（例として，最初の空欄は埋めてあります）。付録23 同様，書いた文章を読み上げて，自分の耳に自然に響くまで修正してください。

義理の兄　名前：ハリー・シルヴァ
表現：あなたの妹のスーもあなたが私を助けるのを喜ぶと思います

以前の同僚　名前：
表現：

以前や現在の同級生　名前：
表現：

近所の人　名前：
表現：

あなたと同じ仕事をしている人　名前：
表現：

Ⅲ　付録

働いている友人　名前：＿＿＿＿＿＿＿＿＿＿＿＿＿＿＿＿＿＿＿＿＿＿＿＿＿＿
表現：＿＿＿＿＿＿＿＿＿＿＿＿＿＿＿＿＿＿＿＿＿＿＿＿＿＿＿＿＿＿＿＿＿

以前や現在のチームメイトやクラブのメンバー　名前：＿＿＿＿＿＿＿＿＿＿
表現：＿＿＿＿＿＿＿＿＿＿＿＿＿＿＿＿＿＿＿＿＿＿＿＿＿＿＿＿＿＿＿＿＿

　以下の空欄には，あなたが支援を要請する人々のリストから誰かを選んで，その人に支援をお願いする特別な理由の表現を書いてください。必要なら前述の見本を参考にし，表現を簡単に考えつけるようになるまでは表現の例をいくつか書き入れておきましょう。

名前：＿＿＿＿＿＿＿＿＿＿＿＿＿＿＿＿＿＿＿＿＿＿＿＿＿＿＿＿＿＿＿＿＿
表現：＿＿＿＿＿＿＿＿＿＿＿＿＿＿＿＿＿＿＿＿＿＿＿＿＿＿＿＿＿＿＿＿＿

名前：＿＿＿＿＿＿＿＿＿＿＿＿＿＿＿＿＿＿＿＿＿＿＿＿＿＿＿＿＿＿＿＿＿
表現：＿＿＿＿＿＿＿＿＿＿＿＿＿＿＿＿＿＿＿＿＿＿＿＿＿＿＿＿＿＿＿＿＿

名前：＿＿＿＿＿＿＿＿＿＿＿＿＿＿＿＿＿＿＿＿＿＿＿＿＿＿＿＿＿＿＿＿＿
表現：＿＿＿＿＿＿＿＿＿＿＿＿＿＿＿＿＿＿＿＿＿＿＿＿＿＿＿＿＿＿＿＿＿

付録25

表現のサンプル——求職者のスキル

　あなたに支援を求められても，あなたがどんな仕事ができるかわからなければ，支援をお願いされた人は助言をすることができません。あなたの親友であっても，相手はあなたの強みとするスキルについて知らないかもしれません。だから，あなたは，自分ができることやしたいことを，相手に伝えるための表現を工夫しなければいけません。相手が知っているという前提は成り立ちません。たとえ，相手がすでに知っている場合であっても，あなたの表現によって相手も記憶を新たにできます。以下は，スキルや経験に関する表現のサンプルです。

「秘書や受付，簿記係として働いていました」
「ガソリンスタンドで働いたことや，自動車修理をしたこと，洋服の販売をしたことがあります」
「トラックや重機を運転していました。重機の点検修理をしたこともあり，また，すぐれた管理職でした」
「販売の仕事が得意で，お店では副店長をしていました。ですので，販売や店長の仕事は何でもできます」
「腕の良い写真家で，あらゆるタイプの印刷と出版の経験があります」
「経営学の学位をいかして，マネジャーの見習いが必要な大きな企業ならどこでも働けます」
「ファッションのセンスがよいので，婦人服の大型店か，婦人服店が向いていると思います」
「これまで，植物を相手にする仕事を主としてきたので，花屋か保育園がよいと思います。イラストを描くのも上手です」
「あらゆる種類のプロモーションの仕事ができます。ですので，広告代理店，広報の仕事や，新聞の仕事が向いていると思います」
「電子機器や電気機器の修理が得意で，テレビ修理の経験もあります。また，電子機器の販売もしていました」
「ずっと教員をしてきましたが，ものを書く仕事に移りたいと思っています。新聞や，企業広報誌，社内誌の記者や，大企業の技術マニュアルのライターです」
「福祉の仕事に携わってきましたので，公的扶助プログラムを持っている機関ならどこでも働けます」

　「どんな仕事でもいい」「給与の高い仕事がいい」「定時で帰れる仕事がいい」「将来性のある仕事がいい」「工場では働きたくない」などと言うのではなく，上記の例のように，自分の経験とスキルを強調した表現を書いてください。自分のスキルや経験に加え，あなたに興味を持つかもしれない企業の種類を相手に伝えることで，具体的な可能性を考えるためのヒントを相手に与えることができます。そのため，たとえば「兵役についていたときは，憲兵をしていました」と言うだけではなく，「市や大学，病院，大企業の警備部門で，守衛や警備員の仕事を探しています」と付け加えてください。上記のサンプルは，手短かにまとめたものばかりですが，実際には，求職者が多くの情報を伝えれば伝えるほど，相手にとっては，あなたにあてはまるかもしれない仕事を考えるのが楽になります。

Ⅲ　付録

　以下の空欄に，自分のスキルや経験を書いたうえで，どんなところで働きたいかを書いてみましょう。

_____
_____
_____
_____

| 付録26 |

表現のサンプル——支援を要請した相手からどんな支援を得たいのか

　支援を要請した相手に伝えるべき最後の情報は，どんなふうに支援をしてほしいかです。相手が，具体的にできることは何でしょうか。もちろん，最も直接的な支援は，相手に雇ってもらうことですが，そんなことができる立場にいる友人はほんの少しでしょう。しかし，さまざまな支援をしてくれる人々はたくさんいます。います。以下に挙げたのは，そうした支援の例です。どのようなタイプの人に対して，どんな具体的な支援を求めるかが書いてあります。

重要な肩書きをもつ友人や知人に対して
　「応募書類に，あなたの名前を照会先として書いていいですか」
　「どこの企業にも出せる，『担当者様』宛の推薦状を書いてください」

友人や知人に対して
　「どこか求人を知りませんか。今後求人を耳にしたら教えてください」
　「仕事を辞める人を知りませんか」
　「求人がありそうな企業や職場を知りませんか」

興味がある職場で働いている人に対して
　「職場で，求人はありませんか」
　「職場で，仕事を辞める人はいませんか」
　「あなたが働いている職場の仕事について話をしたいので，あなたの上司と話す機会を作っていただけませんか」
　「あなたの監督者（や上司，人事部長）が，人を雇いたいときに備えて，私のことを上司に話しておいてもらえませんか」
　「上司に私の履歴書を渡してください」

新しい仕事に就いた人に対して
　「いろんな仕事について調べたと思いますが，私のような人を雇ってくれそうなところはありましたか」

親しい友人や親戚に対して
　「誰か知り合いに，どこかに求人はないか，聞いてもらってもいいですか」

自分の探している職種の仕事に，知り合いがいる人に対して
　「私の履歴書を何枚か持って行って，関心がありそうな人に渡してもらえませんか」

同じ人からいくつかの種類の支援を受ける

　同じ人に，2種類以上の支援をお願いしてもかまいません。親友に推薦状を書いてもらうように頼むことも，何か求人を知らないかと尋ねることも，さらに親友の友人にも聞いてくれるよう頼むこともできます。雇用主である友人の場合には，友人の経営している企業の求人を尋ねることも，他の企業を勧めてもらうこともできます。

Ⅲ 付録

推薦状の依頼が，仕事につながる

　推薦状を書いてもらうよう依頼すると，推薦状を書いてくれた人自身から仕事をもらえるという予期しないことがしばしば起きます。たとえば，学生が，指導教授に推薦状を書いてもらう際，履歴書を渡して自分のことを話し，指導教授が推薦状を書きやすくすることがあります。学生が推薦状をもらいに行くと，驚いたことに，教授からあなたの能力は非常に魅力的なので，現在進行中の私のプロジェクトに雇いたいと言われたりします。推薦状を書くためには，応募者のスキルや価値について集中して考える期間が必要だから，こんなことが起きるのです。したがって，求職者は，友人一人ひとりに，推薦状を書くようお願いすべきです。彼らが，将来の雇用主になるかもしれません。

支援を要請する練習

　支援を要請する練習を行うために，以下の空欄に，友人に対してどのように支援をお願いするかを書き入れてください。支援をお願いできる友人について作成した名前のリストを参考にしながら，まず，友人の名前を書いてください。上述のサンプルを参考にして，その人にお願いできるタイプの支援を考えましょう（ただし，一種類しか支援を頼んでいけないわけではありません）。

求職者が希望している企業で働いている友人に対して
名前：＿＿
支援の内容：＿＿＿＿＿＿＿＿＿＿＿＿＿＿＿＿＿＿＿＿＿＿＿＿＿＿＿＿＿＿＿＿＿＿＿＿
＿＿

同級生に対して
名前：＿＿
支援の内容：＿＿＿＿＿＿＿＿＿＿＿＿＿＿＿＿＿＿＿＿＿＿＿＿＿＿＿＿＿＿＿＿＿＿＿＿
＿＿

ちょっとした知り合いに対して
名前：＿＿
支援の内容：＿＿＿＿＿＿＿＿＿＿＿＿＿＿＿＿＿＿＿＿＿＿＿＿＿＿＿＿＿＿＿＿＿＿＿＿
＿＿

雇用主となるかもしれない友人に対して
名前：＿＿
支援の内容：＿＿＿＿＿＿＿＿＿＿＿＿＿＿＿＿＿＿＿＿＿＿＿＿＿＿＿＿＿＿＿＿＿＿＿＿
＿＿

親戚に対して
名前：_____
支援の内容：_____
_____

求職者が興味を持っている職業に就いている友人に対して
名前：_____
支援の内容：_____

付録27

電話用「度忘れ」防止リスト（友人連絡用）

相手の名前							
挨拶と雑談							
仕事を探していること，およびその理由							
その友人のどこが特別か							
友人ができること 1　求人を聞いたことがある							
2　辞める人を知っている							
3　推薦状を書いてくれる							
4　照会先となってくれる							
5　上司に話してくれる							
6　いろんな人に私が求職中であることを話してくれる							
7　応募すべき職場を勧めてくれる							
8　友人の職場に求人がある							
あなたの経験やスキル							
次の連絡							

ジョブクラブメンバーに対する注意点

　友人との連絡に電話を使う最大の利点は，あなたの言いたいことを忘れないで伝えるのが簡単だということです。あなたの伝えたい情報は，自分が求職中であること，相手があなたにとって特別な理由，自分のスキルや経験，相手ができる支援といったことです。また，電話の始まりには，なぜ，会って話すのではなく電話で話すことにしたのかを伝え，電話の終わりには，電話をそのうちかけなおすことを伝えましょう。

電話用「度忘れ」防止リストは，言いたいことを忘れないようにするためのものです（用紙の使い方は裏面に印刷しておきます）。特定の誰かに電話する前に，「友人ができること」の欄の項目をざっと見て，その人に言いたい表現を決めます。一番上に相手の名前を書いて，忘れないように，相手に言うべき項目の脇に印を付けておきます。

　電話をしている間は，電話用「度忘れ」防止リストを自分の目の前に置いておきます。各欄の情報を伝えるたびに，相手の名前の下の，該当する欄に印を付けます。電話を終える挨拶をして電話を切る前に，すべての欄に印が付いているかを確認します。すべての欄について話せればよく，必要な表現を話した順番は重要ではないので，読み上げているような感じにはならないでください。あなたにとって必要な情報を，自然な感じで，全部伝えられるようにするためのメモです。

　電話をするときは，あなたのジョブリードリストの写しを手元に置いておきます。友人が知っているジョブリードがあったらそれをリストにメモしておいて，ジョブリードとなる人や職場に後で連絡します。

　この用紙は，求職者が電話の相手一人ひとりに対して言いたいことを忘れずに言えるようにつくられています。電話の相手一人について縦一列を使い，一番上の「相手の名前」欄にはその人の名前を書きます。

　最初の欄である「挨拶と雑談」は，人によって違います。相手の調子はどうかを尋ねたり，過去の思い出を思い起こしたり，家族の安否を尋ねたりといった，通常の挨拶です。この欄には，なぜ，直接会うのではなく，電話をかけたかを説明することも含みます。

　次の「仕事を探していること，またその理由」欄では，自分が求職中であることを伝え，その理由を簡単に述べます。求職者は，すでに自分にふさわしい表現を用意してあるはずです。電話をしている際にひと目で思い出せるように，その表現をこの欄の点線のところに簡単に書いておきます。

　三番目の欄は，その友人に支援を求める理由，つまり，その友人の特別な点です。

　四番目の欄「友人ができること」には，推薦状を書いてくれる，聞いたことがある求人を教えてくれる，上司に話してくれるなど，友人がすることができる具体的な支援の仕方がいくつか挙げてあります。電話の相手にあてはまる項目に印をつけます。

　五番目の欄には，「あなたの経験とスキル」を書きます。自分自身について用意した表現を点線のところに書いておきます。

　最後の「次の連絡」欄は，相手が何か新しい情報がないかを知るために電話をかけなおすことを伝えるための欄です。

| 付録28 |

耳にしたことがあるジョブリード

名前：＿＿＿＿＿＿＿＿＿＿＿＿＿＿＿＿＿＿＿＿＿＿

雇用先：
住所：
電話：
連絡をとる相手：

雇用先：
住所：
電話：
連絡をとる相手：

雇用先：
住所：
電話：
連絡をとる相手：

雇用先：
住所：
電話：
連絡をとる相手：

雇用先：
住所：
電話：
連絡をとる相手：

雇用先：
住所：
電話：
連絡をとる相手：

付録29

サンプルレター――仕事探しの支援をお願いする

　　ビルさんへ

　　Acmeで一緒に働いて以来ずいぶんたちますね。本当にお久しぶりです！
　私はあれから，さらに2人の子どもに恵まれ，3種類の車を買い，釣り（私の釣り好きは覚えているでしょう）用に新しいボートを手に入れました。この5年間，ずっと同じ会社で働いていますが，この会社が，あと1，2週間で倒産してしまうことがはっきりしたので，新しい仕事を探しています。手紙を書くことにしたのは，あなたにいつお会いできるかわからないし，運悪く電話では連絡がとれなかったからです。あなたには知り合いが多いし，以前にも何回か私を助けてくださったので，今回もお力を貸してください。
　私には，人事，在庫管理，総務，発送，販売などいろいろな分野で，管理職の経験があるので，管理職の仕事を見つけられればと思います。新規プログラムを立ち上げるのが特に得意です。
　何か求人を知っていたら教えてくだされば うれしいです。また，求人が出そうな仕事がないか目を光らせておいてください。職場のお友だちにも何か知らないか聞いてくださると助かります。ジョブリードの情報をより多く得られれば得られるほど早く，何か仕事が見つかると思うので，ご存知のジョブリードがあれば教えてもらえれば助かります。切手を貼った返信用封筒とジョブリードを記入する用紙を同封しますので，企業名，住所，電話番号，連絡がとれる相手の名前を書いて，できるだけ早く送り返していただけると助かります。
　今のところ思いつくジョブリードがなくても，その後何か耳にすることもあると思いますので，2週間ほどしたらこちらから連絡します。お力添えありがとうございます。

　　　　　　　　　　　　　　　　　　　　　　　　　　　　　　　　　　　　　敬具

　　　　　　　　　　　　　　　　　　　　　　　　　　　　　　　　　　あなたの名前
　　　　　　　　　　　　　　　　　　　　　　　　　　　　　　　　　　あなたの住所

付録30

サンプルレター――求人広告に応募する

企業名（または私書箱番号）
企業の住所
_____
_____

担当者様

　1977年3月18日のデイリーニュース紙に，貴社が広告を出された管理職の求人に興味があります。
　私は，自分で経営していた会社を含め，経営と管理の経験があり，軍隊でも部署長を経験したことがあります。
　私について，より知っていただくために，履歴書と推薦状を同封いたします。
　当該ポストについて，面接の機会を得られたらありがたく思います。_____までお電話か下記の住所にご連絡をいただけますでしょうか。
　よろしくお願いいたします。

敬具

あなたの名前
あなたの住所

付録31

サンプルレター——履歴書に付ける手紙

企業名
企業の住所
_____
_____

ドューニング様

　先日の電話でお願いしましたとおり，私についてもっと知っていただくために，履歴書と推薦状をお送りいたします。
　電話でも簡単に申し上げましたが，販売や販売促進のいくつかの分野で長年の経験がありますので，貴社にとって有用ではないかと存じ上げます。
　直接お目にかかって，現在あるいは将来の仕事について，直接お話を伺いたいと思っております。電話で＿＿＿＿＿＿＿にご連絡いただくか，下記の住所にご返信をいただければと思います。
　よろしくお願いいたします。

　　　　　　　　　　　　　　　　　　　　　　　　　　　　　　　　　　　　　敬具

　　　　　　　　　　　　　　　　　　　　　　　　　　　　　　　　　　あなたの名前
　　　　　　　　　　　　　　　　　　　　　　　　　　　　　　　　　　あなたの住所

付録32

サンプルレター——電話がつながらなかった雇用主に連絡をとる

企業の名前
企業の住所
＿＿＿＿＿＿＿＿＿＿＿＿＿＿
＿＿＿＿＿＿＿＿＿＿＿＿＿＿

担当者様

　貴社での現在ならびに将来の採用について伺いたく，手紙を差し上げます。
　私は，特別な文章作成や顧客対応の経験を含む，会社事務・秘書業務の経験が7年間あります。上司の最低限の指示で仕事ができますので，貴社のお役に立てると思います。
　私が提供できるさまざまな経験とスキルをもっと詳しく知っていただくために，私の履歴書を送付させていただきます。あわせて推薦状も同封いたしました。
　ご担当者様のご都合のよい時間に面接をお願いしたいので＿＿＿＿＿＿＿まで電話でご連絡いただくか，下記の住所にお返事をいただければありがたく思います。

敬具

あなたの名前
あなたの住所

付録33

面接依頼用チェックリスト

電話連絡

		1	2	3	4	5	6	7	8	9	10	11	12	13	14
1	自分の名前を名乗る														
2	部署の長の名前を聞く														
3	部署の長に自分の名前を伝え，部署の長をその人の名前で呼ぶ														
4	自分の能力を話す														
5	（もし紹介者がいれば）誰があなたを紹介してくれたかを伝える														
6	面接を依頼する														
7	今後，求人が出そうな仕事のための面接を重ねてお願いする														
8	その他のジョブリードはないかを尋ねる														
(1)	名前，企業，住所，電話番号														
(2)	部署の長の紹介であることを話してもよいという許可														
9	再度，確認のため，連絡する旨を伝える														

付録34

バディ用電話チェックリスト

電話をかける人の名前＿＿＿＿＿＿＿＿＿＿＿＿＿＿バディの名前＿＿＿＿＿＿＿＿＿＿＿＿＿＿

（以下の項目ごとに「はい」「いいえ」を記入する）

電話をかける人は		通話先				
		名前	名前	名前	名前	名前
1	電話に出た人に自分の名前を伝えたか					
2	部署の長の名前を尋ねたか					
3	部署の長と直接話したいと尋ねたか					
4	部署の長につないでもらえたか					
5	誰からの紹介か話したか					
6	担当者に自分の能力を話したか					
7	面接をお願いしたか					
8	将来出る可能性がある求人について面接を依頼したか					
雇用主が面接に応じなかったら，電話をかけている人は						
9	今後生じそうな空きに興味があると繰り返したか					
10	面接の予約を繰り返し頼んだか					
11	他に雇ってくれそうな雇用主について尋ねたか。あれば，彼の紹介であると伝える許可を求めたか。					
12	これ以外の求人について尋ねたか					
13	再度連絡をとる日時を提案したか					
14	はっきり躊躇せずに話したか					
15	ジョブリード用紙にすべての情報を記入したか					
16	行くところ・やることスケジュールに情報を記録したか					

|付録35|

行くところ・やることスケジュール

日付：＿＿＿＿＿＿＿＿＿＿＿＿＿＿

行くところ	完　了	やること	完　了
1　企業名		1	
連絡する相手			
住　所			
2　企業名		2	
連絡する相手			
住　所			
3　企業名		3	
連絡する相手			
住　所			
4　企業名		4	
連絡する相手			
住　所			
5　企業名		5	
連絡する相手			
住　所			
6　企業名		6	
連絡する相手			
住　所			

付録36

履歴書の完成版のサンプル

個人的な情報

名　　前：ジョー・ディー　　　　　　　　　婚姻状況：既婚
住　　所：イリノイ州カーボンデイル市，62901　　年　　齢：24
　　　　　西シュワルツ通り1200番地　　　　　電話番号：457-7280

私のバックグラウンドと特に関心のあること

　私はマサチューセッツ州ボストンで生まれ，大半をイリノイ州シカゴで過ごしてきました。短期間ですが，ロサンゼルスとダラスにも住んだことがあります。ユタ，メキシコ，コロラド，インディアナ，メインを旅行したことがあります。

　私の父は，仕立屋で自分の店を持っていました。私は店を手伝いながら，商売の基本を学びました。父は，少年野球チームのコーチを楽しんでやっていました。私の母は，正看護師で，仕事に真剣に取り組むとはどういうことかを教えてくれました。母はボーイスカウトのデン・マザー（訳注：カブスカウトの分隊のお母さん役）をやっていました。キャンプは両親のお気に入りのレジャーで，私は田舎で暮らすことが好きになりました。私の妻は小学校の教員で3年生を教えており，女性投票者連盟に入っています。

　テニスと水泳は高校のとき好きだったスポーツで，テニスは今も好きです。州のテニス大会の準決勝まで残ったことがあります。テレビや，CBラジオ，自分で組み立てたステレオなどの電子機器をいじるのが好きです。定期的に『ポピュラーメカニックス』と『ポピュラーエレクトロニクス』を読んでいます。エルクス慈善保護会に所属していますが，帳簿をつけたり書類をまとめたりするのが得意だったので，会計責任者を務めています。コミュニティ・センターを建設するための資金集めのキャンペーンのとりまとめを手伝ったときは，人生で最も自分が誇らしく思えた瞬間でした。

私の学業実績

　　カーボンデイル公立高校―卒業　1972年6月
　　　　イリノイ州カーボンデイル市
　　ローガン短期大学―準学士　1975年6月
　　　　イリノイ州カータービル市
　　　　専攻：一般教養と科学

職　　歴

　　勤　務　先：ジェネラル・マニュファクチュアリング株式会社
　　　　　　　　イリノイ州スプリングフィールド市
　　職　　務：職長。組立ラインの効率的な生産作業の責任者。30人の従業員を監督し，研修を行い，

従業員の関心と意欲が持続するように心がけました。必要なときは，機械の修理も行いました。経営側に公式の報告書を書いて，労使関係や広報の向上にも一役買いました。配送部門の運営を手伝ったことや，新商品について営業部長を手伝ったこと，研修プログラムを運営していたこともしばらくあります。

勤務期間：2年間

勤 務 先：リージョナル・エレクトロニクス
　　　　　イリノイ州コートヴィル市

職　　務：テレビや電子機器の修理。私は，テレビやステレオ，CBラジオ，インターホンその他の電子機器の修理を任されていました。問題を突き止め，必要部品を注文し，また，新商品の販売もしていました。

勤務期間：1年間

仕事に関するスキル

スキルとその経験期間	どこで経験を積んだか
生産管理―2年間	ジェネラル・マニュファクチュアリング株式会社
販売―3年間	ジェネラル・マニュファクチュアリング株式会社
	リージョナル・エレクトロニクス
機械や電子機器の修理―3年間	ジェネラル・マニュファクチュアリング株式会社
	リージョナル・エレクトロニクス
広報及びカスタマーサービス―3年間	ジェネラル・マニュファクチュアリング株式会社
	リージョナル・エレクトロニクス
研修指導―1年間	ジェネラル・マニュファクチュアリング株式会社
企業経営―4年間	ジェネラル・マニュファクチュアリング株式会社
	自営

私の性格や職歴についてコメントできる人

ロバート・ジャフィー
　　ジェネラル・マニュファクチュアリング株式会社　社長
　　住　　所：イリノイ州スプリングフィールド市オーク通り1番地
　　電話番号：687-2300

サミュエル・ワースト
　　リージョナル・エレクトロニクス　電子機器設計者
　　住　　所：イリノイ州コートヴィル市ウッド通り12番地
　　電話番号：333-1111

J・シモンズ教授
　　ローガン短期大学
　　住　　所：イリノイ州カータービル市
　　電話番号：693-7221

付録37

趣味や関心事

＿＿＿野球観戦	＿＿＿サイクリング
＿＿＿バスケットボール観戦	＿＿＿乗馬
＿＿＿サッカー観戦	＿＿＿スポーツで表彰される
＿＿＿その他のスポーツ観戦	＿＿＿クラブで理事に選出される
＿＿＿高校でのスポーツ経験	＿＿＿退役軍人クラブ，米国在郷軍人会
＿＿＿電器製品の修理	＿＿＿全米ライフル協会
＿＿＿釣り	＿＿＿キャンディ・ストライパー（看護ボランティア）
＿＿＿狩猟	
＿＿＿自動車修理	＿＿＿スカウトの指導者になる
＿＿＿有機農業	＿＿＿ウェルカムワゴン（訳注：新しく転入してきた人にその土地の贈り物を届ける車）
＿＿＿スケッチや絵を描く	
＿＿＿楽器の演奏	＿＿＿団体のための新メンバーの獲得
＿＿＿キャンプやハイキングをすること	＿＿＿有権者登録の活動
＿＿＿アマチュア無線	＿＿＿活動の監督者となった経験
＿＿＿ブリッジゲーム	＿＿＿活動を組織した経験
＿＿＿家具の再生	＿＿＿民族舞踊
＿＿＿熱帯魚	＿＿＿定期的に雑誌を講読している
＿＿＿ガーデニング	＿＿＿大きなパーティーを開く
＿＿＿自分の洋服のデザイン	＿＿＿バンド活動をする
＿＿＿ハイキング	＿＿＿オートバイに乗る
＿＿＿ダイビング，水泳，シュノーケリング	＿＿＿チェス
＿＿＿骨董品の収集	＿＿＿スキー
＿＿＿日曜大工	＿＿＿成績優秀表彰や学校での表彰
＿＿＿プラモデルの作成	＿＿＿賞をもらった経験
＿＿＿切手やコインの収集	＿＿＿エルクス慈善保護会，ライオンズクラブ，メイソンズ，シュライナーズ，コロンブス騎士会
＿＿＿写真	
＿＿＿動物の世話	
＿＿＿登山，ハイキング	＿＿＿女性有権者同盟
＿＿＿ボーリング，テニス，アメリカンフットボール，サッカー	＿＿＿P.T.A.
	＿＿＿リトル・リーグのコーチ
＿＿＿ボート，ヨット	＿＿＿団体のための資金獲得活動
＿＿＿コンピュータゲーム	＿＿＿教会に関連した活動
＿＿＿クロスワードパズル	＿＿＿団体の社交担当の幹事
＿＿＿読書（SF，ミステリーなど）	＿＿＿活動の一環としての販売
＿＿＿芸術画を描く	＿＿＿外国語の会話

付録38

職業スキルの分類

　これまで仕事でしたことや，たまにしかしたことがなくてもまた無給であっても，手伝ったことがある経験に○を付けてください。

　販　　売
　部下を持ったこと
　現金の扱い
　機械操作
　運　　転
　レストランでの仕事
　自　営　業
　特別な機械の操作
　人を教えたこと
　工場勤務
　保守・修理
　監督者なしでの業務
　オフィスでの秘書業務
　管理・運営
　カウンセリング
　建設，大工
　管理職の補佐
　販　売　員

付録39

応募書類のサンプル

日付＿＿＿＿＿＿＿＿＿＿＿＿＿＿＿＿＿＿

名前＿＿＿＿＿＿＿＿＿＿＿＿＿＿＿＿＿＿＿＿＿＿＿＿＿社会保障番号＿＿＿＿＿＿＿＿＿＿＿＿
　　　　　姓　　　　　名　　　　ミドルネームの頭文字

住所＿＿
　　　　　　通り　番地　　　　　　　市　　　　　　　　州　　　　　　　郵便番号

婚姻状況（○を付ける）：　独身，既婚，別居，離婚，死別

被扶養者の人数＿＿＿＿＿＿＿＿＿＿＿＿被扶養者の年齢＿＿＿＿＿＿＿＿＿＿＿＿

生年月日＿＿＿＿＿＿＿＿＿＿＿＿性別＿＿＿＿＿＿身長＿＿＿＿＿＿体重＿＿＿＿＿＿

アメリカ市民か＿＿＿＿＿＿＿＿＿＿そうでない場合の国籍＿＿＿＿＿＿＿＿＿＿＿＿＿

電話番号＿＿＿＿＿＿＿＿＿＿＿＿＿＿＿＿＿髪の色＿＿＿＿＿＿＿＿＿眼の色＿＿＿＿＿＿

希望職位＿＿＿＿＿＿＿＿＿＿希望年収＿＿＿＿＿＿＿保証可能か＿＿＿＿＿＿＿＿＿＿

緊急時連絡先＿＿＿＿＿＿＿＿＿＿＿＿＿＿＿＿＿＿＿電話番号＿＿＿＿＿＿＿＿＿＿＿＿

失業手当給付金を受けたこと・申請したことがあるか＿＿＿＿＿＿＿＿＿＿＿＿＿＿＿＿

車を持っているか＿＿＿＿＿＿＿＿＿＿＿＿＿運転免許証はあるか＿＿＿＿＿＿＿＿＿＿

健康状態＿＿＿＿＿＿＿＿＿＿＿＿＿＿＿＿障害はあるか＿＿＿＿＿＿＿＿＿＿＿＿＿＿

逮捕や服役の経験はあるか＿＿＿＿＿＿＿＿＿＿＿その説明＿＿＿＿＿＿＿＿＿＿＿＿

昨年の病欠日数＿＿＿＿＿＿＿＿＿＿＿

精神疾患で治療を受けたこと・入院したことはあるか＿＿＿＿＿＿＿＿＿＿＿＿＿＿＿＿

薬物依存症やアルコール依存症になったことはあるか＿＿＿＿＿＿＿＿＿＿＿＿＿＿＿＿

貴社の従業員に自分の家族がいるか＿＿＿＿＿＿＿＿＿＿＿＿＿＿＿＿＿＿＿＿＿＿＿＿

軍　隊　歴

所属部隊＿＿＿＿＿＿＿＿＿＿＿＿＿＿＿＿＿＿＿＿＿＿期間＿＿＿＿＿＿＿＿＿＿＿＿

階級＿＿＿＿＿＿＿＿＿＿＿＿＿＿＿＿＿＿＿＿＿＿除隊の理由＿＿＿＿＿＿＿＿＿＿＿

教　育　歴

高校：＿＿＿＿＿＿＿＿＿＿住所＿＿＿＿＿＿＿＿＿卒業の有無＿＿＿＿＿＿＿＿＿＿

大学：＿＿＿＿＿＿＿＿＿＿住所＿＿＿＿＿＿＿専攻＿＿＿＿＿＿＿学位＿＿＿＿＿＿

専門学校：＿＿＿＿＿＿＿＿住所＿＿＿＿＿＿＿専攻＿＿＿＿＿＿＿卒業の有無＿＿＿＿

その他の学校：＿＿＿＿＿＿＿＿＿＿＿＿＿＿＿＿＿＿＿＿＿＿＿＿＿＿＿＿＿＿＿＿

職　歴

現在ないし直近の仕事から順に

企業名＿＿＿＿＿＿＿＿＿＿＿＿＿＿＿住所＿＿＿＿＿＿＿＿＿＿＿＿＿＿＿＿＿＿＿

役職名＿＿＿＿＿＿＿＿＿＿＿期間＿＿＿＿＿＿から＿＿＿＿＿＿まで　給与＿＿＿＿＿

退職理由＿＿＿＿＿＿＿＿＿＿＿＿＿＿＿＿＿＿＿＿＿＿＿＿＿＿＿＿＿＿＿＿＿＿

企業名＿＿＿＿＿＿＿＿＿＿＿＿＿＿＿住所＿＿＿＿＿＿＿＿＿＿＿＿＿＿＿＿＿＿＿

役職名＿＿＿＿＿＿＿＿＿＿＿期間＿＿＿＿＿＿から＿＿＿＿＿＿まで　給与＿＿＿＿＿

退職理由＿＿＿＿＿＿＿＿＿＿＿＿＿＿＿＿＿＿＿＿＿＿＿＿＿＿＿＿＿＿＿＿＿＿

企業名＿＿＿＿＿＿＿＿＿＿＿＿＿＿＿住所＿＿＿＿＿＿＿＿＿＿＿＿＿＿＿＿＿＿＿

役職名＿＿＿＿＿＿＿＿＿＿＿期間＿＿＿＿＿＿から＿＿＿＿＿＿まで　給与＿＿＿＿＿

退職理由＿＿＿＿＿＿＿＿＿＿＿＿＿＿＿＿＿＿＿＿＿＿＿＿＿＿＿＿＿＿＿＿＿＿

企業名＿＿＿＿＿＿＿＿＿＿＿＿＿＿＿住所＿＿＿＿＿＿＿＿＿＿＿＿＿＿＿＿＿＿＿

役職名＿＿＿＿＿＿＿＿＿＿＿期間＿＿＿＿＿＿から＿＿＿＿＿＿まで　給与＿＿＿＿＿

退職理由＿＿＿＿＿＿＿＿＿＿＿＿＿＿＿＿＿＿＿＿＿＿＿＿＿＿＿＿＿＿＿＿＿＿

照　会　先

私をよく知り，連絡可能な3人

1　氏名＿＿＿＿＿＿＿＿＿＿＿＿＿＿＿＿＿＿＿＿＿＿＿＿＿＿＿＿＿＿＿＿＿

郵送先住所＿＿＿＿＿＿＿＿＿＿＿＿＿＿＿＿＿＿＿＿＿＿＿＿＿＿＿＿＿＿＿＿

電話番号＿＿＿＿＿＿＿＿＿＿＿＿＿＿＿＿＿＿＿＿＿＿＿＿＿＿＿＿＿＿＿＿＿

2　氏名＿＿＿＿＿＿＿＿＿＿＿＿＿＿＿＿＿＿＿＿＿＿＿＿＿＿＿＿＿＿＿＿＿

郵送先住所＿＿＿＿＿＿＿＿＿＿＿＿＿＿＿＿＿＿＿＿＿＿＿＿＿＿＿＿＿＿＿＿

電話番号＿＿＿＿＿＿＿＿＿＿＿＿＿＿＿＿＿＿＿＿＿＿＿＿＿＿＿＿＿＿＿＿＿

3　氏名＿＿＿＿＿＿＿＿＿＿＿＿＿＿＿＿＿＿＿＿＿＿＿＿＿＿＿＿＿＿＿＿＿

郵送先住所＿＿＿＿＿＿＿＿＿＿＿＿＿＿＿＿＿＿＿＿＿＿＿＿＿＿＿＿＿＿＿＿

電話番号＿＿＿＿＿＿＿＿＿＿＿＿＿＿＿＿＿＿＿＿＿＿＿＿＿＿＿＿＿＿＿＿＿

付録40

推薦状をお願いする文章

企業名
企業の住所

_____

フォーサイス様

　電話でお話しました推薦状の件についてお手紙を差し上げます。まず，お引き受けくださり，まことにありがとうございます。複数の企業に推薦状を渡しますので，宛名は「担当者様」と書いていただけますでしょうか。

　私について若干詳しく思い出していただけるといいのですが，あなたが私に初めて会ったのはおよそ9年前，1968年に在郷米国軍人会に私が入会したときで，当時，あなたは会長を務めておられました。いくつかの委員会では一緒に活動させていただき，特に，社交委員会では遠足を企画させていただきました。ピクニックやパーティでは，私の妻ドリスと3人の子どもたちにも会われたと思います。また，私の部署の職長だったラルフ・ヘンショー氏もよくご存知だと思います。

　推薦状では，私が信頼できる誠実な人間であり，人といかに上手くやっていけるかについて書いていただけるとありがたく思います。というのは，こうした情報は，面接官にとって大変重要だからです。また，必要に応じて面接官があなたに連絡できるように，できれば，あなたの電話番号や肩書き，住所が載っている社用箋で，推薦状を書いていただけますでしょうか。

　推薦状を書いてくださることに，本当に感謝しています。推薦状は私にとって非常に重要です。ご承知のとおり，一生懸命仕事を探しておりますので，お勤め先でも，あるいは，他の企業でも，もし何か求人を耳にされましたら，教えていただければ幸いです。私があなたと知り合う前にしていた仕事についてはあまりご存じないと思いますので，履歴書を数通同封いたします。履歴書には私のことをもう少し詳しく書いてありますので，私ができそうな仕事の求人をしていそうな方をご存知でしたらお渡しください。

　推薦状を書き終えたらすぐに，簡単に私に送り返していただけるように，切手付き返信用封筒を同封いたします。改めて，御礼申し上げます。また，ジョアンとお子さまたちによろしくお伝えください。

敬具

あなたの名前
あなたの住所

付録41

宛て先を特定していない推薦状

トリニティー建設会社
カンザス州トピカ

電話番号：457-7200

担当者殿

　メアリー・ワッズワースが高校卒業後に私の会社に入社したときから，彼女のことは8年間，知っています。彼女は熱心で勤勉であり，仕事を覚えるのが早く，仕事を任せられる従業員でした。1年後に退職しましたが，私たちはみな，彼女について優秀な従業員で素晴らしい人物であったという印象を持っています。

　私は，それ以降もメアリーの活動をよく知っており，彼女が誠実で信頼できることを知っています。彼女はさまざまな地域の活動に参加し，その立上げや運営に指導的な役割を果たしてきました。彼女と一緒に活動したことのある人から，彼女は判断力があり，他人の見本だと聞いています。

　彼女はどの組織でも価値の高い従業員となることを信じております。私は確信を持って彼女を推薦します。

敬具

マネージャー
サミュエル・ダビッドソン

付録42

面接での定番の質問に対する適切な回答

　面接官は，1時間あるいはそれより少ない時間で，応募者の人柄や従業員としての素質を見極めなければなりません。そのため，面接官が尋ねる質問は，どの面接でもおおよそ，標準的なものです。なぜなら，どの面接官も，同じ情報を得たいからです。以下に，これらの定番の質問と，それらへの適切な回答を挙げてみました。

1　あなたについて教えてください

　面接官が「あなたについて教えてください」と尋ねたら，相手は，あなたの仕事のスキルだけでなく，個人としてのあなたについて話すように，頼んでいるのです。この場面では，履歴書に自分の情報を書く際に従ったのと同じガイドラインに従って答えれば大丈夫です。よって，このガイドラインをもう一度見て，含めなければいけない情報は何かを確認しましょう。特に，面接官との共通点を示すような情報が提供できれば，あなたは面接官にとって，もはや他人ではありません。たとえば，面接官のお子さんが，あなたのお子さんと同じ学校に通っているとか，面接官とあなたが同じスポーツをしているとか，同じ町に住んだことがあるとか，面接官の両親とあなたの両親の出身が似ているとか，同じ趣味を持っているといった情報です。以下は，あなたが会話に入れなければならない，具体的な項目です。

1	以前会ったことがある	面接官と，以前，出会ったり知っていたり，彼のよい噂を聞いたりしていた場合には，それを話す。
2	共通の友人	その企業で働いている知り合いや，面接官を知っている知り合いがいたら，それを話して共通の知り合いを作る。
3	趣味や特別な関心事	面接官に，自分の趣味や特別に関心を持っていることを話す。特に，絵を描く，小物を作る，自分の服のデザインをする，確定申告の時期に申告の手伝いをする，車を修理するなど，仕事に関係するようなことを話すとよい。また，サッカーの熱烈なファンであるとか，コインを集めている，熱帯魚を飼っているなど，仕事と関係のないことも話してみる。
4	クラブや組織	エルクスクラブ，ACLU（米国自由人権協会），ブリッジクラブ，ボーリングクラブ，VFW（退役軍人クラブ），女性有権者同盟，PTAなど，自分が所属しているクラブや組織を話す。これにより，面接官はあなたがどのような人かわかるし，面接官自身や面接官の家族の誰かが，同じクラブに，以前ないし現在，所属していることがわかることもある。
5	個人的な安定性	あなた個人の安定性や信頼性を示すような，自分自身に関する事実を何でも話す。持ち家を所有しているということや，この地域にずっと住んできたということは，その土地に留まりたいという気持ちを示している。結婚して子どもがいることも同様のメッセージである。面接官には，この地域に留まりたいとい

| 6 | 両親や配偶者 | う気持ちと，この地域のどこが気に入っているのか話す。面接官には，自分の夫（妻）や両親について，彼らのプロフィールや職業の注目すべき点を説明しながら，簡単に話す。|

自分の仕事のスキルや経験について触れるのは，これらの個人的な事柄を話してからにします。ほとんど全員の面接官が，あなたの個人的なことについて聞いてくるでしょう。聞かれなかった場合でも，こうした話をすることで，雰囲気をなごやかにできるので，話したほうがよいのです。その後に，以下の，仕事に関連する要素を話します。

1 仕事に関係するようなあなたの興味や経験
2 職　歴
3 訓練や教育
4 仕事に対する強い関心と働く喜び

2　以前，同じような仕事をした経験はありますか

このような質問に決して「いいえ」と答えてはいけません。二つとして同じ仕事はないので，全く同じ仕事をしたことがあるということはあり得ないからです。どんな仕事でも，新しいスキルやルール，細かなやり方を習得しなければなりません。あるレストランのコックが，他のレストランと，まったく同じ料理を同じ設備で，まったく同じスケジュールで用意するということはあり得ません。面接官が知りたいのは，あなたが常識的な期間内で，仕事を覚えられそうかということなのです。そこで，この仕事に必要な作業がすぐにできそうだと思わせる経験をすべて話します。以下のことを話してください。

1 過去の経験
2 その仕事に関係するような教育や研修
3 その仕事に関係するような無給の経験
4 過去にそのような仕事をどれくらい早く覚えたか

たとえば，校長から，スペイン語を教えたことがあるかと聞かれたとしましょう。なぜなら，校長は，スペイン語のクラスを一クラス持てる先生を探しているからです。あなたはスペイン語を教えた経験はなくても，大学でスペイン語を学んだことがあり，文法と英語を教えていたことがあり，語学が得意で，メキシコに滞在していたこともあるので，問題ないと話すことができます。同様に，面接官から，経理係をしたことがあるかと聞かれたとしましょう。経理係をしたことがなくても，前職で秘書としての仕事の一部で帳簿をつけていたこと，家計簿を完璧につけていること，高校で簿記の授業を受けたこと，計算が得意なこと，必要なやり方はすぐに覚える自信があることなどを話すことができます。家具の営業をしたことがあるかと質問された場合にも，同じように，何であれ，営業の経験や，家具への関心と知識，営業マンに必要とされる一般的な素質，仕事をとても早く覚えられるという確信を話せばよいわけです。

3　なぜ，ここで働きたいのですか

面接官が，なぜその会社で働きたいのかをあなたに聞くのは，あなたが仕事に満足しそうか，長

く働いてくれそうかを知りたいからです。面接官を安心させるために，思いつく限り，その企業の長所を話しましょう。たとえば，

1　この企業の評判がよく，ここで働いていることを人に話せれば誇りになること
2　この企業はとても公平で，熱心に働く従業員を大切にすると聞いた（どの従業員がその話をしてくれたかも話す）こと
3　自分が得意でやりたい仕事がここにあること
4　仕事場が，家から，あるいは交通機関から近いこと
5　こういう仕事が好きで，よい仕事ができそうだと思えること

4　なぜ，以前の会社を辞めたのですか

　なぜ以前の会社を辞めたのか，あるいは，なぜ今の会社を辞めたいのか尋ねるのは，あなたが，この会社でも，問題を抱えることになるかどうかを知りたいからです。応募書類でも，同じ質問が聞かれる場合があります。前述したように，人が仕事を辞めるときにはたくさん理由がありますから，自分に有利な理由だけを言えばよいのです。ある会社で上手くやれなかったからといって，別の会社でも上手くやれないということは意味しません。ですから，以前の会社で起きた問題を話さなくても心配することはありません。前の会社で起こった問題は，そこだけでの問題で，二度と起こらないからです。

　よくある退職の理由は，企業の人員削減で解雇されたあるいは雇い止めにあった，季節雇用だった，臨時の仕事だった，パートの仕事だった，在学中はよい仕事だったが卒業したらそうではなくなった，泊まりの出張が多すぎた，勤務地が住みたい地域ではなかった，企業の業績が悪く給与が低かったなどです。そのほか，自分の能力をもっと生かせてより関心がある仕事に移りたい，企業の組織が再編され自分のポストが必要なくなったといった理由もあります。

　もし，解雇されたのであっても，解雇されたとは言わないようにします。そう言わずに，自分の受けてきた研修や能力に十分に生かせない仕事だったとか，あまりにも出張が多かったとか，別の理由を言います。

　どのような理由を言うにしろ，前回の仕事を辞める理由となったのと同じ問題は，今，面接を受けている仕事では生じないことを伝えます。前回の仕事を辞めた理由が，出張が多すぎたこと，勤務地が遠い地域にあったこと，自分の能力に合っていなかったことであれば，今度の仕事は，出張がないこと，勤務地が住みたい地域にあること，あなたの適性にもっと合っていることを話します。健康上の理由から解雇された場合は，専門的な治療を受けていることを伝えます。家族の問題で解雇された場合は，その問題は対応済みであることを雇用主に伝えます。どんな理由であろうと，肯定的に説明し，どのように解決されたか，解決されるかを伝えます。

　以前の仕事について話すときは，嫌な面が多々あったとしても，よかった部分をできる限りたくさん話します。どんな仕事でも嫌な面はあります。前の企業や上司について否定的なことは言いません。言うのは，あなたのニーズと仕事が合わなかったということだけです。前の企業や上司を批判すれば，面接官は，あなたを，自分の企業の従業員として雇ったときに同じことをする人だとみ

るでしょう。一方で，辞めた企業について肯定的に話せば，あなたを感謝の気持ちを持った感じのよい人だと思うようになり，今，面接を受けている仕事についても感謝の気持ちを持って感じよくやってくれる人だろうと思うでしょう。

5　どれくらいの給与がほしいですか

　面接で，給与に関するあなたの条件を尋ねるのは，あなたの条件が，彼らの出せる額を大幅に超えていないかどうかを知りたいからです。もちろん，あなたは，企業が出せる限りの金額を出してほしいわけですが，採用選考のこの段階で，具体的な給与の額を話すことは，自分にとって悪い結果を招くことにしかなりません。面接官の頭の中にある給与の額よりも低い額を言えば，基準よりも低い，つまり，受け取ることができたかもしれないよりも低い額の給与で雇われてしまうかもしれません。高い額を言えば，支払おうと思っていた額より高いので，面接をやめて，あなたを雇うことをあきらめてしまうかもしれません。最も賢明な方法は，面接官が，あなたこそ，この仕事に向いていると考え，内定を出すまでは，具体的な数字や給与水準の話をしないことです。

　給与の条件に関する質問に対して答える一つの方法は，面接官が，あなたの能力とそのポストに対するその企業の標準的な給与水準を基準にして公平だと感じる額で働くと言うことです。たとえば，「私の価値にしたがった額の給与が支払われると思うので，それ以上を求めることはできません」「もう既に決まっている額があると思いますが，その額がいくらであれ，それを公平な額だと思います」「御社は公平だという定評があるので，適切な額をいただけると思います」と言うわけです。

　面接が終わり，採用が確実になれば，あなたは，給与の額が十分かどうかを検討することができます。提示された給与の額が低すぎる場合には，この仕事を受けるにあたって問題となることを雇用主に話しましょう。雇用主に対し，他社だともっと高い給与が提示されると思うこと，以前同じような仕事でもっと高い給与をもらっていたこと，別の企業でもっと高い給与をくれる可能性や内定があることなど，どれか自分にあてはまる理由を述べましょう。雇用主には，内定をもらった仕事の肯定的な魅力をすべて話し，給与の額が若干高くなればぜひ受けたいと伝えましょう。何らかの方法でより高い給与を提示してもらえれば，受け入れる決断をずっと簡単にできることを説明します。それでも高い額の提示がない場合には，仕事ぶり次第で，近い将来，昇給や昇進が可能であるという保証をしてもらえれば安心できると提案しましょう。

6　他の応募者ではなく，あなたを採用するのは，なぜですか

　このような単刀直入な質問をするときは，面接官は，ある意味，あなたに，決断を代わりにしてくれるよう頼んでいるのです。あなたが話すのをためらったり，一つか二つの根拠しか思い浮かばなかったりするようなら，面接官は，採用の根拠を不明確であるとか不十分であるとか，感じるでしょう。あなたは，すぐさま，自分のスキルや長所を挙げるべきです。たとえば，社交的で誰とでも打ち解けられる，経験が豊富である，その種の仕事が得意である，誠実である，仕事が効率である，どの上司に対しても忠実な企業人ですべてを捧げる，プレッシャーがなくても仕事を正確に素

早く終えることができる，この企業が好きでここで働きたい，時間を気にせず働く，当てにすることができ休まない，その仕事で必要なスキル以外にもその仕事に生かせそうなスキルがたくさんある，他の人より勤勉である，仕事を終らすためには残業をいとわないといった長所です。

7　前職ではどれぐらい会社を休みましたか

　雇用主は，従業員が出勤してくることをあてにしているので，この質問は雇用主があなたをあてにできるかどうかを判断するためのものです。何らかの理由でたくさん欠勤したことがあるなら，面接官にその理由を話し，また，なぜ，そのことはもはや問題ではないと思うのかを述べます。たとえば，「以前，胆嚢の手術で休んだことがありますが，治ったのでもう問題ありません。健康状態はよく，休むことはないと思います」と話します。あなたが高齢であったり，小さな子どもを持つ母親であったり，四肢のどれかを失っているなどのひと目でわかる障害を持っていたりするときには，あてにできますかという，この質問を聞かれる可能性は高くなります。欠勤率が非常に高いにもかかわらず，欠勤があると大混乱に陥る可能性がある仕事でもよく聞かれる質問です。この質問に答えるときは，以前の仕事における自分の安定性を強調して，今後も大丈夫だと保証します。

8　健康状態はどうですか

　健康状態に関する質問も，前述の質問と同じ目的で行われます。あなたがどれくらいあてにできる従業員かどうかを知りたいのです。水虫や子どものころかかった盲腸炎，背中の痛みや頭痛の話をする時間ではありません。面接官は，あなたが健康上の理由で会社をよく休むかどうかを知りたいのです。あなたは，健康の問題を，仕事の支障にしたいとは思っていないのですから，「良好です」「仕事に支障をきたすような問題はありません」と答えなければならなりません。過去の具体的な経験に基づき，「病気で仕事を休んだことはありません」「一度に2日以上続けて病気で仕事を休んだことはありません」「そういう些細なこと（訳注：健康上の問題）を仕事の差支えにすることはありません」と答えてもかまいません。

　血液の状態や，腕の痛み，背中の発疹，軽度な難聴，腎臓の病気など，他の人からは見てもわからない身体的問題を持っている場合は，そのせいで従業員としてあてにならないことがない限り，そのことを言う必要はありません。実際，持っていたとしても，従業員としてあてにならないというようなことは稀です。なぜなら，こうした身体的問題のほとんどは，医者にかかれば，大半の仕事をこなせる程度には治療可能だからです。

　あなたに，面接官がひと目でわかるような身体的問題があるとしましょう。面接官は，そういった問題のせいで，あなたをあてにできなかったり，あなたが仕事をできなかったりすることがないかを確認したいと思っています。そういった問題とは，車椅子に乗っていること，腕や足や手を失っていること，目が見えないこと，重度の難聴で補聴器をつけていたりすることなどです。こういう場合，第1にすべきことは，その身体的問題は，大規模な治療をさらに必要とするようなものではなく，一般的な仕事の能力を阻害するようなものでもないという内容の，面接官宛ての手紙を，医師からもらってくることです。

第2にすべきことは，面接官から言われなくても，自分からその問題について話すことです。なぜなら，面接官が，その問題について話をする勇気がなく，にもかかわらず，偏見を持ったままでいるかもしれないからです。

　第3に，障害で妨げられそうな活動を何かやって見せ，障害があっても，普通にその活動ができることを見せることです。たとえば，補聴器をつけているなら，ささやくような小さな声で面接官に話してもらい，補聴器の音量を上げて，面接官の言ったことを繰り返して言って見せます。あるいは，義手をつけているなら，紙やその他の物を摑んで見せたり，字をどのように書くかを見せたりすることもできますし，また，車椅子に乗っているなら，オフィス内やドアを簡単に行き来できることを示すこともできます。障害があってもどれくらい上手くやっているかを話すとともに，必ず，実際にやってみせます。「百聞は一見に如かず」だからです。そして，問題になると思われる状況を挙げてもらい，その状況にうまく対処できることを実演してみせます。

　第4にすべきことは，障害を持っているおかげで，平均的な労働者よりも，実際には優れていることを話すことです。障害を持っていない普通の従業員が，障害者である自分がとてもよく働いているのを見ると，真剣に働かない口実を探すのをやめることを話します。また，障害者は，たいてい，雇用主に非常に忠実で，不満を言ったりすぐに転職したりしないことも話します。これらの長所は，ほとんどすべての障害にもあてはまりますが，さらに，自分の障害固有の長所も付け加えます。たとえば，雇用主が，あなたがアルコール依存症であることを知っている場合には，あなたは，現在は回復しており一滴も飲まないので，時々飲みすぎることがある大半の人より問題が少ないことを話します。雇用主が，あなたに犯罪歴があることを知っている場合には，あまりにも失うものが大きいので，決して悪いことをしようとしないこと，他の人ならしてしまうかもしれないが，鉛筆1本，間違って持ち帰ることすら考えないことを話します。車椅子を使用している場合には，他の人より移動するのがより大変なので，仕事場から抜け出したり，人に話しかけたりすることが少ないことを話し，そして，いつも忙しくしているほうが，自分の健康によいことも伝えます。視覚障害者である場合には，健常者より感覚が発達していて，常に敏感でいる習慣があることを話します。

9　いつから仕事を始められますか

　いつから仕事を始められるか聞かれたら，「できるかぎり早く始めます」と答えます。この仕事をしようと決めるのをためらう多くの理由があるかもしれませんが，それについて話す場面ではありません。この仕事に就きたいかどうかがはっきりしていないかもしれませんが，それは，家に帰ってから考えて友人と相談すればよいことです。その結果，この仕事には就かないと決心したら，そのときにすぐ電話連絡をしてください。しかし，今，ためらいを見せたら，内定自体をもらえないかもしれません。また，どれだけすぐに今の仕事を辞められるか，あるいは，引越しの準備やその他の予定のキャンセルができるかがわからないといった問題も，ためらう理由になります。しかし，今ここでこうした問題を話してしまうと，内定自体がもらえなくなり，こうした準備をする必要がなくなってしまいます。内定をもらってから必要な準備を行って，間に合わないときにだけ雇

用主に電話して，仕事を始めるのを数日ないし数週間遅らせてもらえばよいのです。もし，今の雇用主が，辞める1，2週間前には連絡をほしいと言ってきたときには，次の雇用主も，それを尊重して仕事を始める日を遅らせてくれるでしょう。なぜなら，あたなを雇えば，あなたが早目に連絡をくれることがわかるからです。他にも応募した仕事があり，その返事を待っているため，ためらうこともあります。このような場合，面接官には，用意が整い次第，働き始めたいと伝えます。その企業から内定が出たら，あなたが面接を受けたその他の企業に連絡して，「ある企業から内定をいただいたが御社で働きたいと思っています。ついては，内定先から返事が求められている日より早く，判断をしていただけませんか」と頼みます。通常，雇用主は，あなたが他社から内定をもらっていることを知れば，人材としてのあなたの評価を上げ，自分の企業を優先してくれることを嬉しく思うでしょう。

10　あなたの一番の長所は何ですか

このような質問を受けたら，自分の長所を全て答えます。スキルや，信頼性，経験，情熱，効率のよさ，加入している組織，よい仕事をすることへの誇り，他の人と上手く付き合えることなどです。質問が，「最大の長所を一つ挙げてください」というものなら，自分の個人的な信頼性に関することを伝えてください。また，他にも長所がいくつかあると言って，説明にそれらも付け加えてください。

11　あなたの短所は何ですか

この質問をされても，短所を答えてはなりません。経験や信頼性の不足といった，短所があるとしても，あなたは，それらを克服しようとしているのですから，今後，生じそうもない要因に注意を引く理由はありません。ネガティブなことは言わず，その代わり，優秀な従業員として働くことを妨げるような短所はないと答えるのです。また，ここでもう一度，自分の長所を簡潔に述べてもいいでしょう。

12　あなたを最も的確に表現する五つの言葉は何ですか

自分を表現する言葉を求められたら，肯定的な言葉だけ選びます。直前の質問と同じように，否定的なことではなく，長所について話すように頼まれていると思って答えます。適切な言葉の例としては，頼りになる，誠実である，親しみやすい，正直である，協調性がある，付き合いやすい，勤勉である，エネルギッシュである，スキルが高い，経験豊富である，仕事に誇りを持っている，責任感がある，尊敬されている，熱心である，献身的である，感じがよいなどがあります。

13　前の雇用主はあなたにどんな評価をしていますか

前の雇用主があなたをどう評価していたか知りたいという，こうした一般的な問いに対する一番よい答えは，内容を要約でき，面接官に見せられるような推薦状を，前の雇用主からもらっておくことです。

解雇したのでない限り，雇用主はあなたに対してよい印象を持っているはずです。そうでなければ，辞めさせていたはずだからです。もちろん，誰しも他人について気に入らない部分はありますから，雇用主と被雇用者の関係も例外ではありません。あなたは，自分の長所を強調したいわけですから，長所だけを話し，短所は話す必要はありません。前の雇用主の気に入らなかった点があなたにあったことを知っていても，それらを話して，その重大性を大げさにしてはなりません。自分の仕事ぶりで，雇用主が気に入ってくれていたとあなたが感じる点や，少なくとも，不満を言われなかった点，たとえば，スキルの高さ，信用，信頼，ほとんどの人がうまくやれない人とうまくやれたこと，迅速さ，必要なら残業をいとわない姿勢，顧客とのよい関係などを伝えます。思いつくものがない場合には，雇用主が通りがかりに言った偶然のお世辞を思い出して話します。

推薦状があれば，それ自体が説明になりますから，面接官に渡します。推薦状がない場合には，面接官に，以前の雇用主に連絡をとるように助言し，そして「彼は，私のことをとてもよく言ってくれると思います。彼のもとで2年間，働きました」などと言って，よい評価が得られることを請け合います。

解雇された場合，あるいは，前の雇用主と上手くいっていなかった場合であっても，他の雇用主なら同じことにはならないだろうと思うなら，履歴書では，そのうまくいかなかった雇用主のことを書かないこともできます。しかし，あなたは正直でなければならいので，応募書類が求めている場合には，前の雇用主の名称を書いてください。たとえ解雇された場合であっても，雇用主があなたの様々な能力を依然高く買っていることを知って驚くこともあります。もちろん，面接官は，前の雇用主に連絡するとは限りませんし，実際には，ほとんどの人は連絡しません。しかしながら，最善を期して，前の雇用主に気に入られていたと思う長所だけを挙げましょう。

14　あなたの長期的な目標は何ですか

この質問は，時に「10年後はどんな仕事をしたいですか」とか，「この企業ではどのくらいの期間働く予定ですか」「将来のプランを聞かせてください」といった表現をとります。面接官は，あなたがこの企業で働き続けたいと真剣に考えているのか，この仕事を一時的な止まり木として利用しようとしているだけなのか，あるいは，しばらくすると不満になってしまうのかを知りたいのです。だから，この企業に留まるつもりであることと，この企業とともに自分のキャリアを上げていきたいことを，面接官に保証しなければいけません。もちろん，仕事が満足いくものなら，あなた自身もそうしたいはずです。

昇進の機会がたくさんあり，昇進を後押しするような企業だと事前に知っていたら，面接官に，「御社の役に立てるようになって，昇進したいと考えています」と言います。しかし，このような表現をする際には注意が必要です。なぜなら，これから始めようとしている仕事を，早くも，不満に感じているように受け取られやすいからです。同様に，「ゆくゆくは，配送部長になりたいと考えています」のように特定の役職を目標として挙げるのも，将来，厄介な役職争いを起こしそうだと誤解されやすい言い方です。

ここで強調すべきことは，この企業が好きで，企業の役に立てる従業員になりたいということで

Ⅲ　付録

す。この企業に留まる予定に関しては，「転職や，出産，結婚，転居，復学の計画はありません」「長々と，御社にお世話になりたいと思っています。ここなら充実して働けるとわかっていますので」「この地域が好きで，引越したいとは思いません」または，「この仕事は，まさに私が喜んでできる仕事なので，辞める理由がみつかりません」といった情報を与えて，面接官を安心させます。

　この企業が好きである，応募している仕事が好きである，この地域を気に入っている，仕事を辞めなければならないような予定はないといったことが，伝えるべき重要な事実です。

15　これまで仕事でどのような機械や設備を使ったことがありますか
　　どのような設備を操作できますか

　この質問をするのは，機械を操作するスキルが重要であるからなのは明らかです。あなたは，自分の経験とできることをすべて，面接官に伝えなければなりません。思い出せれば，「Acme モデル85アーク溶接機の操作をしたことがあります」「IBM セレクトリックを使っていました」などと操作したことがある正確な機種名を言って，機器の名前を非常に具体的に挙げることで，慣れている証拠を示す。その一方で，「複写機や，謄写版，自動丁合いのできる複雑なコピー機を操作できます。また，手動や電子タイプライターや，自動間隔機能付きのタイプライターを使えます。さらには，レロイタイプなどのレタリング機器や，交換機の操作ができます」などと，全般的に，操作できるすべての機械を話すことも大事です。操作できる機械が多ければ多いほど，この仕事で使う可能性があるタイプの機械を使ったことがなくても，すぐに操作が覚えられることを示しているからです。面接官に，あなたが操作したことがない機械を使えるかと質問をされたら，使ったことがないと答えるのではなく，あなたが操作できる，類似した機械やその他の機械について説明し，すぐにその機械を使えるようになるという自信を伝えます。

16　プレッシャーのある仕事や期限が厳しい仕事もこなせますか

　この質問をするのは，その仕事が，プレッシャーのかかる，期限が厳しい仕事だからです。そのため，これまで，有給ないし無給の活動で，プレッシャーのかかる，期限が厳しい仕事をした例を挙げて，面接官を安心させます。軍隊に所属していたときに抜き打ちで機動作戦を行ったときにどうしたか，ボランティアで行っていた選挙キャンペーンの最後の2日間をどう乗り切ったか，大量の緊急注文に突然応えなければならなかったときにどう手際よくこなしたか，1日に三つあった学校の期末試験に向けてどのように準備したか，船が嵐に巻き込まれたときに危機にどう対処したかなどを伝えます。いくつかの経験を話して，難局に対応する能力があること，プレッシャーを気にせず楽しむことすらできることを強調します。

17　おいくつですか

　面接官が年齢を聞くということは，おそらく，その仕事には，あなたが若すぎるあるいは年をとりすぎているという不安を表しています。こういう場合，一般的には，あなたの年齢は仕事に問題となることはなく，むしろ利点であることを，面接官に理解してもらうように対応します。

　あなたが年をとっている場合には，面接官は，あなたが仕事の仕方を変えない人なのではない

か，年下の上司に監督されると腹が立つのではないか，すぐに退職するのではないかという心配をしているので，これらの点について，面接官を安心させなければいけません。さらに，年齢ゆえの利点も伝えます。この地域に腰を落ち着けているので頻繁に転居や転職をしたりしないこと，成熟した判断力や常識が備わっていること，さまざまなスキルを身につけているので仕事の要求が変わっても対応できること，確たる責任感を身につけていること，時間を厳守し頼りになる働き方を長い間してきたこと，（場合によりますが）お客様は年配の店員をより信頼することなどです。

あなたがとても若い場合には，面接官は，あなたがすぐに会社を辞めたり，学校に戻ったり，引越ししたり，頼りにならず頻繁に欠勤や遅刻をしたりするのではないかという不安を持っています。だから，年齢を聞かれた場合には，こうした不安一つひとつを解消して，面接官を安心させなければなりません。さらに，とても若いことの利点を付け加えるといいでしょう。たとえば，仕事を覚えるのが早く熱心であること，悪い勤務態度を身につけていないこと，とても健康なので病休することがないこと，自分の力を示したいので新しい課題に積極的に取り組むこと，学ばなければならないことがたくさんあることを自覚しているため批判やアドバイスを喜んで受け入れられることなどです。

18　学校や大学に戻ることは考えていますか

面接官は，普通，若い応募者だけにこの質問をします。若い志望者に「何歳ですか」と聞く質問と同じで，すぐに辞めてしまうのではないかと心配しているのです。数年間は働きたい，自分にとって仕事は非常に重要である，教育を受け続けるつもりはなく自分の力で将来を切り開きたい，夜間のコースだけを受講するなどと話して，面接官を安心させなければなりません。高校を卒業していない場合には，「夜間の授業に通って絶対に高卒の資格をとる予定です」と話して，面接官に印象付けることもできます。

19　結婚していますか

面接官が婚姻状況を聞くときは，それが仕事にとって問題となることを心配していることが多いと思われます。一般的には，既婚者については，家庭での責任に縛られるあまり仕事上柔軟性に欠け頼りにできないという不安あがり，一方，独身者については，信頼性に欠けるという不安があります。あなたは，既婚であることや独身であることが仕事に悪影響を及ぼさないことを，面接官を理解させるように，答えなければいけません。さらに，答えには，既婚であることや独身であることが，仕事にもたらす利点も含まなければなりません。

既婚者なら，次のようなことが言えます。
1　家族に対する責任があるので，転職はしないこと
2　すでにこの地域に腰を落ち着けており，家族もここを気に入っていること
3　配偶者が出張や残業も仕事のうちだと理解してくれているので，出張や残業も問題ないこと
4　仕事をしている間に子どもの面倒を見てくれる人の手配はしてあるので，子どもが病気でも仕事を休む必要はないこと。この点は，小さな子どものいる女性には特に重要である
5　配偶者がこの地域で正社員として勤務しているので，ここに留まりたいと思っていること。雇用主

は，既婚女性は，本人が仕事に満足していても，夫が転居すると，夫についていくため仕事を辞めなければならないのではないかと，不安に思っていることが多いため，この点は女性にとって特に重要である
　6　配偶者や子どもについて話すこと。配偶者がどのような仕事をしているのか，子どもたちが何歳でどこの学校に通っているのかを話す。面接官が，あなたの配偶者を知っていたり，その職業に興味があったり，同年齢の子どもを持っていたりすると，あなたとの共通の関心ができる

独身者なら，次のようなことが言えます。
　1　家族に縛られていないので，出張や残業に制約がないこと
　2　友人や親戚もいるこの地域を気に入っているので，これからも住むつもりであること
　3　結婚しても引越さないこと。この点は，独身女性には特に重要である

20　質問はありますか

　これは面接官が，単に礼儀として，面接の最後によく行う質問です。この時点で，その仕事に関する，すべての情報を得ようとしてはいけません。面接官に対し，あなたがこの仕事を本当にしたいという気持ちが固まっていないという印象を誤って与えるおそれがあるからです。正式な内定をもらうまでは，退職手当や，昇進の機会，公共交通機関，給与などについての質問はしてはいけません。これらの情報が，あなたが仕事を受けるか否かを判断するうえで決定的な情報である可能性はありますが，内定を手に入れるまでは質問せずに待ちます。この最後の質問に対しては，「いいえ，ありません。企業や仕事内容について，しっかり説明して下さりありがとうございました」というように感謝の気持ちを表したり，「私の質問は，『いつから仕事を始められるか』という質問一つだけです」と言って，働きたいという強い気持ちを示します。

＜求人がない場合＞

その他のジョブリード

　面接官に，今は空いている仕事はありませんと言われたり，あなたの能力では求人をしている仕事をするには不十分ですと言われたりしたら，他の企業におけるジョブリードはありませんかと聞いてみましょう。教えてもらった企業名と住所をメモして，連絡をとるべき相手の名前と電話番号を尋ねます。できるだけ多くのジョブリードを聞き出しましょう。面接官は，あなたのスキルについてある程度理解しているので，たいていは，他社の求人の可能性を思いつくことができ，快く教えてくれるでしょう。

パートの仕事

　面接官に仕事の空きがないと言われたら，パートタイムで働きたいと伝えます。パートから，短い期間で，正社員になれることもしばしばあります。

再度連絡する

　退室する前に，面接官に，判断の結果を教えてほしいので，数日後にまた電話を差し上げますと

伝えましょう。こちらから再度連絡すれば，面接官があなたに連絡が取れないという予想外の問題のせいで，仕事の機会を失わずにすむからです。あなたが面接官から結果を聞くために，あるいは，面接官がさらにあなたについて知るために，電話をするのはいつがよいのかを面接官に聞きます。また，同等の能力の，少数の応募者に絞り込んでいる場合には，あなたが電話をかけることで，面接官は，他の人ではなくあなたを選ぶかもしれません。こちらから，電話をかけた結果，自分の不採用を知った際には，その機会を他のジョブリードを聞く機会として用いましょう。退室する際には感謝の言葉を述べ，早く結果をうかがいたいと伝えます。笑顔で，相手としっかり目を合わせて握手をし，楽しい面接だったと伝えます。

> 付録43

面接後チェックリスト

　面接後すぐに記入します。1行目には1～2語でどこの面接を受けたか書き，2行目には日時を書きます。その他の項目は，十分にできたらチェックをし，そうでなければ「×」を付けます。思い出せない項目は「×」を付けます。

面接を受けた企業						
面接日						
1　時間どおりに到着した						
2　適切な身だしなみ						
3　秘書や社員に感じよく接した						
4　自己紹介をして，握手をした						
5　自分の能力を説明した						
6　その他の自分の関心事や活動を話した						
7　履歴書を渡した						
8　推薦状を渡した						
9　面接官を見て話した						
10　姿勢をよくして，緊張しているときの癖を出さなかった						
11　紹介してくれた人や，ここで働いている友人について話した						
12　責任感があり，信頼できることを伝えた						
13　パートタイムへの関心を話した						
14　（求人がない場合）他のジョブリードを得た						
15　4日以内に再度連絡する約束をした						
16　最後にお礼を言って，握手した						
もう一度，自分の回答を見直すべき質問						
a　最後に就いていた仕事と退職の理由						
b　婚姻状況，年齢，健康状態，障害						
c　将来のプラン						
d　スキルと経験						
e　希望する給与						
f　その他の回答						

> 付録44

就職したメンバーへのサンプルレター

仕事探しクラブプログラム
人材開発センター
メイン通り1234番地
アメリカ合衆国ビッグタウン市

＿＿＿＿＿＿＿＿＿＿様

　就職おめでとうございます。お仕事に満足され，今後も楽しんで続けていかれることを願っています。

　ジョブクラブの記録として就かれた仕事について情報を得るため，他のメンバーの求職活動にお力添えをいただくため，これからもあなたの力になるつもりであることを頭に入れていただくため，この手紙を書いています。

　まず，新しい仕事があなたの望んでいた仕事であることと，あなたがこれからも満足して仕事を続けていかれることを期待しています。しかし，万が一何かが起きて，職を失ったり，辞めたり，また，一時的に失業したりしたときには，お気軽に私たちにご連絡下さい。ジョブクラブに再入会できます。実際，電話か手紙で連絡を下されば，予定されている限り，通常は翌朝のセッションから参加することができます。永遠に続く仕事はありません。必要になった場合には喜んで支援させていただきます。

　また，過去の卒業生があなたを手助けしてくれたように，あなたも現役のジョブクラブメンバーを大いに手助けすることができます。ジョブクラブにはじめて参加したとき，就職できたらジョブリードを提供するという約束をしたのを覚えておられると思います。あなたも現役のときは，そのように提供されたジョブリードをいくつか活用したのではないでしょうか。最後に参加したセッション以後，特に，近いうちに求人が生じる可能性もある新しい職場での仕事をあなたが始めて以降，あなたが耳にされたジョブリードはどんなことでもお知らせください。

　ジョブリードリストを同封しましたので，あなたが現役のメンバーだったころ他の人に記入をお願いしていた方法で，記入していただければと思います。

　また，まだ送ってくださっていなかったら，あなたご自身のジョブリード記録票をお送りください。新しいメンバーは，それを見て，求人のありそうなところのうちいくつかに電話することができます。リストのうち，応募したらよいと考えるところに印を付けていただけると助かります。

　最後に，記録に必要なので，下記の情報をご記入ください。

仕事内容＿＿＿＿＿＿＿＿＿＿＿＿＿＿＿＿＿＿＿＿＿＿＿＿＿＿＿＿＿＿＿＿＿
仕事を始めた日＿＿＿＿＿＿＿＿＿＿＿＿＿＿＿

Ⅲ　付録

勤務場所：　勤務先の名称＿＿＿＿＿＿＿＿＿＿＿＿＿＿＿＿＿＿＿＿＿＿＿＿＿＿＿
　　　　　　住所＿＿＿＿＿＿＿＿＿＿＿＿＿＿＿＿＿＿＿＿＿＿＿＿＿＿＿＿＿＿＿
　　　　　　＿＿＿＿＿＿＿＿＿＿＿＿＿＿＿＿＿＿＿＿＿＿＿＿＿＿＿＿＿＿＿＿＿

週給＿＿＿＿＿＿＿＿＿＿＿＿＿＿＿＿＿＿ドル（もちろんこの情報は漏らしません）
この仕事を最初どうやって知ったか＿＿＿＿＿＿＿＿＿＿＿＿＿＿＿＿＿＿＿＿＿＿

　ご存知のとおり，ジョブクラブのジョブリードのリストには，就職活動に成功した，過去のすべてのジョブクラブのメンバーの一覧が入っています。私どもは，あなたが就職されたことをうれしく思っており，ご異議がなければ，あなたをこのリストに追加させていただきます。メンバーがさらに情報が必要なときあなたに連絡をとれるよう，下記の内容をリストに載せますのでご記入ください。

　自宅（電話番号）＿＿＿＿＿＿＿＿＿＿＿＿＿＿＿＿＿＿＿＿では＿＿＿＿＿＿時から＿＿＿＿＿＿時まで電話が受けられます。仕事先（電話番号）＿＿＿＿＿＿＿＿＿＿＿＿＿＿＿＿＿＿では＿＿＿＿＿＿時から＿＿＿＿＿＿時まで電話を受けられます。

　以上の欄を埋めて，この手紙に，（まだお送りいただいていない場合は）あなたご自身のジョブリードのリストと，それ以外の求人に関するジョブリードのリストを同封して，切手貼付済み返信用封筒にてご返送ください。あなたの成功が他のメンバーに役立ち，望んでいる仕事に就けるよう，今すぐご返送いただければ幸いです。

　情報のご提供にお時間をいただきありがとうございました。改めて，お祝い申し上げます。お時間があればお立ち寄りください。

　　　　　　　　　　　　　　　　　　　　　　　　　　　　　　　　　　　　敬具

　　　　　　　　　　　　　　　　　　　　　　　　　　　　ジョブクラブ・カウンセラー
　　　　　　　　　　　　　　　　　　　　　　　　　　　　　　　　　　ジョー・ドウ

付録45

就職したジョブクラブメンバーへの2通目のフォローアップレター

仕事探しクラブプログラム
人材開発センター
アメリカ合衆国ビッグタウン市
メイン通り1234番地

＿＿＿＿＿＿＿＿＿＿様

　もう一度お手紙を差し上げますのは，現役のジョブクラブメンバーの役に立つようなジョブリードを，ご存知であれば教えていただきたいからです。ジョブクラブの卒業生から提供されるこれらのジョブリードは常に重要で，卒業生はジョブリードの提供に大変協力的です。ジョブリードリストと，それを返送するための切手を貼付した返信用封筒を同封します。
　また，現在ないし将来，私たちの支援が必要でしたら，喜んで支援をさせていただきます。
　記録の正確性を保つため，転職されていましたら，以下の情報をご記入ください。

新しい仕事＿＿＿＿＿＿＿＿＿＿＿＿＿＿＿＿＿　以前の仕事＿＿＿＿＿＿＿＿＿＿＿＿＿＿＿
新しい仕事の場合，その仕事内容＿＿＿＿＿＿＿＿＿＿＿＿＿＿＿＿＿＿＿＿＿＿＿＿＿＿
新しい勤務場所：　勤務先の名称＿＿＿＿＿＿＿＿＿＿＿＿＿＿＿＿＿＿＿＿＿＿＿＿＿＿
　　　　　　　　　住所＿＿＿＿＿＿＿＿＿＿＿＿＿＿＿＿＿＿＿＿＿＿＿＿＿＿＿＿＿

　私は，ジョブクラブメンバーから＿＿＿＿＿＿＿＿＿＿（電話番号）に＿＿＿＿時から＿＿＿＿時まで連絡を受けられます。

　情報の提供にお時間をいただきありがとうございました。

敬具

ジョブクラブ・カウンセラー
ジョー・ドウ

付録46

転居の仕方のヒント

ライフスタイル上の目標と転居する理由

＿＿＿大都会から離れたい	＿＿＿山に近い
＿＿＿数エーカーの自分の土地が欲しい	＿＿＿汚染から離れている
＿＿＿湖に近い	＿＿＿退職後住みたい
＿＿＿海に近い	＿＿＿これまで休暇を楽しんだことがある
＿＿＿狩猟や釣り	＿＿＿独身の人が多く住んでいる
＿＿＿郊外に住む	＿＿＿よい学校がある
＿＿＿都会やその近く	＿＿＿持ち家を持てる
＿＿＿温暖な気候	＿＿＿買い物が楽しめる
＿＿＿家族に近い	＿＿＿大きな庭を持てる
＿＿＿妻（夫）の家族に近い	＿＿＿行きたい大学がある
＿＿＿文化の中心	＿＿＿育ったところである
＿＿＿通勤のいらないところ	＿＿＿犯罪率が低い
＿＿＿自分の分野における国の中心地	＿＿＿子どもにとって学校や環境がよい
＿＿＿ウィンター・スポーツ	＿＿＿自分と同じ民族や宗教のより大きなコミュニティがある
＿＿＿ボートに乗る機会	

住みたい場所

1 ＿＿＿
2 ＿＿＿
3 ＿＿＿
4 ＿＿＿
5 ＿＿＿
6 ＿＿＿
7 ＿＿＿
8 ＿＿＿
9 ＿＿＿
10 ＿＿＿

仕事のある場所

1 ＿＿＿
2 ＿＿＿
3 ＿＿＿
4 ＿＿＿
5 ＿＿＿
6 ＿＿＿
7 ＿＿＿
8 ＿＿＿

9 _____
10 _____

住みたい場所で仕事のある場所

1 _____
2 _____
3 _____
4 _____
5 _____
6 _____

参考文献

Ayllon, T., & Azrin, N. H. *The token economy: A motivational system for therapy and rehabilitation.* New York: Appleton-Century-Crofts, 1968.

Azrin, N. H., Flores, T., & Kaplan, S. J. Job-finding club: A group assisted program for obtaining employment. *Behavior Research and Therapy,* 1975, 13, 17-27.

Azrin, N. H., & Holtz, W. C. Punishment. In W. K. Honig (Ed.), *Operant behavior: Areas of research and application.* New York: Appleton Century-Crofts, 1966.

Azrin, N. H., Naster, B. J., & Jones, R. J. Reciprocity counseling: A rapid learning-based procedure for marital counseling. *Behaviour Research and Therapy,* 1973, 11, 365-382.

Azrin, N. H., & Philip, R. A. The Job Club method for the job handicapped: A comparative outcome study. *Rehabilitation Counseling Bulletin,* 1979, 23, 144-55.

Azrin, N. H., Philip, R. A., Thienes-Hontos, P., & Besalel, V. A. Comparative evaluation of the job club program with welfare recipients. *Journal of Vocational Behavior,* 1980, 16, 133-145

Becker, W. C., Madsen, C. H., Arnold, C. R., & Thomas, D. R. The contingent use of teacher attention and praise in reducing classroom behavior problems. *Journal of Special Education,* 1967, 1, 287-307.

Besalel, V., Azrin, N. H., & Armstrong, P. M. The student-oriented classroom: A method of improving student conduct and satisfaction. *Behavior Therapy,* 1977, 8, 80-91.

Hunt, G. M., & Azrin, N. H. A community-reinforcement approach to alcoholism. *Behaviour Research and Therapy,* 1973, 11, 91-104.

Jones, R. J., & Azrin, N. H. An experimental application of a social reinforcement approach to the problem of job-finding. *Journal of Applied Behavior Analysis,* 1973, 6, 345-353.

Pavlov, I. P. [*Conditioned reflexes: An investigation of the physiological activity of the cerebral cortex*] (G. V. Anrep, Ed. and trans.) London: Oxford University Press, 1927.

Siegel, S. *Nonparametric statistics for the behavioral sciences.* New York: McGraw-Hill, 1956.

Skinner, B. F. *The behavior of organisms: An experimental analysis.* New York: Appleton-Century-Crofts, 1938.

Skinner, B. F. *Science and human behavior.* New York: Macmillan, 1953.

Skinner, B. F. *Beyoud Foeedom and dignity,* New York: Knopf, 1971.

Tharp, R. G., & Wetzel, R. J. *Behavior modification in the natural environment.* New York: Academic Press, 1969.

特別寄稿

キャリアカウンセラーのためのジョブクラブ運用術
―― 埼玉での実践例をもとに ――

立教大学ビジネスデザイン研究科　小島 貴子

　私は，埼玉県において，本書の説くジョブクラブを，日本の現状に照らして手を加え，実施しました。本稿においては，その実践例の紹介をとおして，ジョブクラブの運用方法についての一例をお示しします。

1　日本版ジョブクラブの誕生

◆ ジョブクラブとの出会い

　私とジョブクラブの出会いは，当時労働研究機構（現在の労働政策研究・研修機構）が発行した『ジョブクラブ』の資料を見たときでした。当時，法政大学の藤村博之先生たちとともに，ミシガン大学の『ジョブス』を翻訳したものを共有し使っていたこともあり，両者をあわせて日本でのニーズに合った形のジョブクラブを実践していくこととなりました。いわばジョブスとジョブクラブとのいいとこ取りをしようという感じです。その方法を当時勤務していた埼玉県立高等技術専門校でのグループワーク方式の職業探索に活かすということが，実践のはじまりでした。

◆ ジョブクラブをアレンジする

　具体的には，まず『ジョブクラブ』を読んで，必要なものを全部ピックアップすることからはじめました。そしてそれをプログラム化していくという作業をしたわけです。もう一度，作り直すというイメージです。そうすると，やはり日本の実情にそぐわないものも出てきます。そこで，さらに必要なものだけをピックアップしました。最低限，これは絶対にやった方がいいなというものを選ぶわけです。一番重要だと思ったのは，「仕事探しを仕事にしよう」という姿勢を持つことです。仕事探しを仕事にするということは，決まった時間に決まった場所に行き，時間ごとに決まったことをやる。やったことが翌日，またその次につながるという考えを前提にしました。

　日本に応用するにあたって大事な部分は，いきなり仕事というところにもっていかず自分の過去の仕事の内容の棚卸しをして，その中で達成出来たこと充実していたことを掘り起こして自己肯定感を上げるということです。肯定感が上がったのちには，今度は生き方，つまり自分はどうやって生きるのだということを考えてもらう。なぜ自己肯定感を上げるかというと，個別のカウンセリングをすると，失業で受けた心理的ダメージや失業前の過去を引きずったまま，また過去を生活の基礎にしようとする人が多いからです。年収1000万円もらっていた人は，1000万もらえないという現実をなかなか受け入れようとはしません。最初に，今いくら必要でいくら消費するのかという観点で考えずに，年収とか月収だけをみてしまうと仕事探しをしなくなるのです。「こんな仕事しかないのか」「こんな給料ではやっていけない」ということです。それではなかなか仕事はみつかりません。

　私のジョブクラブでは，求人票を見るのは，自己肯定感が上がって過去の棚卸しができて，そしてなおかつ自分の生き方がある程度見えてからで，そこで，仕事を探しに行こうというためです。このようにプログラムを変えました。現実に合わせてアレンジしたわけです。

◆ 日本版ジョブクラブの幕開け

　日本の中高年の場合には職業を探した経験が学校卒業時だけという人もいて，どうしても，条件だけで見てしまったり，自分の過去を仕事に引きずってしまう，ということがあると思ったわけです。逆に若者の場合には，反対に仕事を知らないので，仕事がどんなものがあるかという広く職業探索から先にはじめます。だから，JILでのジョブクラブの紹介を見たとき，まず，若者向けに「これはいいかもしれない」と

思ったのです。私には，ジョブクラブに出会う以前に，高等技術専門校で手探りでグループでの就職支援をやっていました。

高等技術専門校で仕事探しをするのに，私が一人対20人で仕事探しをしていました。しかし，実際にはそれでは手がまわらない。くわえて，やらない人が出てくる。「私，先生，就職したくない」と言い出す人が出てくる。「これは限界だ」と思ってグループになってみんなで仕事探しをしようと。これが私のアイデアでした。

ジョブクラブに出会う以前の実例を一つご紹介します。ある参加者の一人が「先生，私，自動車教習所の受付になりたい」と言ったのです。みんなが，もう大笑いして「その仕事のどこがいいの，それの？」といったら「何か格好良くない？ 何時からがいいですかとか，ハンコを押したり」と彼女が言って。みんな訳がわからないという感じでした。ところが，自分の興味と自分の価値観があったところを仕事にするのが一番いいわけです。でも，彼女は「自分の興味と価値観，そこに能力が伴えば，職業はハッピーだと先生がいったのでしょう」「私は興味があるのは車。何かそこでやっているのが私にとっては興味がある。そこに価値を見出す」とか言い出して。そうしているうちに，他の参加者が新聞の折込みチラシで自動車教習所の受付の求人をみつけてきました。折込みチラシは地域限定です。彼女の住んでいる大宮には入らないチラシですが，他の参加者の居住地域の折込みチラシにある自動車教習所の求人が入っていたのです。「あったあった。自動車教習所の受付のお姉さんだ」といって試験を受け採用となりました。今でも教習所の受付をやっています。これも立派なジョブクラブなわけです。

自分の仕事を探すのはなぜだかすぐに嫌気がさしてしまう人でも，友人の仕事を探すのはこんなにいきいきと探すのだと思い，訓練に取り入れ始めました。7年間就職率100％というのが私のセールスポイントのように言われていますが，実は，私も，それ以前は失敗しているのです。その理由は，条件マッチングを用いて，仕事を探していたことにありました。しかし，それではいけないということに気付いたわけです。自分は何に価値を見出し，何に興味があるのか，何ができるのか，という本当にベーシックな職業選択理論に

基づいて実施することにしました。そうすると，就職率は100％に，また離職率も低くなりました。さらに，職業意欲の薄い若者も，他人が興味を持っている仕事に興味を持ち，「私，仕事しなきゃダメ？」と頑張っている人間に引っ張られるという成果が出たりもしました。

アパレルにこだわった若い女性がいました。それも渋谷，それも109近辺。そこ以外は目がいかない。周りが「109はムリ」といっているうちに，だんだんエリアが広がっていきました。そうしたらちゃんとアパレルの会社がみつかりました。そこは学歴の制限がありました。ところが，彼女は高卒。みんなで「学歴なんかに負けることはないよ」といって，レジュメを作って徹底的に考えて対策を立ててから行ったのです。その会社始まって以来だったそうですが，採用してくれたのです。

仲間とともに仕事を探すことに，楽しみというかおもしろさが出てきます。自己紹介書や自己PR書はなかなか書けないから，絵を使ったり写真を使ったりして，私たちの発想を超えるようなものを作ってきます。クラブ活動で頑張った自分とかそういう面が出てきます。彼／彼女らも具体的な成果物が出てくることでおもしろいわけです。履歴書はおもしろくないが，自己PR書だとか自己紹介書，自分の強みを考えていくのは楽しく感じます。

◆ 必ず3週間は滞在させる

アメリカのジョブクラブの場合は，仕事が決まったらクラブから抜けて遠くからエールを送るという形です。ですが，私は日本でこの方法をとると，「みんながいなくなってしまって残された人の焦燥感がすごいのではないか」と懸念しました。日本人には，就職が勝ち負けになってしまうのはそぐわないのではないかと考えていました。そこで，3週間は，仕事が決まっても決まらなくても，このジョブクラブにいてほしいということを参加者にお願いしてスタートしました。

実際に，ジョブクラブを運営していくと，やはり途中で就職が決まった方がいました。その方たちは非常に悩まれるわけです。なぜならば，「これからグループ面談の面接官の役をやってあげたい」「自己PRにつながるよいところをみつけてあげたい」「残っているプログラムがある段階で自分が先にこの人たちより

も卒業していいのだろうか」というような自己葛藤が生じるからです。

このような方には、「『ジョブクラブで私は過去の能力の洗いなおしをして、もう一度新しい能力をみつけなおすことをしているので、あと1週間これをやってから御社に行きたい』というふうに企業の方にお話をしてほしい」とお願いをしました。結果、何が起こったかというと、最後までやりきったという体験、全員の中で全員がお互いに助け合って認め合ったという体験を得ることができました。

2　ジョブクラブの効用

◆ アブラハム・マズローの〈5段階要求〉

私が、このジョブクラブの中で非常に大事だと思っているのが、他者が自己を認めてくれる「存在の承認」です。人間には、アブラハム・マズローのいう〈5段階欲求〉の中の4段階目「承認の要求」というものがあります。人間は、他人から、そして社会から認められたいという欲求があるといわれています。その欲求を満たすことで自己実現を果たすのです。ですが、離職したときには、承認の欲求は満たされなくなっているわけです。離職時には、さらにマズローでいうと3段階目の「所属の欲求」もなくなっています。

この欲求が満たされなくなっていたのが、ジョブクラブという居場所を得ることによって所属の欲求を満たされます。そして、仲間がいるということでこの両者が満たされます。人間は、この「認められること」が欠如しているときには働くことができません。再就職や仕事探しをするときに、家にいては就職が難しいのは、この認めてくれる居場所がないからだと考えられます。

このように、ジョブクラブの目に見えない効力は、非常に高いものがあると思います。

◆ 自己肯定感を高める

自分の過去、今、それから未来を開放することによってさまざまなチャンスが外から入ってきます。それはどこから入ってくるかというと、グループワークの参加者たちの「肯定の言葉」や「肯定の態度」からです。中高年向けのジョブクラブでは、仕事を探す前の段階できちんと自分の過去を棚卸するなかで、自分自身を整理して自己肯定感を高めるということが一つ大切になってきます。日本の中高年の人は、「居場所がなくなった」「仕事がなくなった」「無職」という状況で、計り知れない精神的なダメージを受けています。とりわけ、感情的な言葉を表現するのが苦手な男性たちが、「自分に今仕事がなくなって苦しい」と言うまでには幾重もの障壁があります。それを、ファシリテーターは、十分理解しつつ、失業状態をあからさまにするのではなく、彼らの今までの能力をきちんと次の仕事に変換できるように能力の棚卸しができるように援助する必要があるわけです。

すなわち、過去に何をやってきたのかということではなく、そのためにどのような能力を用いてきたかを整理するということです。過去の能力をあきらかにするとなると、驚くべきことに、みな仕事がうまくいっていなかった仕事を辞める直前の状態のことを想起します。まさに、この状態を引きずっているから、自己肯定感が低いわけです。

ところが、5年前、10年前、それから入社当時というように遡っていくとやはりその人の輝いていた時間があります。まず、そこを思い出してもらっていくことで、今の自分はダメージを受けた状態だけれども、自分には能力を発揮して会社に貢献したときが、実はあったということを思い出すことができるのです。ここを思い出してもらうと、仕事探しにも意欲がわいていきます。このような事例はいくつもありました。

◆ 働き方だけではなく生き方をも考える

もう一つは、本書の中でも指摘されている、「住まい」の問題です。正直に言いますと、住まいが就職とどのように関係があるのかということについては、私も事例のなかで手探りをしていました。しかし、ある人が「生き方と働き方を考えよう」と言ったことで光が射したのです。そこで、働き方だけではなく、今後自分の生き方をも整理しながら働き方を考えようというワークショップを持ちました。その際には、自分がこれから先の人生で、本当に①いくら必要なのか（その人は当時50歳）、それから②いくら消費をするのか、この二つの観点で洗い直してもらいました。

そのとき、彼が言ったのは「子どもがもう育ち上がった。だから、消費していく日常のお金はかかるけれ

ども，かかるという部分で言うと，そんなにお金はかからない。だから，今までもらっていた年収から3割以下になっても，何とかやっていける。これは実は自分の女房とも話している」。彼自身は30年以上働いてきたのに，突然仕事を辞めなさいということを会社から勧告されたばかりで，「雇われるということに対して非常に嫌悪感があり，自分はもう経済的にはそんなに困らないので，もう雇用されるという形は嫌だ」と言っていました。

しかし，生き方を考えてもらったときに，今まで外に向いていた自分の関心が家庭に向き始め，はじめて奥さんに「お前はどんな生き方をしたいんだ」と問いかけたそうです。そしたら，奥さんからは思わぬ意見が出てきたと言います。「お父さんはちっとも家にいないので知らないでしょうけど，お父さん，うちの家のこの通りの並びにはものすごく大きなマンションがこれからできる計画があるそうよ。この近辺にはクリーニング屋さんがないので，このマンションができたら，この人たちは必ずクリーニングを出す必要がある。だから，思い切って玄関先をクリーニングの取次店にリフォームしませんか。それをやれば，会社で無理にお父さんが働かなくてもやっていけると私は思う。でも，お父さんは今の段階では仕事を探さなきゃとか，会社はどうしようとか言っているので，これから先お金がかかるようなリフォームの話を，今までお父さんにはできなかった」ということを奥さんから言われたそうです。それを聞いた瞬間に，彼の気持ちは「そうか，これからは夫婦でこの家をリフォームしてクリーニングの取り次ぎをしよう。そして，自分の身体が健康なうちは片手間にパートにも出て働こう」と。彼の場合，日中できるだけ自由に出られるという理由で，運送の仕事であと10年働くと考えることができました。

ジョブクラブの魅力は，過去の自分，今の自分，未来の自分，それから自分を取り巻く環境，こういうことが俯瞰でき，さまざまな観点で働くことを見直せるということにもあります。

◆ 仕事探しは何度も経験するものではない

さらに，ジョブクラブを運営していて気付いたことがあります。それは，人は人生でそう何度も履歴書を書かないということです。極端な場合，履歴書を1回も書いたことがないという人もいました。大学を卒業して先生に紹介された会社に入社して50歳までできて，人事関連での仕事を経験したこともなく，他人の履歴書も見たこともない。私たちのように就職の支援をしている人間からすると，履歴書を書いたことがない人がいるとか，さらには仕事探しをしたことがない人がいるということは，想像もできなかったことで本当にびっくりしました。しかし，意外にこういう人たちは多いのです。このことに気付いてはじめて，電話のかけ方，時間管理，履歴書の書き方，推薦状，面接の受け方と，この本に非常に事細かに書いてあることの意味が身をもって体感できたわけです。仕事探しは人生のなかでそうたくさんあることではないという前提で，このジョブクラブをより進化させてもらうと，いろいろなことがみえてくるのではないかと思います。

◆ その人の「人となり」をあきらかに

履歴書に関しては，日本の履歴書はアメリカで用いられている「自分がどこで何をやってきました」というようなものとは異なっているので，とりわけ注意が必要です。日本では独自の様式の履歴書が定式化されており，これから支援する方たちにぜひ考えていただきたいのは，「何のためにこの項目があるのか」ということを参加者たちと一緒に考えることです。

たとえば，日本の履歴書の中で，絶対にこの欄はあるというのが「趣味」の欄です。ですが，趣味というのは，実際の仕事とは直接には結びつかない項目です。そこで，そもそも趣味とは何かということを，参加者とともに考えるのです。これを考えたときに，趣味というのは時間とお金とエネルギーとをかけてもその人がやりたいこと，そしてそれによって，明日へのエネルギーや活力になるような気分転換であるということが分かると思います。とすれば，そこから企業は何を読みとるかというと，その人の「人となり」をみるということが明らかになるわけです。

私は，「日本人四大趣味」といつも勝手に言っています。「読書」「音楽鑑賞」「映画鑑賞」「スポーツ観戦」です。私が何千人に近い人の履歴書を見た中で言えるのですが，本当に多い趣味です。しかし，これをこのままの単語で書いてしまったらその人の人柄が見えません。たとえば，「私は歴史小説が大好きで，幕末維新の史跡を見ながら本を読むことが大好きです」

というような言葉を添えるだけで，その人が動いている姿がイメージできます。

日本の履歴書というは非常に定型的で，その中にその人を浮かび上がらせることは困難です。それがジョブクラブではできるわけです。ほかの人が書いていることを見ながら自分の履歴書を見ることができる。これはジョセフ・ルフトとハリー・インガムの〈ジョハリの窓〉という心理学理論にも重なってくるわけです。

◆ 自分を知るのは「他」人

ジョブクラブで一番よかったのは，自分の仕事探しをせずに他人の仕事探しをするということです。他者支援ができるということは，自己肯定感の下がっている人たちにとっては最大の喜びになります。人は自分が他人のためになっているということが起きた段階で，社会につながっていく活力になっていくのだなあ，というのが現場で非常によく見えました。自分の仕事探しだと条件だけで探しては，この条件は嫌だとかよいとかいうことだけになってしまいます。

一人ひとりの条件を知っていながら，なおかつパーソナリティも知っている。そしてある程度の能力も知っている。そういう他人が探してあげると，本人の目では無意識に候補から除外されている仕事が掘り出されます。自分には向いていないと勝手に思い込んでいる仕事を「あなた，こんなものもできるかもしれないわよ」といって，可能性を広げてくれるのは，実は自分ではなくて他人なのです。このような事案がジョブクラブのなかからたくさん出てきました。こうして，仕事探しというものが，非常に暗くて孤独だというイメージが打ち崩されます。

◆ 「他」人に活かされる

ジョブクラブのよいところはこれまで紹介した事例からもわかるように，自分のできないことを，他の人たちが代わりにやってくれることです。このとき，インターネットが活用されると道はさらに開かれます。ハローワークのインターネット検索というのは，非常に無機質なものでやっているうちに飽きてしまいます。当然うまくいかない。そこで，私は検索の際「自分が働いている姿をみんなにイメージして語りなさい」と促しました。そうすると，長らくスポーツを続けている若い男性がいて，「僕はやっぱりデスクワークというのは自分でイメージできません。青空の下とは言いませんけれども，外で汗をかきながら働いている自分の姿しかみえません。できればその働いているのもアスファルトではなくて，緑のところが自分のイメージです」といったのです。それを聞いたときに他の参加者は「そんな職場はない」と言っていました。

しかし，ある女性がいろいろ検索していくうちに，ある会社をみつけました。埼玉県には川口の安行という植木の町があります。彼女はその近隣住民だったので，川口の方にはそういう仕事があるのではないかと思っていたそうです。さらに調べてみると，その会社は植木ではなくて芝の植え付けの会社でした。その会社をハローワークのインターネット検索で，彼はみつけることはできなかったのですが，彼のイメージを聞いた他の人たちがそれを探すことができたのです。

就職活動をするとき，ややもすると字面だけで選んでしまって，働いている人の姿とその条件がかけ離れていることがあるのですが，人が集まったときには，その人がいるので，その人が動いていることをイメージできる。これがジョブクラブの一つの効力だと思います。

◆ ジョブクラブにおける難しさ

自分がジョブクラブで仕事を探しているということについてプライドが邪魔をして抵抗感を持つ人に対しては，難しさを感じます。そのような人は，自己の棚卸しをしても，前の会社のブランド力，やった仕事の数字，要するに，「記号」を羅列してしまい，自分を開示できないのです。実は，自分を開示ができないということは，本人が一番辛いことなのです。ところが，その人は自分で辛いということすらも言えません。私はどうしたものか悩みました。しかし，このグループワークの素晴らしさというのは，他の人たちが自分を開示していくことによって，その人に開示の道を作ってあげることができるということです。そして最後の最後に，彼は泣いて「自分は恥ずかしい。過去にしがみついても先をつくれないのに，自分に鎧を作って何とか自分をとりつくろっていた。しかし，ある意味裸にならないと，新しい仕事はみつけることができないのだ。みなさん，本当に自分のことを語ってくれてありがとうございました。みなさんの人生を語っ

てもらったので，私は新しい人生をつくることができます」と言ってくださいました。

また，グループワークでは何も語らないが，個別のカウンセリングでは，非常によく語るという人とどのように接するのかということも難しさの一つです。ですが，ここで重要なことは無理をさせないということだと私は思っています。「とにかく，グループで話したくないときは聞き役になってください」。その人のもっている役割を，みんなが認めることが大切なのです。さらに，ジョブクラブでは自分を開示しますから，守秘義務に関しては，毎日毎朝インテークで朝礼のように同じことを言うようにしました。「おはようございます。今日もみなさんと一緒に自分の棚卸しをしながら，未来の自分というものを想像して仕事を探すことの一つひとつをやってきましょうね。みなさんにお願いです。私も，必ず守りますからここでみなさんが話したことは，決して他言をせずにみなさんで共有してください」ということを，毎日言い続けます。これは，自己開示ができない人に，「もしここでこんな話をしていることを他の人に知られたらどうするのですか」と言われたことがきっかけになっています。

◆ 過去を整理する

難しいことはたくさんあるのですが，ジョブクラブのよいところは単に仕事をみつけたからよいわけではないことです。過去の自分のなかにあるよいものをもう一度みつけ，それを糧にまた未来をつくれる。生まれかわることができるということなのです。

中高年向けのジョブクラブでは，過去の見栄は見栄としてもっていてもいいが，その見栄とかプライドは再就職にはよくないものなのだということを，誰か一人がキーマンになって伝えることができれば成功といえます。もしかしたらファシリテーターがそれをやるのが一番かもしれません。ファシリテーター自身が自己開示をポンとやれる勇気を持つと後が楽になっていくかもしれません。

少しきつかったのは友人や知人を探す「人脈シート」を作ったときのことです。私は「人脈の木」というやり方でやっています。右の幹と左の幹に分けて，右側をプライベート，左側をオフィシャル，にする。これを中高年にやったら，男の人は極端に仕事関係ばかりになります。すなわち，やたらと左ばっかりが多くなって右がスカスカになってしまうのです。ヴィジュアルでみると，人脈が偏っていることに気づき，またネガティブになるのです。そこで，これからもう1回自分で掘り起こそうということを強調するのです。

また，仕事を探していることを友人に伝えるという壁も厚いです。再就職で一番成功しているのは他人の紹介です。具体的に私はこんな仕事を求めているという例を出せば，相手の負担感は少ないと言いました。よい仕事を探していると言っても，他の人はみつけにくいものです。具体的にこういう場所でこういう仕事がしたいと示すことが大切です。先の自動車教習所と同じです。つまり，より具体的な職業紹介を求めれば，相手の負担感と本人の負担感を減らすということです。

◆ 就職活動のパラダイム転換

将来的な話ですが，職業を探すための教育が，今後ますます盛んになっていく際，職業探索をするために，ジョブクラブのような技法を使えば，教育の現場に広げていけます。キャリア教育の中に，仕事を見に行くことはあっても，仕事を探す人たちがどんなことをやっているのかを知るということは含まれていません。中学生などが対象の場合は，かなり疑似的にやることができます。そこで，このジョブクラブを使えば，先に述べた人脈シートを作るなかで，自分たちがいま接している友人が，もっと後になって，さまざまな情報提供者になりうるという話ができて，違った見方ができると思います。たとえば，中学を卒業したらもう一生会わないかもしれないと思っている友人も，実はひょんなところで出会って交流が再会し，いろいろな展望がありうるわけです。私がいつも言っているのは，一人の人間が通常の生活をしていると一生に1000人の知り合いができるということです。小中高で，計12年。1クラス40人と考えると480人。その後，会社に入って，その後の人間関係を考えてもあまり多くはないと思います。そうすると，人生のうちに1000人ぐらいしか出会わないわけです。だから出会ったことを大事にしないといけないのだよと。

たとえば，私は公務員だったのですが，5年前に卒業をと思い立って仕事を辞めました。辞めてどうしようかなと考えました。すでにジョブクラブ方式で，これを考えました。周囲の人に「私は，教育的な仕事を

したい。条件よりも志のあった仕事を探してください」といったら2ヶ月で，友人に「大学がいいのではないか」と言われ，立教大学に職を得たわけです。

3　日本でジョブクラブをいかに活用するか

◆ ファシリテーターの役割

　ジョブクラブを運営する中でとりわけ気を付けていただきたいのは，ファシリテーターの役割です。ファシリテーターというのは，ややもすると指示的になる危険が出てきます。ですが，ジョブクラブは，あくまでもそのクラブを構成する，仕事を探している人たちが自発的な言動をする場であり，それに必要なツールやプログラムを提供するのが役割です。

　ファシリテーターはそのクラブを俯瞰する立場にありますので，その人たちのことがよくみえます。みえると言いたくなります。「あなたにはこういうことが向いていますよ。あなたはこういうことがよいのではないですか」と。正直に申し上げまして，これは私がやった失敗です。なぜなら，指示的なことをやってしまうと，職業選択の大原則である「職業の選択と決断は自己のものである」に反し，職業選択が自己のものではなくなってしまうからです。

　指示的な職業指導をしてしまうと，ジョブクラブのもつ「自分が探したものだから自分が納得して，そこの就業に対して責任を持って努めていく努力をする」というよさを消してしまいます。このことから，人が探してくれた仕事に就くのでは，自分の中の決断と決定の覚悟がないので，その仕事を継続せず安易に離れる可能性が出てくるということがわかります。

　ファシリテートをしていく中で，精神的な支援はさまざまなところで求められてきます。そのときに，共依存が起きないようにしなければいけません。「この人に何かをしてあげたいと思う。何かをしてあげたときに，感謝される。感謝される自分が気持ち良くなってどんどん自分が入り込んでいく」，そうなるとジョブクラブのよさを消してしまうことになります。促進以上のことをしないということを常に肝に命じておかなければなりません。

　オープンマインドというのは，ファシリテーターがオープンマインドであることによって，参加者もまたオープンマインドであるということが大前提になります。それぞれに自己開示がなければ，共同作業はできません。たとえば，中高年の1日のセミナーをやっていました。そのときにオープンマインドにしないでセミナーをやったらどうなるか，という実験を3回やりました。午前中から「おはようございます。小島貴子です」「私はこれから皆さんの再就職に対するセミナーをやります」といってどんどん進めていきます。午前中はバッと私の話を聞いているのです。昼休みには，みんな少しグループができてご飯を食べるわけです。そうすると必ず，「あの小島貴子という奴は何者なのだろう」という話になるわけです。昼休みが終わって，午後のセミナーが始まります。「午前中のセミナーのところでご質問がありますか」と聞く。「誰か聞けよ」となって質問してくる。「すいません，小島さんは，こういうセミナーをなぜされているのですか」とか「前職は何ですか」とか「ご結婚なさっているのですか」とかいう話になるわけです。しかし，私が「どうしてそういうことをお聞きなるのですか」と聞くと，「いや，昼休みでみんなで小島先生が言っていることはなるほどなあと思って，感心したものだと思いながらも，では小島貴子は何者だ，という話になったんです」というわけです。ですが，「いや，それは私の個人的なことなので，こことは関係ありません」といって最後までやりきりました。そしたらアンケートに「良い話なんだけど，小島さんには壁があったのでもっと小島さんのことも聞きたかった」というのが何通も出てきました。

　要はどんなによいことを言っても，この人が何者だかわからなかったら，その知識を受け入れることはできないということです。翌日，今度は「私は……」と自分のことを語りだすと，もうニコニコと表情が緩むわけです。

4　さいごに

　実は，私の最初の本（小島貴子・東海左由留 2003『頑張る中高年実践就職塾』メディアファクトリー）というのは，まさにミシガン州立大学のジョブスとこのジョブクラブをミックスして埼玉県で行った事例を紹介しているのです。

　ジョブクラブを運営するうえで重要なことは，ま

ず，ジョブクラブを参加者みんなでいっしょにやろうということです。ファシリテーターもその中に入っていって自分自身もやる。そうすることによってジョブクラブがみえてくるのだと思います。私は，ジョブクラブには成功も失敗もないと考えています。だから，ジョブクラブから何人の人が仕事をみつけたということではなくて，ジョブクラブが運営できたことが一番大切なことです。やればやるほど，自分自身もジョブクラブに対して信頼関係が生まれていきます。ジョブクラブのプログラムを信頼しなければいけません。

キャリアカウンセラーの中には手探りということの危なさ，ロジックが未確立なものを実践することの危険性を感じる人もいるかと思います。だから，我流でやらないで，やはり実践検証されている『ジョブクラブ』をベースにしたらいいと私は考えています。『ジョブクラブ』のような書籍が刊行される意義は非常に大きいでしょう。先にも述べましたように，ジョブクラブの考え方は，教育の現場での職業探索としても使えますので，中高年だけではなく，これからのキャリア教育の一つのあり方として考えていければと私は考えています。

以上

■著者紹介
小島　貴子（こじまたかこ）
　1991年に埼玉県庁に職業訓練指導員として入庁。職業訓練生の就職支援を行い、7年連続で就職率100％を達成。2005年5月より，立教大学大学院ビジネスデザイン研究科の准教授・コオプ教育・コーディネータ。2010年4月より，埼玉県庁雇用・人材育成推進統括参与。著書に「小島貴子式 仕事の起爆力」（インデックスコミュニケーション），「働く意味」（幻冬舎新書），「就渇時代の歩き方」（主婦と生活社）ほか多数。

訳者あとがき

ジョブクラブへの招待

　日本には，働きたいけれども働けない若者があふれている。

　私は，静岡にて，青少年就労支援ネットワーク静岡というNPOを組織し，こうした若者（いわゆるニート）の支援を，この8年間ほど行ってきた。実は，支援を求める若者の8割が1ヶ月以上働いたことがあるという統計がある。問題は，仕事を獲得（就職）できないことにあるのではなく，仕事を継続（就労）できないことにあり，解決は，仕事を獲得させることではなく，仕事を継続できるようにさせることにあるわけだ。また，こうした若者の多くはメンタルな不調を抱えている。そこで，私たちは，精神障害者の就労支援において圧倒的な科学的エビデンスを持つ，援助付き雇用（ベッカー・ドレイク，2004）から学び，市民ボランティアが，長期の就労体験を通じて職場適応能力を育成する過程を支え続ける，就労支援の手法「静岡方式」を開発した。静岡方式は，支援対象者の7割から8割が働き出すという，こうした分野では，優れた成果を上げている。

　静岡方式は，目前の障害である就職という通過点を乗り越えることを目指すのではなく，一見遠回りだが，職場適応能力を育成するという正攻法を用いているため，このような成果を上げてきたのだと思う。しかし，若者の就労支援をしているうちに気付いたのは，目前の障害である就職を乗り越えようとして行われている就職支援が，それほど効果的でないことである。たとえば，この数年，急速に整備された若者の就労支援機関である，地域若者サポートステーションを訪ねた若者のうち，就職・進学などの進路決定者はわずか25%であるという[2]。

　就職率が低いだけでなく，そもそも，本質的に深刻なのは，わが国で一般的に行われている就職支援の手法が，科学的なエビデンスによって支えられていないということである。つまり，就職支援を受けた人々と，受けなかった人々とを比べた場合，前者のほうが後者より，就職という目標を達成できるという見込み自体が証明されていない。これでは，就職支援という仕組みに，予算を使う価値すらないのかもしれない。

　良質な科学的エビデンスは，ランダム化比較試験という検証方法によって手に入れることができる。この検証方法は，人々を，ある働きかけを受けるグループと，受けないグループに，くじ引きで（ランダムに）分け，その働きかけが達成しようとする目標について，前者と後者の間に差があるかどうかをみるという方法である。

　そこで，私は，良質なエビデンスによって，その有効性が示されている就職支援の手法を探すこととした[3]。私の本業は犯罪学者だが，薬物依存症者の治療プログラムを読んでいたときに，薬物依

存症者にとって有効な就職支援のプログラムとして紹介されていたのが，本書で詳述されている，ジョブクラブである。調べてみると，ジョブクラブは1970年代はじめからアメリカで行われきた，定番の就職支援の手法であった。早速，原著を取り寄せて読んでみると，以下の4点がわかった。

第1に，良質なエビデンスによって，劇的なほどに有効であることが示されている。本書でも紹介されている最初の実験では，ランダム化比較試験の結果，プログラム開始後2ヶ月の時点で，ジョブクラブを受けたグループの就職率が90％であったのに対し，受けなかったグループの就職率は55％であり，3ヶ月の時点では，前者の就職率は92％で，後者の就職率は60％であった。しかも，前者の半数は，わずか2週間で就職を決定していた。劇的な効果である。

しかも，本書で紹介されている3番目の実験は，職業リハビリテーションや社会福祉機関の対象者という，就職困難層を対象としているが，そこでは，プログラム開始後6ヶ月の時点で，ジョブクラブを受けたグループの就職率が95％であったのに対し，講義と討議を受けたグループは28％に過ぎなかった（後者の就職率は，おそらく，日本で現在行われている，就職困難な若者向けの就職支援機関の成功率とほぼ等しい）。つまり，いずれの実験においても，ジョブクラブを受けた者は，ほぼ全員が就職したのである。

第2に，明確な理論的根拠に基づいている。本書の第Ⅱ部「Ⅱ　ジョブクラブ概念の理論的基礎と発展」に書かれているように，ジョブクラブは，就職活動への，行動療法の徹底した応用である。興味深いことに，本書の著者の一人，アズリン博士の著作で，本書より先に日本語に訳されているのは，なんと「おむつはずし」のためのトイレ・トレーニングの本である。行動療法の専門家として，アズリンは，精神疾患，精神発達遅滞，自閉症，うつ，薬物依存症など，あらゆる問題への対処に行動療法を応用している。

第3に，いかにも行動療法らしく，就職支援の手法が，詳細かつ具体的に定められている。本書には，発刊の理由が，アズリンらの1975年の論文でジョブクラブが有効であるということが知られ，「いったいどうやって運営すればよいのか」という問い合わせが殺到したためであると書かれているが，本書には，ジョブクラブの進行役である，ジョブクラブカウンセラーが，ジョブクラブを始める前の事前準備を含め，実際に，ジョブクラブにおいて日々何をしなければならないか，さらには，支援対象者に何をしてもらわなければならないかが，こと細かに，徹底的に書かれている。たとえば，本書には，支援対象者に利用してもらう書類や文例がたくさん付いている。こうした，手順の厳密さこそ，ジョブクラブの実施には大切であるので，翻訳にあたっては，これらもあまさず含めることとした。

第4に，フォーマルな公開求人ではなく，ジョブリードに着目している。ジョブリードとは，求人への糸口となるインフォーマルな情報である。たとえば，「○○では，もうすぐ，○○さんがやめるらしいよ」「○○では，○○に新しい店舗を出すらしいよ」といった情報である。非公開求人よりもさらに一歩手前の情報といってよい。ジョブクラブは，求職者をチームとして，競争的に入手したジョブリードを共有し合う仕組みである。親類縁者，知人，友人，恩師，同級生など，本人

が持っている，すべてのインフォーマルな資源を，ジョブリードの入手先として活用する，徹底した仕掛けである。就職困難者の大半は，公開求人経由でしか就職活動をしていないからうまくいかない。ジョブリードが大切なことは誰もが知っていたが，ジョブクラブはそれを始めて利用可能としたプログラムである。

　要は，ジョブクラブは，しっかりした実証と理論に支えられ，このとおりやれば，90％以上は就職できるというプログラムなのである。

　そこで，インターネットで検索してみると，わが国でも，厚生労働省の取組みとして，「ジョブクラブ」という同名のプログラムが行われていた。調べてみるとわかるが，その内容は，本書で詳述されている，本来のジョブクラブとはずいぶん異なっている。日本で行われているジョブクラブは，行動療法という理論的な根拠もなく，手続きもきちんと定められておらず，ジョブリードへの着目もない。これでは，90％以上という高い就職率を見込むこともできない。このことを知ったときはかなりショックだった。

　アメリカでは，本来のジョブクラブはいまだに盛んに行われている。とはいえ，アメリカでも，『ジョブクラブが「集団でおこなわれる職探しのプログラム」の通称になってしまい，本来のジョブクラブとは違うものになってしまった』という嘆きもあるようだから[4]，それを輸入した日本において，ジョブクラブが正しく理解されていないのは致し方ないのかもしれない。

　かくして，私は，本来の姿のジョブクラブを正しくわが国に紹介したいという動機を高めて，本書の翻訳に着手した。さて，本書で書かれている内容は，現代の日本に適用可能なのであろうか。

　私は，2008年に，静岡県の若年者雇用施策研究会委員を務めていた。この研究会の座長をしてくださったのが，本書に特別寄稿してくださった立教大学ビジネスデザイン研究科の小島貴子さんである。席上，ジョブクラブのことが話題となり，私が，本書の翻訳を出版したい気持ちがあることをお話しすると，積極的に後押しをしてくださることになった。

　後になって知ったのだが，小島さんは，私などよりずっと早い時期から，本来のジョブクラブの日本への導入に取り組まれていた。さすが，就職支援の本物のプロである。小島さんは，その実践を紹介している小島さんの特別寄稿は，文化や社会状況の異なる日本において，ジョブクラブがどのように適用できるのかという問いへの見事な答えである。

　その一方，本書の出版は1980年であり，このことは，2010年現在は，本書の手法を100％そのまま利用できないことを意味している。1980年と比べ，現在の最も大きな特徴は，情報入手手段としての，インターネットの存在の大きさである。そこで，ジョブクラブの利用の実施にあたっては，行動療法という理論的基盤，厳密な手続き，ジョブリードへの着目という三つの特徴を守りつつ，インターネットを最大限活用するよう，「厳密な手続き」の中身を修正する必要がある。ジョブクラブは，人のつながりによりジョブリードを入手し活用する手法であるから，一般化しつつある，ツイッターなどのコミュニケーションサービスもこの観点から利用可能であろう。

　アメリカは，1970年代に激しい不況と失業の増大に見舞われた。こうした厳しい時代に圧倒的な

有効性を示したのが，ジョブクラブである。しかも，ジョブクラブの有効性は，本書でも紹介されているように，就職が困難と思われている人々を対象とするほど，際立っている。就職支援のプログラムは，景気変動には無力であるように言われることが多いが，ジョブクラブは，まさに，不況時の，就職困難者のための，就職支援プログラムとして開発された，今，私たちが真に欲しているものなのである。日々，働きたいけれども働けない若者と接している私は，多くの就職支援機関が本書を活用し，ジョブクラブを「正しく」実践することを願ってやまない。

　さて，本書の原題は『ジョブクラブカウンセラーのマニュアル──職業カウンセリングへの行動主義的アプローチ』という。しかし，本書の訳出に当たっては，タイトルを『キャリアカウンセラーのためのジョブクラブマニュアル──職業カウンセリングへの行動主義的アプローチ』と変更した。これも，本書を，現代の日本に適用するための修正である。

　上述のとおり，本来の意味でのジョブクラブは，日本ではほとんど行われておらず，「ジョブクラブカウンセラー」という人々は存在しない。そこで，本書のタイトルを変更することにより，現代の日本で，本来のジョブクラブを実践しうる最適のポジションにいる人々である「キャリアカウンセラー」の方々に利用してもらおうと考えたのである。

　なお，本書の訳出にあたっては，静岡県立大学の卒業生や大学院生の下訳を得た。それから，3年近くがたとうとしている今，彼女たちの努力を形にできたことを嬉しく思う。

2010年3月

訳者　津富　宏

〔注〕
1) NPO法人青少年就労支援ネットワーク静岡　http://members.at.infoseek.co.jp/sssns/
2) http://www.mhlw.go.jp/seisaku/2009/01/03.html
3) 私の知る，エビデンスに基づく代表的な就労支援プログラムには，精神障害者の就労支援手法である援助つき雇用 (supported employment)（ベッカー・ドレイク，2004）や，ミシガン大学のVinokurらが開発したJOBSがある (Vinokur, Price, and Schul 1995)。JOBSの英語版のプログラムマニュアルはインターネット上で公開されているが，私は，その翻訳も行い，原著者から日本語版の公開について了承を得ている。入手されたい方は，tsutomi@u-shizuoka-ken.ac.jpまでお問合せ願いたい。
4) The ORIGINAL JOB CLUB (http://nopdinc.com/index.php?view=article&catid=3%3Aabout&id=7%3Aabout&format=pdf&option=com_content&Itemid=7)

〔参考文献〕
デボラ・R・ベッカー，ロバート・E・ドレイク［太島巌ほか監訳］2004『精神障害をもつ人たちのワーキングライフ──IPS──チームアプローチに基づく援助付き雇用ガイド』金剛出版
Vinokur, A. D., Price, R. H., & Schul, Y. 1995. Impact of the JOBS intervention on unemployed workers varying in risk for depression. American Journal of Community Psychology 23(1): 39-74.

■訳者紹介

津富　宏（つとみ　ひろし）

1959年生．ウィスコンシン州立大学マディソン校社会学部修士課程修了
現在，静岡県立大学准教授／NPO法人青少年就労支援ネットワーク静岡理事長
〔主要論文〕
「静岡方式で行こう！　就労に困難を抱えた若者への支援」『月刊ガバナンス』91：25-27（2008年），「犯罪者処遇のパラダイムシフト——長所基盤モデルに向けて」『犯罪社会学研究』34：47-57（2009年）など．
〔翻訳書〕
イアン・K・クロンビー『医療専門職のための研究論文の読み方　批判的吟味がわかるポケットガイド』金剛出版（2007年），D・C・ロウ『犯罪の生物学——遺伝・進化・環境・倫理』北大路書房（2009年）など．

■原著者紹介

ネイザン H. アズリン

アメリカ・フロリダ州のノヴァ・サウスイースタン大学心理学研究所教授。ハーバード大学で博士号を得たのち，南イリノイ大学教授／イリノイ州精神保健局研究部長を経て現職。本書は，イリノイ州精神保健局時代の業績である。行動療法と行動分析を専門とし，失業のほか，精神疾患，精神発達遅滞，自閉症，うつ，服薬管理，トゥレット障害，行為障害，薬物依存症，アルコール依存症，夜尿症など，さまざまな問題への対処に行動療法を応用している。翻訳されている著書に『一日でおむつがはずせる』（R.M.フォックスとの共著［篠田顕子訳］主婦の友出版，1984年）がある。

ヴィクトリア A. ベサレル

臨床心理士。ネイザン H. アズリンと，行動療法に関する多くの共著がある。

Horitsu Bunka Sha

キャリアカウンセラーのためのジョブクラブマニュアル
職業カウンセリングへの行動主義的アプローチ

2010年5月25日　初版第1刷発行

著　者	ネイザン H. アズリン ヴィクトリア A. ベサレル
訳　者	津富　宏（つとみ　ひろし）
発行者	秋山　泰
発行所	株式会社　法律文化社 〒603-8053 京都市北区上賀茂岩ケ垣内町71 ☎075-791-7131／FAX 075-721-8400 URL：http://www.hou-bun.co.jp/
印　刷	共同印刷工業株式会社
製　本	株式会社藤沢製本
装　幀	仁井谷伴子

ISBN978-4-589-03268-3
© 2010 Hiroshi Tsutomi Printed in Japan

林 祐司著	正社員としての就職が困難な不況期に，企業等が求めるものはなにか，その支援に必要なものはなにかを調査結果から明らかにする。「就活」に励む学生の自己分析に，大学のキャリア担当者，就職支援に携わる者等に必携の書。
正社員就職とマッチング・システム ―若者の雇用を考える― A 5 判・182頁・3360円	
伊藤一雄著	職業教育の理論とその社会的役割について，職業指導技術，方法，検査の基本的事項から解説するとともに，現代社会の職業の特徴と問題点を社会的に考察する。さらに，今日の教育課題でもある進路指導の諸課題にも焦点をあてる。
職業と人間形成の社会学 ―職業教育と進路指導― A 5 判・194頁・2730円	
石井まこと・兵頭淳史・鬼丸朋子編著	学生が誤りがちな労働問題に関する「常識」の非常識を正す。「賃金・労働時間」「雇用」「労働組合・労使関係」の 3 部17論考構成で各章にキーワードと推薦図書を付す。新自由主義的潮流に一線を画し，論争の磁場を提供。
現代労働問題分析 ―労働社会の未来を拓くために― A 5 判・320頁・3150円	
D・ドマジエール・M=T・ピニョニ著／都留民子監訳	97～98年冬，フランスの失業者は沈黙と孤独から脱した。全国で繰り広げられた彼らの大行動を素材に，その実態調査，行動にいたる過程，集団行動を分析し，課題を提示する。訳者が社会保障研究にとっての失業者研究について論及。
行動する失業者 ―ある集団行動の社会学― 四六判・264頁・2940円	
工藤保則・寺岡伸悟・宮垣 元編	第一線で活躍する著者らが，自身の調査・研究の全過程を可視化。それぞれの経験から，テーマの見つけ方，調査の方法，分析・考察の手法，報告の仕方までをわかりやすく解説。社会調査士資格取得カリキュラム F に対応。
質的調査の方法 ―都市・文化・メディアの感じ方― A 5 判・174頁・2520円	
轟 亮・杉野 勇編	量的調査に焦点をあわせたスタンダードなテキスト。社会調査を実施する前提として必要不可欠な【基礎】と実践・応用的な【発展】との 2 段階にわけてわかりやすく解説。社会調査士資格取得カリキュラム A・B・G に対応。
入門・社会調査法 ― 2 ステップで基礎から学ぶ― A 5 判・258頁・2625円	

―法律文化社―

表示価格は定価(税込価格)です